Wolfgang Menzel

Kritik des modernen Zeitbewusstseins

Wolfgang Menzel

Kritik des modernen Zeitbewusstseins

ISBN/EAN: 9783741167072

Hergestellt in Europa, USA, Kanada, Australien, Japan

Cover: Foto ©Andreas Hilbeck / pixelio.de

Manufactured and distributed by brebook publishing software (www.brebook.com)

Wolfgang Menzel

Kritik des modernen Zeitbewusstseins

Kritik

des

modernen Zeitbewußtseyns.

von

Wolfgang Menzel.

Frankfurt a. M.
Verlag von Heyder & Zimmer.
1869.

Inhalt.

	Seite
Einleitung	1
Erstes Buch. Die falschen Meinungen von der Natur . .	27
1. Vom Nichts	29
2. Vom Raum	30
3. Vom Stoff	40
4. Von der Kraft	49
5. Von der s. g. Natur	54
6. Vom Zweck der Natur	56
7. Von der Erde	60
8. Von der fortschreitenden Entwicklung innerhalb der Natur	72
9. Von den Anfängen des Organismus . . .	81
10. Von der pedantischen Naturgrammatik . . .	85
Zweites Buch. Die falschen Meinungen von der Bestimmung des Menschen	91
1. Vom Widerwillen gegen den Satz: Mein Reich ist nicht von dieser Welt	93
2. Vom Escamotiren des Bösen	96
3. Von der freien Forschung	102
4. Vom Bibelhaß	111
5. Vom Christushaß	121
6. Von den leisetretenden Vermittlern und der Toilettentheologie	130
7. Von der Sünde der Philosophie	134

		Seite
8.	Von der Geschichtsverfälschung	153
9.	Von den falschen Idealen	160
10.	Vom Cultus des Genius	171
11.	Vom pädagogischen Schwindel	174
12.	Vom Weltschmerz	185
13.	Von der f. g. Mündigkeit des Volkes	189
14.	Von der modernen Rechtsquelle	196
15.	Von der Preßfreiheit	205
16.	Von der Todesstrafe	210
17.	Vom unnatürlichen Hinaufschrauben der Gesellschaft	222
18.	Von der Auflösung des Bauernstandes	226
19.	Von der Auflösung des Bürgerstandes	233
20.	Von den liberalen Philistern	240
21.	Von der beginnenden Auflösung der Familie	247
22.	Von der Volkswirthschaft	259
23.	Vom Staatsschuldenwesen	267
24.	Von dem Herabkommen der Kirche im Abendlande	273
25.	Vom Stocken der christlichen Mission	284

Drittes Buch. Christenthum und Vernunft im Einklang in Bezug auf den sittlichen und ewigen Beruf des Menschen 293

1.	Der Unerforschliche	295
2.	Von der Eitelkeit alles Irdischen	301
3.	Vom Zufall	307
4.	Vom Eifer für den irdischen Beruf	313
5.	Hieroglyphen der Weltgeschichte	317
6.	Das rothe Gespenst	327
7.	Der Antichrist	337

Einleitung.

Das moderne Zeitbewußtseyn ist eine Art von Trunkenheit, in welcher die Menschen sich von allen gewohnten Banden und Rücksichten frei fühlen und wähnen, mit dieser Freiheit eine neue Aera begonnen zu haben und dem letzten Ziele der Menschheit auf Erden, dem Ideal „Freiheit, Bildung und Wohlstand für Alle" nahe gekommen zu seyn. Sie entsagen dem alten Glauben, halten die Evangelien für ein trügliches Menschenwerk, zweifeln an dem Daseyn Gottes selbst oder lassen etwas Göttliches nur noch im Menschen gelten, verwerfen jede kirchliche Autorität und halten Alle, die Christum noch bekennen, für Heuchler oder von Pfaffen verdummt. Sie lassen aber auch keine Autorität im Staate mehr gelten außer der, welche aus dem Mehrheitsbeschluß der auf breitester Grundlage gewählten Volksvertretung hervorgeht, und auch diese, stets durch Neuwahlen abzuändernde Autorität soll den Staatsbürgern nur ein Minimum von Pflichten zumuthen.

Sie legen den größten Werth auf die dem Menschen angeborene Vernunft, aber nur soweit dieselbe durch die Schule und Doctrin der herrschenden Fortschrittspartei rectificirt und durch den Mehrheitsbeschluß der Volksvertretung anerkannt ist. Sie verlangen, der Mensch solle sich anstatt mit göttlichen Dingen nur mit irdischen, anstatt mit dem Jenseits nur mit dem Diesseits beschäftigen und statt der Bibel den Kosmos studiren, der ihm das Verständniß der Natur, der allein wahren Bibel, aufschließe. Mittelst der Naturkräfte nämlich, die schon entdeckt sind und noch entdeckt werden sollen, hoffen sie die menschliche Kraft hinreichend zu verstärken, um wirkliche Wunder zu vollbringen, welche der Menschheit mehr nützen, als alle vermeintlichen Wunder der Bibel und der Kirche. Mit stolzem Bewußtseyn und aus eigener Kraft allein wollen sie durch die freieste Staatsverfassung, durch eine reich dotirte Schule und durch immer neue Entdeckungen in der Physik, Chemie und Mechanik die Erde wirklich zu einem Paradiese machen, wie es die Bibel den Unmündigen bisher nur vorgespiegelt habe.

Das Böse, was noch in der Welt und im Menschenherzen vorkommt, schreiben sie den früheren Zuständen und den Einflüssen verkehrter Erziehung zu. Der Mensch, sagen sie, sey von Natur gut, alles Böse werde ihm nur von außen eingeimpft, oder er werde durch unverschuldete Noth getrieben, in fremdes Recht einzugreifen; ja selbst die eingewurzelte böse Neigung sey nur eine Krankheit.

Das ist seit Jahrzehnten das Programm der Fortschrittspartei, das nennt sie das Zeitbewußtseyn. So verkünden es unzählige Bücher, Flugschriften, Zeitungsartikel und Reden. Dieses moderne Bewußtseyn wurzelt aber schon in frühern Jahrhunderten, vorzugsweise im Zeitalter der Renaissance, in welchem der christlich germanische Geist und Geschmack dem heidnisch romanischen weichen mußte, und im vorigen sogenannten philosophischen Jahrhundert, in welchem sich die sogenannte Vernunft vollends vom Christenthum emancipirte. Im gegenwärtigen Jahrhundert ist noch ein neues politisches Ferment hinzugetreten, der Liberalismus, wodurch der Fortschritt mächtig beschleunigt wurde.

Werfen wir zuerst einen orientirenden Blick auf die Renaissance.

Vom Segen des Christenthums ging den Völkern unermeßlich viel verloren durch die Sünde der weltlichen und geistlichen Machthaber. Schon im 13. Jahrhundert wurde die Kirche durch den Kampf zwischen Papstthum und Kaiserthum tief erschüttert. Die Päpste begnügten sich nicht mehr mit dem, was ihnen gebührte, und wollten zur geistlichen Obergewalt auch noch die weltliche erobern. Um sich vor dem Kaiser zu schützen, ließen sich die Päpste von den französischen Königen nach Avignon verlocken und wurden dort Werkzeuge der französischen Politik gegen Deutschland. Das führte zum Schisma. Drei Päpste zugleich rangen um die Herrschaft. Wie am päpstlichen Hofe, so riß auch in den Sitzen der Erzbischöfe und Bischöfe und in den Klöstern tiefe Corruption ein. Die unermeßlich reichen Kirchengüter verlockten ihre Inhaber zum üppigsten Wandel. Daher schon Waldenser und Albigenser auf eine sittliche Reform der Kirche gedrungen und die Ghibellinen ihren Spott über die verderbte Geistlichkeit ausgegossen hatten.

Als nun 1453 Constantinopel von den Türken erobert wurde, flüchteten viele griechische Gelehrte von dort an die Höfe der kleinen italienischen Fürsten und brachten dorthin viele Handschriften altgriechischer Classiker mit, welche bald

1*

in die neuern Sprachen übersetzt und durch den damals erst
erfundenen Bücherdruck schnell verbreitet wurden. Der Geist
und die Schönheit vieler dieser altgriechischen Schriften elek-
trisirten die Gelehrten, und bald fing man auch an, in
Italien, zumal in Rom die Ueberreste antiker Schriften nicht
nur, sondern auch Bau- und Bildwerke zu studiren. Ein
Mönch aus dem edlen Hause Colonna hatte sich als Jüngling in eine reizende Dame verliebt, blieb ihr auch im Klo-
ster und noch lange nach ihrem Tode treu, wurde über neun-
zig Jahre alt und hinterließ ein Werk, welches seiner Zeit
den größten Ruhm erlangte und am meisten Einfluß auf die
neue Geschmacksrichtung übte. Man nennt das in vierzehn
italienischen und französischen Auflagen erschienene Buch den
architektonischen Roman, sofern darin eine Menge zu Co-
lonnas Zeit noch erhaltener altrömischer Bauwerke abgebil-
det sind. Die Hauptsache jedoch war die glühende Schwärmerei des alten Mönchs für das antike Heidenthum. Dieses
Heidenthum sieht er in seiner Einbildungskraft mit allen
seinen Herrlichkeiten neu auferstehen und in dieser wieder-
erweckten alten Welt feiert er auf der Insel der Liebesgöt-
tin seine Wiedervereinigung mit der irdischen Geliebten.
Daraus mag man sich erklären, wie eifrig von nun an in
Italien aus dem Schutte der Vergangenheit antike Statuen ausgegraben und gesammelt wurden.

Fast sämmtliche kleine Fürsten Italiens begünstigten
diese neue Mode, am meisten das reiche Haus Medici in
Florenz. Die Absicht dabei war eine politische. Wenn diese
kleinen Fürsten sich von der damals noch zu Recht bestehenden Hoheit des deutschen Reiches unabhängig machen wollten, konnte ihnen dabei nichts behülflicher seyn, als eine
künstliche Ueberhebung des romantischen Elementes über das

germanische. Auch die Päpste billigten diese Politik. Als unter dem Papst Julius II. die berühmte antike Statuengruppe des Laokoon in Rom wieder aufgefunden wurde, feierten die Römer unter Vorsitz des Papstes ein Freudenfest, wie wenn das ganze classische Alterthum wieder auferstanden wäre. Papst Leo X., ein Mediceer, ging noch weiter. Als er vom Gelde der Deutschen, die ihm den Ablaß theuer bezahlten, durch Michel-Angelo in Rom die große Peterskirche bauen ließ, durfte der Künstler ein genaues Nachbild des altrömischen Pantheon, worin alle alten Götter gemeinschaftlich verehrt worden waren, ganz oben auf die in Kreuzform gebaute Kirche, als Kuppel setzen. Die Kuppel steht noch heute, zum schmachvollen Denkmal des heidnischen Papstes, der sie bauen ließ. Denn sie sollte ein großes Symbol seyn und der Welt verkünden: Wie ehedem alle Götzen der Heiden vor dem Kreuze zusammengestürzt wären, so sey jetzt der Götzentempel wieder über das unterdrückte Kreuz erhöht worden. Neben der Peterskirche wurde der Vatican erbaut, ein großes Gebäude, dessen weite Säle in vielen Stockwerken übereinander die Päpste nach und nach mit den Statuen altrömischer Götter und Göttinnen, Heroen, Satyrn, Nymphen ꝛc. angefüllt haben.

Wenn es nun auch der italienischen Fürstenpolitik entsprach, die Erinnerungen und den Ruhm der alten Römer wieder in Scene zu setzen, um die Deutschen, die das ganze Mittelalter hindurch geherrscht hatten, wieder, wie zur altrömischen Zeit, Barbaren zu nennen, so hätten sie, um das romanische Element über das germanische zu setzen, doch nimmermehr zugleich auch das heidnische über das christliche setzen sollen. Die heidnische Göttermenagerie im Vatican ist ein schwerer Vorwurf für das Papstthum. Man hat es zwar hundertmal zu entschuldigen gesucht, es seyen gleichsam nur heidnische Trophäen des siegreichen Christenthums; aber es ist Niemand entgangen, daß die unzähligen Reisenden, welche jährlich nach Rom kommen, dort nicht das Grab des Apostels aufsuchen, sondern die schönen und verlockenden Antiken. Und wer wüßte nicht, wie auch die christliche Kunst durch die absichtliche Nachahmung der Antike herabgewürdigt worden ist. Die antiken Götter haben seit Leo X. Rom wieder erobert. Antike Motive und Ausdrucksweisen, welche mit den christlichen geradezu in Widerspruch stehen, sind gleichwohl in die christliche Kirchenmalerei und Sculptur eingedrungen. Die heilige Demuth der alten Kirchenmalerei verschwand in Italien, um der Prahlerei mit athletischen und theatralischen Stellungen, verführerischen Nacktheiten und üppiger Koketterie Platz zu machen. Maitressen von Kirchenfürsten wurden als Madonnen in die Kirchen gemalt. Man braucht nur das vielbändige Werk von Vasari zu lesen, um sich zu überzeugen, daß es in jener Glanzzeit der italienischen Malerei den Künstlern auf Virtuosität, Entfaltung des größesten Talentes, Befriedigung der Eitelkeit, Nachahmung der Antike ꝛc., kurz auf alles Andere ankam, nur nicht auf die Religion. Wie sie sich ihr Verhältniß zum Christenthum dachten, für welches sie scheinbar malten, das ihnen aber im Herzen zuwider war, hat am besten Spagnoletto in seiner geistreichen Darstellung der Marter des heil. Bartholomäus verrathen. Der Oberleib des Heiligen ist unter dem Messer der Henker schon ganz geschunden und bietet einen scheußlichen Anblick dar, indem er zugleich ein Meisterstück anatomischer Studien ist. Zu seinen Füßen liegt die umgeworfene und zerbrochene Marmorstatue eines Apollo, mit unvergleichlicher Milde und Schönheit der Züge.

Ein paar Jahrhunderte später hat Schiller in seinen Göttern Griechenlands den Commentar dazu geschrieben: Seht da, wie häßlich ist euer Christenthum und wie schön war das antike Heidenthum!

Man nannte die ganze Erscheinung Renaissance, Wiedergeburt, Auferstehung des classischen Heidenthums, seines Geschmacks, seiner Bildung. Sie war in allen Beziehungen ein weltgeschichtlicher Rückschritt, ein Rückfall aus dem Christenthum in das ältere Heidenthum. Wenn auch die christliche Kirche äußerlich fortbestand, so war sie doch innerlich vergiftet durch die heidnische Gesinnung und durch die heidnischen Ideen und Kunstformen, die man in sie hineintrug.

Der französische Hof war der erste, der die Renaissance aus Italien adoptirte, weil er gleiches politisches Interesse hatte, durch Erinnerungen altrömischer Größe, Bildung und Kunst alles Germanische als gothische oder altfränkische Barbarei herabzuwürdigen. Die Renaissance diente den französischen Königen gegen den deutschen Kaiser. Zugleich kam mit allem Altrömischen auch das Studium des römischen Rechts wieder in Flor und dieses Recht, welches in der despotischesten Zeit des altrömischen Kaiserthums aufgekommen war, hatte nicht die Wahrung von Volksrechten und Bürgschaften der öffentlichen Freiheit zum Zwecke gehabt, sondern einzig den Nutzen der Imperatoren, der absoluten Herrscher. Dieses römische Recht war nun den italienischen und französischen Usurpatoren höchst willkommen, weil sie es nur einzuführen brauchten, um die Ueberreste altgermanischer Volksfreiheit sofort zu unterdrücken.

Dieß war nun der Grund, aus welchem auch die deutschen Fürsten zuerst an ihren Höfen und auf den von ihnen gegründeten Universitäten und Schulen beiden verwandten

Neuerungen, dem Geschmack der Renaissance und dem römischen Recht, Eingang gestatteten. Ein politischer Vortheil überwog bei diesen Fürsten jede andere Rücksicht. Selbst der deutsche Kaiser begünstigte die Renaissance. Dieß bewies, daß er seine natürliche Stellung sowohl zur Kirche als zur deutschen Nation bereits verloren hatte. Dem Papste gegenüber, der ihn feindlich behandelte, hätte der Kaiser wohl im Dienst einer ghibellinischen Politik sich des römischen Rechts bedienen können, aber als Schutzherr der Kirche hätte er im Namen der frommen deutschen Nation gegen die freche Anmaßung der romanischen Völker, ihr altes Heidenthum über das Christenthum zu stellen, principiell und energisch protestiren sollen. Sein Mißgriff erklärt sich aber aus einer Rücksicht der politischen Nützlichkeit. Sofern nämlich die Mehrheit der germanischen Race in Norddeutschland, England und Standinavien von der alten Kirche abgefallen war, hielt sich der habsburgische Kaiser dem deutschen Nationalinteresse nicht mehr für verpflichtet, stützte sich mehr auf seine italienischen und spanischen Erblande und verschloß auch seine süddeutschen Kronländer jedem Einfluß von Norddeutschland her. Bekanntlich leistete ihm dabei der im romanischen Süden mächtig gewordene Jesuitenorden die größten Dienste.

Nun hätte sich vielleicht noch hoffen lassen, daß wenigstens die Norddeutschen und Engländer aus christlicher Frömmigkeit und aus germanischem Nationalstolze die Renaissance von sich abhalten würden, aber auch sie fielen ihrer Verführung anheim. Wie ernst es nämlich auch die deutschen Reformatoren und ein großer Theil des Volks mit der Erhaltung, Läuterung und Stärkung des christlichen Glaubens nahmen, die Fürsten haben diesen frommen Ernst nicht gehegt, oder nur geheuchelt, wie Heinrich VIII. von England, der Hesse Philipp, der Sachse Moritz, die Rheinpfälzer ꝛc. Ihnen war es durchgängig nur um Losreißung sowohl von der kaiserlichen als päpstlichen Autorität zu thun und sie wollten keine Einheit, weder des Reichs, noch der Kirche, sondern jeder wollte sich souverän in seinem Territorium abschließen und deßhalb auch eine eigene Staatskirche für sich haben.

Sie bedienten sich daher der lutherischen und calvinischen Eiferer nicht nur gegen die alte Kirche, sondern auch um in der neuen keine Einheit, die ihnen Rücksichten auferlegt haben würde, aufkommen zu lassen. Wenn nun aber diese Eiferer durch ihre Sittenstrenge den üppigen Fürsten lästig wurden, gab es gegen sie kein bequemeres Mittel, als die allgemeine Mode der Renaissance mitzumachen. Die sogenannten Humanisten, Lehrer der lateinischen und griechischen Literatur auf den Universitäten, wurden die Lieblinge der Fürsten, weil sie dieselben mit Allem bekannt machten, was im classischen Heidenthum die Sinne gereizt und auch die verwerflichste Unzucht immer noch mit Schönheit, Grazie und Witz umkleidet hatte. Diese auf allen protestantischen Universitäten begünstigten Humanisten dienten nun dazu, den lutherischen und calvinischen Zeloten das Gegengewicht zu halten.

So kam es denn, daß auch auf dem protestantischen Gebiete, wo mit so viel Ernst für eine Reinigung und neue Kräftigung des christlichen Glaubens gearbeitet worden war, dem classischen Heidenthum gehuldigt, die neue Mode mitgemacht wurde. Man wollte aus den classischen Studien nur die ganze alte Wollust des Heidenthums einsaugen, Waffen darin suchen gegen das Christenthum, gegen den sittlichen Ernst, gegen die germanische Zucht und Ehrenhaftigkeit. Aber man bemäntelte dieses böse Gelüsten mit der Pflicht, die alten

Sprachen gründlich kennen zu müssen, um den griechischen und hebräischen Text der Bibel recht zu verstehen und nicht mehr von der lateinischen Vulgata abzuhängen. Dieses Bedenken hegten gewiß nur sehr wenige biblische Philologen, während die ungeheure Masse derer, welche die Renaissance aufs eifrigste betrieben, dabei nur das Christenthum vergessen, wenn nicht verhöhnen wollten. Die ganze deutsche Literatur und Kunst wurde mehr oder weniger heidnisch. In der protestantischen Welt, in der die christlichen Heiligen offiziell abgeschafft und vergessen waren, wurden nun um so mehr die Namen, Physiognomien und Attribute der heidnischen Götter und Göttinnen sammt ihren größtentheils unzüchtigen Mythen durch den Schulunterricht, durch zahllose Nachahmungen in Bild und Schrift, insbesondere durch die Hoftheater, die mythologischen Hoffeste, die italienische Oper 2c. Gemeingut aller gebildeten Deutschen. Man scheute sich nicht, von Staatswegen öffentlich als Grundsatz aufzustellen, wahre Bildung lasse sich nur aus den classischen Studien schöpfen, also müsse auch die germanisch geborene und christlich getaufte Jugend auf Schulen und Hochschulen vorzugsweise im Verständniß der griechischen und römischen Classiker unterwiesen werden. Ja man schämte sich nicht, die obscönen Metamorphosen des Ovid zum Lehrstoff in christlich deutschen Schulen zu stempeln. Anfangs hatten die schwärmerischesten Humanisten sogar gehofft, alles Germanische und Christliche auf deutschem Boden austilgen zu können. Daher der ausschließliche Gebrauch der lateinischen Sprache zur Pflicht gemacht wurde, keiner mehr deutsch schrieb, auch jeder seinen deutschen Namen ins Lateinische oder Griechische übersetzte.

Schon im 16. Jahrhundert fehlte es nicht ganz an höher begabten Geistern, welche den großen Wendepunkt der Weltgeschichte begriffen. Darin liegt die tiefe Bedeutung der damals in Süddeutschland entstandenen Faustsage. Das große Publikum, welches von der Mode beherrscht wird, kennt in der Regel nur den Göthe'schen Faust. Göthe aber hat die Sage nicht erfunden. Dieselbe ist schon dreihundert Jahre alt und Göthe steht in keinem andern Verhältniß zu ihr, als daß er den Stoff benutzt und verarbeitet, aber gänzlich falsch, ja geradezu verkehrt aufgefaßt hat. Das geht schon daraus hervor, daß Faust in der alten Volkssage als arger Sünder vom Teufel geholt, bei Göthe aber mit großer Höflichkeit in den Himmel eingeführt wird.

Die Sagenwelt geht aus dem Geist ganzer Nationen und Zeiten hervor, ist daher auch Eigenthum der Gesammtheiten und kann nie durch irgend welche glückliche Bearbeitung Eigenthum eines einzelnen Dichters werden. In ihrem Zusammenhange mit anderen Sagen hat jede bedeutendere Sage ihr festes Gepräge, das kein Dichter, und wäre er noch so geistreich und schöpferisch, willkürlich umprägen darf.

Ein so bestimmtes Gepräge hat nun auch die alte Faustsage, und zwar steht sie im Zusammenhange mit einer Reihe fast gleichzeitiger aus derselben Zeitstimmung entsprungener Sagen. Da, wo die christliche Legende des Mittelalters zu Ende geht, beginnt die Volkssage ihr gleichsam eine große Anliegende entgegenzusetzen. Sowie der alte fromme Kinderglaube der Völker schwand und die Zweifel begannen und der Trotz gegen die bisherige Autorität sich versuchte, entstanden jene tiefsinnigen Volkssagen vom Faust, Fortunatus, Ahasverus ꝛc., die wir jetzt in ihrer Vereinzelung auffassen, als ob sie nur entstanden wären, um einem oder ein

paar Dichtern der Neuzeit Gelegenheit zu geben, sich in der
„glücklichen Behandlung" zu üben, die aber eine viel höhere
Bedeutung haben und die wir in ihrem inneren Zusammenhange, als Ausdruck einer ganzen großen Zeitstimmung auffassen müssen. Wir sind nicht berechtigt, diesen Erzeugnissen
der Reformationszeit ihre Bedeutung für ihre Zeit und ihre
Selbständigkeit abzusprechen, um sie als Spielzeug moderner Dichter aufzulassen.

So wie der Geist, die Bande des Glaubens lösend,
zuerst dem Gottvertrauen entsagte, setzte er seine Hoffnung
auf das blinde Glück, auf jene Fortuna, die sonderlich bei
der Soldateska der Reformationskriege eine so große Rolle
spielte und in der That in Wallensteins Lager förmlich die
Madonna ersetzt hat. Wenn früher in der Legende die Ascese, das freiwillige Aufgeben irdischer Güter, die Flucht des
Goldes und der Wollust gepriesen wurde, so trat ihr nunmehr in der Antilegende die poetische Verführung gegenüber,
die aufs reizendste die Lockungen des Glücks zu schildern
und zu entschuldigen wußte. Anfangs noch zart und spie-
lend in der schönen Sage vom Fortunatus, bald immer
derber und die Gier nach Gold und Genuß immer
dämonischer ausdrückend in den Sagen, worin bereits die
Hölle selbst angerufen wird, um den Preis des Himmels-
verlustes nur Erdenlust zu gewähren, endlich ausgehend in
der Don-Juansage, in welcher der heißen Wollust der mar-
morkalte Tod gegenübertritt. In anderer Weise fand die
Gottentfremdung ihren Ausdruck in der eben so bedeutsamen
Sage vom ewigen Juden, worin der Haß des Richtglauben-
wollens sich poetisch verklärt hat. Wenn in jenen Glücks-
rittersagen gewissermaßen das Heidenthum wiedererwacht und
den christlichen Glauben bestreitet, so in dieser Ahasverus-

sage das alte Judenthum, beide geboren im Geist der Verneinung. Weil es nicht mehr möglich war, das Heidenthum so wenig als das alte Judenthum zu verjüngen, so konnte sein Wiederauftreten auch nur den Eindruck von magischer Täuschung oder gespenstischer Erscheinung machen. Der Hauch des reinen Lebens ist ihnen fern. Daher das Vampyrartige in Don Juan, das Schemenartige in Ahasver. Daher konnte die Volkssage, auch bei der wärmsten Neigung, den Gegenstand von lustiger Seite zu nehmen, ihn immer nur tragisch fassen. Man sieht es dieser Gattung von Poesie an, wie sie die Opfer, die sie nicht retten kann, wenigstens ausschmückt mit allem Zauber des Interesses.

In den Sagen vom Hexensabbath geht die Antilegende so weit, auch förmlich eine Antikirche zu schaffen. Ein vollendeter Teufelscultus verkehrt hier die Anbetung Gottes in so folgerechter Durchbildung, daß fast jedem Sakrament ein Afterbild auf dem Blocksberg entspricht. Dieß alles ist nichts Zufälliges. War in der dämmernden Sagenwelt, die um die alte Legende als dunkler Rand sich lagert, die Sinnlichkeit, die sich um Gottes Gebote nicht mehr bekümmert und in vollblutiger Mannheit allem Kommenden trotzt, das vampyrartige Wiederaufleben des Heidenthums aus seinem Grabe, so die Verstocktheit des Glaubenshasses, das gespenstige Umgehen des Judenthums, beides unvermögend, die wahre Lebendigkeit der alten vorchristlichen Welt zurückzuführen, und konnte somit die Sage uns weder den alten Olymp mit seinen fröhlichen Göttern, noch den jüdischen Jehovah zurückbringen, so mußte sie einen neuen Cultus der Dämonen schaffen und der Kirche des Tages jene Kirche der Nacht entgegensetzen.

«Nun blieb aber der Sage immer noch ein wichtiges Moment übrig. Nämlich der von Gott abgewandte, aber dennoch verhältnißmäßig würdig sich beschäftigende, nicht wie Don Juan in die thierische Sinnlichkeit zurücksinkende, noch wie Ahasverus in passiver Verstocktheit verharrende, sondern aller seiner Geisteskräfte sich in unersättlichem Wissens- und Thatendrang bedienende Mensch. Wie unwürdig hätte die Sage das menschliche Geschlecht aufgefaßt, wenn sie es auf dem Standpunkt der Verneinung nicht weiter gebracht hätte, als bis zur poetischen Schöpfung eines Don Juan oder Ahasverus. Sie dachte in der That größer vom Menschen und schuf den Faust. Das alte Volksbuch von 1587 leistet dafür alles, was irgend von der Conception verlangt werden kann. Faust hat den Glauben abgeworfen; sein Muth hat die Gottesfurcht überwunden, ein unendlicher Drang, alles zu wissen, alles zu sehen, bewegt ihn, seine natürlichen Kräfte durch die der Hölle zu ergänzen und das zu erreichen, was noch kein Mensch erreicht hat. Er genießt nebenbei das Leben, er treibt nebenbei Spaß mit der Einfalt Anderer; aber die Hauptsache bleibt ihm immer das Allerforschen, die Durchdringung nicht nur aller gegenwärtigen Welten, sondern auch die der Vergangenheit, indem er die Alten aus ihren Gräbern weckt. Schon Rosenkranz hat daher mit Recht im Faust den Geist personificirt gesehen, der zur Zeit der Reformation in kühnstem Streben als Columbus neue Welttheile entdeckte, als Copernikus die Sternenwelt erforschte, als Guttenberg die Beflügelung des Geistes durch die Buchdruckerkunst erfand und als Erasmus in die schöne Welt von Rom und Hellas niederstieg. Ist es denn nun nicht wahre Verblendung, wenn man jenen thatkräftigen und wissenstrunkenen Faust der ächten Sage nichts mehr

gelten laſſen, ihm ſogar das Recht der literarhiſtoriſchen
Exiſtenz und ſeine Bedeutung in der Reihe aller übrigen
verwandten Sagen abſprechen will, bloß weil es Goethe gefallen hat, ſeinen Fauſt zu einem ſentimentalen Don Juan
zu blaſtren? Die alte Sage wird ihr Recht behalten. —
Indeß muß zugegeben werden, daß ſich das Ende des acht-
zehnten Jahrhunderts jener Verblendung noch nicht bewußt
werden konnte, und daß es gewiſſermaßen in ſeinem Rechte
handelte, wenn es die alte Sage mißverſtand und den Sinn
derſelben zu begreifen gar nicht der Mühe werth fand. Die
Aufklärung hielt ſich ja für unendlich berechtigt. Als ob
alle die dunkeln Jahrtauſende vor ihr abgelaufen wären,
um ihr zur Ergötzung zu dienen, nahm ſie aus denſelben
heraus, was ihr beliebte, und ſpielte damit. In ihrer bis
zur Pedanterei graziöſen Selbſtgefälligkeit ſtrich ſie alles
Alte neu, willkürlich und anders an und meinte dann,
es ſey nun erſt entſtanden. Da gab es auch alte Sagen,
durch welche das tiefſinnige Volksgefühl im Beginn des
großen Abfalls von der Kirche das Unzureichende des menſch-
lichen Emancipationsdranges in den ſchärfſten, ja ewigen
Zügen bezeichnet hatte; allein die Aufklärung glaubte mit
breitem Pinſel bequem über dieſe tiefen Züge hinwegfahren
zu dürfen und verkehrte das Bild in ſein Gegentheil, indem ſie das Zureichende jenes Dranges darthat. So wurde
aus dem kühnen Titanenſturze der alten Sage eine Lüſt-
lingsverhimmelung im modernen Drama.

Die geniale Volksſage iſt der Ausdruck deſſen, was fromme
und geiſtreiche Deutſche im 16. Jahrhundert empfinden und
überlegen mußten, indem ſie den Geiſt der neuen Zeit über
den Horizont Europas in rieſenhafter Progreſſion empor-
ſteigen ſahen. Ohne Zweifel war es ein katholiſcher Geiſt-

licher im schwäbischen Oberlande oder im Schwarzwald, der die Faustsage in der Form, wie sie uns das Unicum der Ulmer Stadtbibliothek erhalten hat, nieberschrieb. Er dachte dabei allerdings auch an die Reformation, weshalb er seinen Faust nach Wittenberg, in den Ausgangspunkt der Reformation versetzte. Aber er faßte nicht vorzugsweise die Reformation, nicht die Theologie, sondern die weltliche Universitätsgelehrsamkeit, die Renaissance, die Vertiefung des Menschengeistes in die Magie der Natur und in die classische Vergangenheit auf. Nicht der Kirchenstreit, sondern die große Umwandlung der Geister durch die moderne Wissenschaft und durch den modernen Geschmack interessirte ihn vorzugsweise. In merkwürdiger Uebereinstimmung mit dem fast gleichzeitigen Shakespeare, dessen Hamlet ebenfalls den modernen Geist und Geschmack in seinem Gegensatz gegen die alte einfache christlich germanische Mannhaftigkeit und Ehrlichkeit in seiner Superklugheit, Sophisterei, Koketterie mit philosophischer Bildung bei charakterloser Weichlichkeit abspiegelt. Auch Hamlet studirt in Wittenberg, wie Faust, repräsentirt aber eben so wenig wie dieser die reformatorische Tendenz der Zeit, sondern nur die gänzliche Umänderung auf der weltlichen Seite, in der weltlichen Denkweise, in den weltlichen Wissenschaften. Die Auffassung war eine sehr richtige, denn die Reformation war nur durch das Verderben in der Kirche veranlaßt und bezweckte nur die Läuterung und Vereinfachung der Lehre und des Ritus, Rückkehr zum alten Christenthum und nichts Neues. Der moderne Geist dagegen, der aus der Renaissance und aus dem leidenschaftlichen Hingeben an die Natur hervorging, war etwas Neues, war derjenige neue Zeitgeist, der die edelsten

Bestrebungen der Reformation selber auf die Seite drückte und ihnen ihre Erfolge verkümmerte.

Wie nahe es lag, daß die Renaissance ihrem Principe nach auch den Schein des Christenthums, sobald es die Umstände erlauben würden, nicht mehr würde fortbestehen lassen, bewies im 18. Jahrhundert die französische Revolution. Die tollen Menschen, welche damals das Christenthum förmlich abschafften, den christlichen Gottesdienst bei Todesstrafe verboten, die christlichen Priester mordeten, handelten ganz nach diesem Principe und viel ehrlicher als andere, die nur dem Namen nach immer noch Christen seyn wollten und es doch nicht mehr waren.

In der französischen Revolution ersetzte man das Christenthum durch einen neuen Cultus der Vernunft und der Natur.

Die Vernunft war schon von den Philosophen geradezu der Offenbarung entgegengesetzt worden. In der Vernunft glaubte man den Schwerpunkt gefunden zu haben, von wo aus man die christliche Kirche aus ihrem Felsengrunde heben könne. Jedenfalls das höchste Kriterium, aus dem alle Dinge zu beurtheilen seyen. Die Freigeister bedienten sich nun dieses Kriteriums, um den christlichen Glauben schlechthin unvernünftig zu finden und über ihn zu spotten, die Rationalisten wenigstens, um den christlichen Glauben vor dem Forum der Vernunft zu prüfen, die moralischen Bestandtheile desselben als vernünftig gelten zu lassen, die übrigen unvernünftigen Bestandtheile aber zu beseitigen und somit das Christenthum, wie man sich gerne rühmte, erst zur Vernunft zu bringen.

Man verwechselte aber die Vernunft mit dem Verstande. Die Vernunft ist gerade dasjenige geistige Vermögen des Menschen, welches ihn unmittelbar mit Gott verbindet. Gott schuf uns Menschen nach seinem Bilde, als seine Kinder, als unsterbliche Wesen gleich ihm und durch seine Liebe berufen, einst ewig seine Herrlichkeit zu theilen, wenn wir dessen würdig sind. Um das zu erproben, ließ er uns in dieser irdischen Welt geboren werden und begabte uns mit der uneingeschränktesten Freiheit des Willens, zu denken und zu handeln nach eines jeden Lust und Belieben. Hätte der Mensch diese Freiheit nicht, so wäre er eine willenlose Figur, eine bloße Puppe. Nur die Freiheit des Willens erhebt ihn über alle niederen Geschöpfe und beurkundet seine göttliche Abkunft. Durch sie allein wird es ihm möglich, sich als unsterbliches Kind des unsterblichen Vaters würdig zu machen. Mit der Freiheit aber verlieh Gott dem Menschen zugleich die Vernunft als einen Wächter, als eine Erinnerung an den himmlischen Vater, als eine Mahnung an die Bestimmung des Menschen für das Jenseits. Die Vernunft gewährt dem Menschen entweder ein klares und sicheres Urtheil, ob er recht oder unrecht denkt und handelt, ob er gut oder böse wählt, oder sie gewährt ihm in der Stimme des Gewissens wenigstens ein unwiderstehliches Gefühl davon, ob er zu etwas Bösem oder Gutem sich hinneigt.

Neben dieser Vernunft und diesem Gewissen besitzt der Mensch aber noch den Verstand, welcher von der Vernunft ganz unabhängig ist, eine bloße Denkmaschine, indifferent gegenüber jedem sittlichen Anspruch, in sich tragend das Princip der absoluten Freiheit und so beschaffen, daß er für Alles, auch für das Böse, Gründe findet und Alles gleich fertig beweisen und widerlegen kann.

Der menschliche Verstand ist das geistige Vermögen zu denken, d. h. aus einzelnen Wahrnehmungen allgemeine Begriffe zu abstrahiren, aus Ursache und Wirkung Schlüsse zu ziehen, aus dem Ungewissen auf das Gewisse zu schließen oder es durch scharfsinnige Anwendung von Analogien und Unterstellungen wahrscheinlich zu machen. Indem die Thätigkeit des Verstandes sich aber zur dialektischen Kunst steigert und verfeinert, erreicht dieselbe ihre höchste Virtuosität nur in der Umkehr der Wahrheit, des Rechts, des Sittlichen und sogar des Natürlichen, in der künstlichen Beweisführung, daß das Wahre unwahr, das Unwahre wahr sey. Diese sogenannte Advokatenrabulisterei, die man alle Tage vor den Gerichten glänzen sehen kann, hat auch in der Theologie und Philosophie die wichtigste Rolle gespielt. In der Scholastik bewies der Verstand die Wahrheit aller Grundlehren der göttlichen Offenbarung, verlangte aber, man solle die Wahrheit von nun an nicht mehr auf Grund der göttlichen Autorität, sondern auf Grund der scholastischen Beweisführung anerkennen. Sowie aber die Schule hierin ihren Stolz befriedigt hatte, ging sie noch weiter und übte ihre dialektische Kunst im Zweifeln an der Wahrheit, im Bestreiten der Wahrheit, im Beweisen des Gegentheils, bis sie zur wissenschaftlichen Negation alles Christlichen in einer ausdrücklich antichristlichen Philosophie gelangte.

Die Vernunft ist die innere Warnungsstimme, welche allen Ausschreitungen des Verstandes ihr Veto entgegensetzt. Sie ist in allen Menschen vorhanden, aber nicht in jedem gleich ausgebildet und zum vollen Bewußtseyn gebracht. Die Stimme der Vernunft spricht auch bei unmündigen und ungebildeten Menschen schon instinctiv und widersetzt sich unwillkürlich den Lockungen und Zumuthungen des Verstandes. Sie weigert sich oft, die glänzendsten Beweisführungen des Verstandes anzuerkennen, wenn damit eine faule Sache beschönigt werden soll. Die gesunde Vernunft fühlt unwilltürlich das Natürliche, Wahre und Rechte heraus, auch in Fällen, wo der unmündige Mensch der Autorität eines überlegenen Verstandes keine Gegengründe darbieten kann. Die Vernunft äußert sich auch schon bei der Einfalt und Unschuld, die man bethören will, durch das Erröthen der Scham. Die Vernunft gleicht einem im Menschen verborgenen Engel der die Seele hütet und das Gottähnliche und Heilige in ihr nicht profaniren lassen will. Die gereifte Vernunft aber unterwirft sich den Verstand und gebraucht ihn nur im Dienste der Wahrheit, indem sie alles Ungesunde, Unnatürliche, Erfundene, Erlogene aus seinen Beweisführungen scharf abscheidet. Die angeborne gesunde Vernunft ist aber vollkommen adäquat dem Gebote Gottes. Die h. Offenbarung dient ihr überall nur zur Bestätigung.

Diese scharfe Kritik der Vernunft nun will sich der Verstand nicht gefallen lassen. Er kämpft auf eigene Rechnung gegen die Vernunft an und übernimmt, wenn die Vernunft gleichsam der Engel im Menschen ist, unbedingt die Rolle des advocatus diaboli. Das eigentliche Motto dieses Verhaltens ist die Hoffahrt, die Sünde gegen das erste Gebot, die Ueberhebung über Gott. Diese Hoffahrt ist bedingt durch die dem Menschen von Gott verliehene Freiheit. Wenn der Mensch sich nicht gegen Gott empören könnte, so wäre auch seine Gottesfurcht, seine Gottesminne keine Tugend und kein Verdienst mehr. Auch Gott selber sprach: Eritis sicut deus! denn mit der Freiheit gab er dem Menschen die Gottähnlichkeit. Die Sünde lag nur darin, daß die Menschen sich von der Schlange belügen ließen, sie könnten ihre absolute Freiheit nur dadurch beweisen, daß sie eine Sünde begingen. Jedenfalls war die erste Sünde in der Welt die Hoffahrtssünde, wobei der Verstand zu Gevatter stand. Diese erste

Sünde gebar aber unzählige andere, denn sie entfesselte die niedern Triebe des Körpers und der nicht mehr von der Vernunft beherrschten Seele. Abgefallen von Gott gerieth der Mensch immer tiefer in das materielle Daseyn und folgte dessen Verlockungen. Der Verstand aber war allezeit bereit, die Sünde zu beschönigen.

Neben dem Triebe zu sinnlichen Genüssen, der dem Verstand das Uebergewicht über die Vernunft gab, kam dem Verstande auch noch die von Gott zugelassene Unwissenheit der Menschen zu statten. Ihre Vernunft war vorherrschend nur ein sittliches Kriterium, gewährte ihnen aber keinen Aufschluß über die materielle Welt, die sie umgab. Gott wollte das so, um dem Menschen desto mehr Freiheit zu lassen, sich seines Verstandes zu bedienen. Nur auf den Menschen selbst sollte es ankommen, ob er den Verstand der Vernunft unterwerfen würde. Deßhalb wendet sich auch die heil. Schrift nur an das sittliche Gefühl des Menschen, nicht an seinen Verstand, und gewährt ihm nur Befestigung im Glauben und in der Tugend, aber keine wissenschaftlichen Kenntnisse. Die Bibel ist kein Compendium der Naturwissenschaft. Sie beschränkt sich darauf, den Menschen ihren himmlischen Vater und dessen heilige Liebe zu seinen Kindern kennen zu lehren, ihnen die Gebote seiner Weisheit und ewigen Herrlichkeit klar zu machen und sie zu dem Adel der Gesinnung zu erheben, der ihnen alles Gemeine auf Erden als nichtig und vergänglich, alles Böse aber zugleich als niederträchtig und eines Gotteskindes unwürdig kennzeichnet. Einen Hörsaal der Physik und Chemie, der Astronomie und Geologie 2c. will die heil. Schrift nicht eröffnen. Ein frommer Christ kann daher in den Naturwissenschaften unwissender seyn als ein Weltkind, und gerade diesen Umstand benutzt der gottwidrige Verstand, um die Naturwissenschaft zur Basis seiner Operationen gegen den christlichen Glauben zu machen und Gott aus der Natur, den Schöpfer aus seinem Werke hinweg zu disputiren.

Begreiflicherweise kommt es dabei dem Verstande vornehmlich darauf an, die Materie zu verherrlichen und ihr nicht mehr einen untergeordneten Rang als bloßes Mittel zu einem höheren Zwecke Gottes zuzuerkennen, sondern sie mit den höchsten Attributen Gottes selbst zu bekleiden. Wie Christus spricht: „Mein Reich ist nicht von dieser Welt", so legt im Gegentheil der in der falschen Wissenschaft operirende Verstand den höchsten Werth grade auf „diese" Welt, stellt grade die Materie als das Ewige voran, vergöttert sie allein und escamotirt den Geist oder macht ihn nur zu einer zeitlichen und vergänglichen Funktion der ewigen Materie. Das ist nicht zufällig. Wer die Seele des Menschen ganz in Sinnlichkeit untergehen läßt und ihr jedes sittliche Bedenken ausredet, der verfährt auch nur consequent, wenn er die Abhängigkeit des Menschen von einem unsichtbaren Gott und seinen Geboten, die Verantwortlichkeit des Menschen für seine Handlungen und die ewige Vergeltung schlechthin leugnet.

Von Gott abgewendet und nur in die Natur vertieft hat die falsche Wissenschaft dennoch die Natur nicht begriffen und kann sie nicht begreifen, denn ohne den Schöpfer zu kennen, kann man auch keinen richtigen Begriff von seiner Schöpfung haben. Der moderne Materialismus, obgleich er die Naturwissenschaft gepachtet zu haben wähnt, hat von der Natur nur eine ganz verkehrte Ansicht.

Noch ungleich verderblicher als die Naturansichten der falschen Wissenschaft, haben die geschichtlichen Ansichten, ins-

besondere die über die Bestimmung des Menschen und über
das Ziel der Weltgeschichte gewirkt, indem sie im Zusammenhange
mit jenen Naturanschauungen das sittliche Verhalten
im Privatleben und die politischen Leidenschaften vergiftet
haben.

Die Verirrung der menschlichen Hoffahrt auf dem Felde
der Naturwissenschaften ist nichts Vereinzeltes. Sie hängt
mit allen übrigen Verirrungen des menschlichen Verstandes
in unsern Tagen zusammen. Seit dem Beginn der classischen
Studien und der modernen Bildung ist ein Wendepunkt
in der europäischen Geschichte eingetreten. Man hat
sich weit und immer weiter vom Christenthum, von der alten
Gottesfurcht entfernt und ist in ein neues Heidenthum hineingerathen.
Indem man die göttliche Autorität zu scheuen,
zu fliehen und endlich gänzlich zu verleugnen anfing, fiel
man in die heidnische Thorheit zurück, theils nur noch die
Materie, das Fleisch und das Geld anzubeten, theils sich
selbst zu vergöttern. Der Sinnencultus und die Selbstvergötterung
beherrschen die gegenwärtige Welt schon wieder,
wie in der vorchristlichen Zeit. Dieser große Umschwung in
den Gesinnungen hat nun auch mächtig auf die Wissenschaften
eingewirkt. Ueberall ist man hier vom Centrum
zur Peripherie, vom Kern zur Schale übergegangen und hat
systematisch den wahren Sachverhalt, wie er in der Wirklichkeit
ist, in den Hörsälen und in der wissenschaftlichen
Literatur umgekehrt. Man kann das durch alle Wissenschaften
hindurch verfolgen, es ist die allgemeine Krankheit der
Geister und man kann dem einzelnen Denker kaum einen
Vorwurf aus einer Unnatur machen, die einmal die herrschende
Mode geworden ist. Daß der alleinige Gott geleugnet
wird und man das Göttliche nur noch in der Natur,

in der Materie oder im Ich des Menschen anerkennen will, entspricht allen andern Vorstellungsweisen der heutigen Zeit. In der Naturwissenschaft macht man aus der wundervollen Schöpfung des lebendigen Gottes eine todte Mechanik im Wechsel der Stoffe. In der Politik setzt man ganz ebenso an die Stelle des lebendigen Volksthums eine todte Mechanik abstracter Begriffe. Selbst in der Geschichtswissenschaft macht sich die Tendenz geltend, den Kern liegen zu lassen und nur emsig an der Schale zu klauben und ohne irgend den Geist der Geschichte zu verstehen, mit Bestreitungen oder Beweisen unwesentlicher Nebendinge wichtig zu thun. Alle, die Gott nicht mehr begreifen, begreifen auch das Leben nicht mehr. Ihr geistiges Auge verfinstert sich mit Nothwendigkeit und je finsterer es ihnen wird, desto mehr sind sie durch das strafende Naturgesetz in den Wahn gebannt, es strahle immer helleres Licht von ihnen aus. Unermüdet und auf alle erdenkliche Weise suchen sie mit immer neuen thörichten Erfindungen und Einbildungen die Wissenschaft zu bereichern und spreizen sich in Glück und Stolz, wenn sie wieder ein Sandkörnchen oder eine Fichtennadel in ihren dunklen Ameisenhaufen hineingebaut haben, wobei es ihre größte Sorge zu seyn scheint, daß der ganze Haufe von Weihrauch durchduftet sey, den sie mit Wollust athmen.

Diese Verirrung hängt aufs genaueste zusammen mit der gesammten Geistesrichtung unserer Zeit, die wir als eine demokratische bezeichnen dürfen. Demokratisch nämlich, weil sie von der Voraussetzung ausgeht, es gebe in der Welt weder einen Monarchen (den allen durch die Philosophie längst abgesetzten Gott), noch eine Aristokratie (weil alles nur die eine und gleiche Materie ist). Wie man dem Staat und der Kirche gegenüber lehrt, der Mensch sey ein vollkommen freies Wesen, mit Selbstbestimmung begabt und keiner Autorität unterworfen, die er nicht aus freiem Willen und aus Nützlichkeitsgründen sich selber auf eine bestimmte Zeit wählt, ganz ebenso macht man in der Naturwissenschaft als Grundsatz geltend, die Natur sey von Gott gänzlich unabhängig, ohne Schöpfer, habe sich selbst gemacht und existire nach eigenen in ihr liegenden Gesetzen. Wie man in der Politik behauptet, es gebe keine göttliche Autorität, keine Ableitung von Gottes Gnaden, kein ewiges Gesetz, sondern das Volk allein sey Quelle der Gesetzgebung, das Volk allein sey ewig und könne sich zu jeder Zeit nach Belieben seine Gesetze selbst machen, ganz ebenso behauptet man, es gebe auch für die Natur kein höheres Gesetz, keine noch über ihr waltende Macht, sondern die Materie allein sey ewig und bleibe auch im Formenwechsel immer die alte und das allein Berechtigte, allein Existirende. Wie man in der Politik die Rangstufen leugnet und jeden Menschen dem andern gleich erklärt, so fällt auch für die Natur das Aufsteigen zu immer höheren Geschöpfen weg, weil der denkende Mensch keinen höheren Rang anzusprechen hat, als der Schwamm, der Wasser von sich gibt, oder eine Wolke, welche regnet; denn nach der Lehre des modernen Materialismus verhält sich auch das menschliche Denken als eine Funktion des Gehirns nur wie sich das Uriniren verhält als Funktion der Nieren.

Wir können nicht umhin, hier unsere Grundansicht in Bezug auf die Natur kurz zu kennzeichnen und den Voraussetzungen der jüngsten Wissenschaft entgegenzusetzen. Wie diese Wissenschaft vom Aeußern ausgeht, so gehen wir vom Innern aus. Wie sie lehrt, im Anfang war die Materie, so lehren wir, im Anfang war der Geist. Wie sie die Materie in Urstoffe scheidet und aus diesen allmälig organische

Bildungen, aus der Pflanze das Thier, aus dem Affen zuletzt den Menschen entstehen läßt, so lassen wir zuerst aus Gott den Menschen entstehen und nur um des Menschen willen, nur als Mittel für seinen Zweck, die zu seiner Existenz und vollständigen Entwicklung erforderliche räumliche und zeitliche, unorganische und organische Umgebung ihm vorangehn. Wie jene Wissenschaft einen leeren Raum voraussetzt, der um jeden Preis habe gefüllt werden müssen, so setzen wir nur eine göttliche Kraft voraus, die aus dem innersten Keim der Dinge heraus die zu ihrer Existenz erforderliche Materie, den für sie nöthigen Raum, die für sie nöthige Zeit ins Nichts hineinschafft, nur um dieser Dinge willen, nur als eine relative, nicht als eine absolute Materie, als einen nur relativen, nicht als einen absoluten und ewigen Raum; denn es gibt einen Raum und eine Zeit nur so viel und so lange, als sie für die von Gott geschaffenen Wesen nöthig sind. Das werden wir im folgenden ersten Buch näher entwickeln.

Von der Bestimmung des Menschen aber in seinem zeitlichen Leben und vom Ziel der Weltgeschichte wollen wir im zweiten und dritten Buche reden und der alten, vom heutigen Geschlecht nur zu sehr vergessenen ratio christiana, dem unzertrennlichen Bunde der Vernunft mit dem Christenthum, die Ehre geben.

Erstes Buch.

Die falschen Meinungen von der Natur.

1.
Vom Nichts.

Hauptsatz der falschen Wissenschaft ist, daß die Welt gar nicht geschaffen, sondern wie sie eben sey, so von selber sey, und zwar von Ewigkeit her. Einen Schöpfer, einen Gott anzunehmen, sey daher überflüssig und nur eine kindische Vorstellung, die dem wissenschaftlich gebildeten Geist nicht mehr zieme.

Man fragt, aus was denn Gott die Welt gemacht haben soll? und spottet, daß er sie angeblich aus Nichts gemacht habe. Aus Nichts wird nichts, heißt es da.

Und doch haben wieder andere Naturphilosophen, obgleich auch sie nichts von Gott dem Schöpfer wissen wollten, doch dem Nichts eine hohe, ja die höchste Bedeutung zugeschrieben, den Anfang aller Dinge ins Nichts gesetzt und alles Etwas im Nichts wurzeln lassen. Wer hat nun Recht, die da sagen: aus Nichts wird Nichts, oder die da sagen: aus Nichts wird Alles? Beides ist nur Spielerei des Verstandes und beides unvernünftig. Wenn Gott die Welt aus Nichts gemacht hat, so kam es eben auf Gott allein an und von Gott wollen weder die etwas wissen, die über das Nichts spotten, als die es zum Anfang der Dinge ohne Gott machen wollen.

Daß die Welt aus Nichts und zwar ohne Gott entstanden sey, lehrte Oken, dem hierin auch der kenntnißreiche

Naturforscher Johannes Müller folgte. Da soll aus Nichts Etwas und am Ende die ganze Welt geworden seyn, ganz von selber. Erst war Nichts, das Zero, die Null, die sich aber mit + und — setzte, so daß aus + 0 die Zahl 1 wurde. Räumlich gesetzt wurde die + 0 oder die Zahl 1 ein Punkt. Aus vielen aneinander gereihten Punkten entstand die Linie, aus Linien die Fläche, aus Flächen der Körper und siehe da, das Etwas war fertig. So bildete man sich nämlich ein. Aber zwischen dem Begriff des Nichts im Kopfe eines Philosophen und dem wirklichen greifbaren Etwas liegt eine Kluft, die der Witz nicht ausfüllt, wenn er sie auch überspringt. Diese ganze Logik ist Spiegelfechterei, denn im Anfang war keineswegs das Nichts oder die Möglichkeit einer Zukunft des Etwas. Im Anfang war nur Gott, dem Alles möglich war. Das Nichts war auch nicht vor Gott, die Negation war nicht eher möglich als das Etwas, welches negirt werden sollte, und ist überhaupt nur ein Denkbegriff, der auch im Kopf eines Philosophen nicht entstehen könnte, wenn dieser nicht schon die Erfahrung des positiven Etwas oder der Wirklichkeit der Dinge gemacht hätte. Gott schuf die Welt aus Nichts, will nur sagen: er schuf die Welt, die vorher nicht da war.

2.
Vom Raum.

Die falsche Wissenschaft hat sich vom Raum eine ganz unlogische Vorstellung gemacht. Aus der Thatsache, daß jeder Körper einen Raum einnimmt und daß Körper neben einander bald näher, bald ferner, doch immer in einer gewissen Beziehung auf einander existiren, folgt nicht, daß der

Raum unendlich sey, wie doch die falsche Wissenschaft immer steif und fest behauptet. Der Begriff des Raumes wird überhaupt erst möglich, wenn etwas im Raum enthalten ist, sonst ist der Raum eben nichts. Was aber auch im Raum enthalten ist, es ist immer begrenzt durch den Zweck, zu dem es geschaffen wurde. Einen unendlichen Raum vorauszusetzen, ist unlogisch und so recht kindisch, weil doch nichts in der Welt unendlich seyn kann, als Gott allein, der einen Raum auch nur geschaffen hat, soweit die Körper, die er schuf, Raum brauchten. Er schuf die Körper nicht, um den Raum auszufüllen, sondern der Raum war nur der Körper wegen da, die sich darin befinden sollten.

Es ist ein unumstößlicher Satz, daß die falsche Wissenschaft immer in Widersprüche mit sich selber geräth und gerathen muß, weil sie eben von der graden Linie der Wahrheit rechts oder links abirrt, also rechts und links sich immer widerspricht. Dieß begegnet der falschen Wissenschaft wie in Bezug auf das Nichts, so auch wieder in Bezug auf den Raum. Denn einmal behauptet sie, der Raum sey vor den Dingen dagewesen, die hineinkommen, von Ewigkeit her und grenzenlos, dann aber behauptet sie wieder, es gäbe in diesem Raume eine Mitte, ein Naturcentrum, und sie hat gewetteifert, mit Bezug auf diese gesuchte Mitte der gesammten Sternenwelt irgend eine bestimmte Configuration anzudichten. Da sollen sich die einzelnen Sterne in Milchstraßen kreisförmig aneinander schließen, die Milchstraßen sich in einander schachteln oder durchkreuzen oder in hyperbolischen Bahnen gleich Kegeln sämmtlich mit ihren Spitzen im Naturcentrum zusammentreffen. Aber diese Baukünstler des Himmels vergaßen, daß, wenn der Raum unendlich ist, es auch gar keine Mitte in ihm geben kann, denn jede Mitte läßt sich nur nach zwei bestimmten Grenzen hin ausmessen, weshalb man auch die Welt schon mit einer Kugel verglichen hat, in welcher jeder Punkt der Mittelpunkt ist.

Gott allein ist unendlich und ewig; was er in Raum und Zeit geschaffen hat, ist begrenzt und vergänglich. Nur die Kinder Gottes, die Menschen und vielleicht noch andere höhere Vernunftwesen, die sich in der weiten Schöpfung verbergen und die wir nur nicht kennen, theilen mit ihm die Unsterblichkeit, sind aber unsterblich nur, wenn sie nach dem irdischen Tode Raum und Zeit hinter sich gelassen haben und in die Ewigkeit übergegangen sind.

Die Sterne zeigen regelmäßige Gruppirungen und bilden Figuren, die auch zu einem größeren Ganzen zusammenzugehören scheinen und, wie Mädler mit Grund vermuthet, sich um ein Centralgestirn bewegen. Das gilt aber nur von dem Sternensystem, zu welchem unsere Sonne gehört, denn andere kennen wir nicht, obgleich es noch andere geben kann. Es wäre eben so unvernünftig, nur das am Himmel für wirklich zu halten, was wir sehen, als es unvernünftig ist, von einem Raume zu träumen, der gar nie aufhören könnte. Gibt es für unser nächstes Sternensystem ein Centralgestirn, eine Mitte, so ist es doch nur eine relative Mitte für das begrenzte System und nicht die absolute Mitte der Natur.

Eine absolute Mitte gibt es, aber sie liegt nicht im Raum, und wir können ihr daher ganz nahe stehen. Damit wird alles beseitigt, was man vom astronomischen Standpunkt hat gegen die geoffenbarte Religion einwenden wollen. Man hielt sich für sehr geistreich, wenn man sagte, der liebe Gott hat mehr zu thun, als sich um unsern kleinen Planeten zu bekümmern. Er muß in maaßloser Ferne Milliarden von Sternen und Milchstraßen regieren, wie kann er ein besonderes Interesse für uns arme Erdbewohner haben? wie kann er gar uns seinen Sohn geschickt haben wollen? Daran knüpfte man die kluge Frage, ob sich Gott auf die gleiche Art auch im Merkur und Mars, im Jupiter und Saturn, in Sonne und Mond und auf den übrigen Sternen offenbart habe? ob überall derselbe Mittler hingesandt worden sey, oder ein anderer, und wie viele dann? Solche Sorgen um die andern Himmelskörper machten sich die geistreichen Zweifler, indem es ihnen eigentlich nicht um das Seelenheil der Bewohner jener Himmelskörper zu thun war, sondern einzig um eine Blasphemie. Die Astronomie hat aus ihrem rein wissenschaftlichen Heiligthum heraus nie etwas geboren, was dem Glauben widerspräche, nur der Spott hat es in sie hineingetragen. Die Astronomie lehrt die Größe und Herrlichkeit Gottes in seinen Werken und ist kein Arsenal für die Religionsspötter. Sophistische Fragen, wie die obigen, bleiben ihr fern. Denn erstens schließen die ungeheuern Fernen, mit denen sie uns im Raum bekannt macht, die Allgegenwart Gottes keineswegs aus, sondern beweisen dieselbe vielmehr; zweitens sind alle Vermuthungen über die Seelenzustände uns völlig fremder und unzugänglicher anderer Sternbewohner unzulässig und absolut unwissenschaftlich; und drittens ermahnt, wenn wir irgend Analogien suchen, die uns zu Schlüssen berechtigen, uns alles zur Demuth. Wir dürfen nämlich niemals vergessen, daß, da nun einmal überall Rangordnungen in der Welt sind, die Analogie der Rangordnungen unter den irdischen Wesen selbst uns keine hohe Stelle auf der astralischen Stufenleiter anweist. Jedem Wesen auf beschränktem Standpunkte gönnte der Schöpfer mehr zu sehen, als es gerade nothwendig begreifen muß.

Jedes erfreut sich eines gewissen Ueberflusses von Anschauungen über die Summe seiner klaren Begriffe. Jedes Thier sieht mehr von der Welt als es von ihr begreift. Der Mensch ist in gleichem Falle. Wie mag er nun, der nur das ihm Nächste begreift, vom unermeßlichen All behaupten, was darin seyn könne, was nicht? Das Einzige, was er gewiß weiß, ist, daß unsere Erde ein kleiner dunkler Körper von viel niedrigerer Art ist, als die Sonnen über ihm. Will er nun überhaupt von Analogien ausgehen, und von der Kleinheit des Wohnorts auf die Kleinheit der Geister auf Erden schließen, so wird er auch auf ein Wissenwollen, das über seinem Range liegt, verzichten. Die Demuth seiner eigenen Stellung und Hülfsbedürftigkeit aber muß ihn hoffen lassen, daß ein Heil, das sogar ihm zugänglich geworden sey, den Bewohnern höherer Welten noch weniger fehlen werde.

Die nämlichen Denker, welche vom alten Gott der Bibel glauben, daß er nur der engherzigen Vorzeit angehöre, in der man sich die Erde wie einen Kopf unter einer mit Sternen angemalten Schlafmütze dachte, daß er aber für den weiten Horizont der Gegenwart und für die von neueren Astronomen entdeckten unendlichen Weltenräume und Sternenheere nicht mehr passe, gerathen in einen sonderbaren Widerspruch, wenn sie andererseits behaupten, der Mensch selbst und allein sey Gott. Jener alte Gott der Psalmen, der da war, ehe die Berge waren, und der da bleiben wird, wenn alle Himmel vergehen, ist ihm die Größe des Raumes wohl zu groß? Was könnte die Wissenschaft irgend noch entdecken, das auch nur entfernt der Vorstellung Abbruch thäte, die wir von seiner Allmacht haben? Und statt seiner will man nun das ohnmächtige Geschöpf, den kurzlebigen, schwachsinnigen, irrthums- und sündenvollen Menschen zum höchsten Gott erheben? und während man auf den niederen Rang unseres Planeten unter den Himmelskörpern hinweist, um unserer geoffenbarten Religion jeden Werth abzusprechen, vergißt man diese planetarische Niedrigkeit, Ranglosigkeit und Unebenbürtigkeit so sehr, daß man sich träumt, wir Menschen seyen Gott und es gäbe keinen außer uns. Die Astronomie, die man gegen das Christenthum ins Feld gerufen hat, wendet sich nicht gegen dieses, sondern gegen die Philosophie der Zeit. Wenn die Bewohner der Sonne, des Sirius, der Alcyone, der Milliarden großer Weltkörper alle, die an Rang hoch über unserer Erde stehen, wüßten, daß sich Professor Hegel in Berlin, ein Menschlein in schwarzem Frack auf unserm dunkeln Planeten, für das höchste Wesen gehalten habe, so müßten sie in der That lächeln und seinen Wahn ziemlich komisch finden, ihm jedoch um seiner irdischen Unwissenheit willen und seines niedern Standpunktes wegen lächelnd verzeihen, berücksichtigend, daß, ob zwar über unsern Planeten immerhin ein reiches Maaß von Weisheit ausgegossen ist, das man mit Bescheidenheit verdienen kann, doch auch das Maaß der Narrheit erfüllt werden muß.

Fast noch mehr als die ungeheuern Weiten des Raums und Größen der Himmelskörper, können die astronomischen Zeiträume dem menschlichen Stolze, wenn er sich zu hoch erheben will, zur Demüthigung dienen. Unsere sogenannte Weltgeschichte von 6000 Jahren ist ein Zeitraum, den die Sonne dreißigtausendmal vollenden muß, ehe sie nur ein einzigesmal um die Alcyone herumgekommen ist oder ein einziges ihrer Jahre zurückgelegt hat. Lebten Wesen auf der Sonne, die nach Verhältniß der Erdenbewohner alt würden, so würden sie siebzigmal mit ihr um die Alcyone kreisen, wie wir mit unserer Erde um die Sonne, und für sie wäre die ganze Dauer unserer bisherigen Weltgeschichte nur — eine Viertelstunde. Für sie also würde das ganze menschliche Geschlecht (nicht bloß etwa ein Individuum) noch weniger als eine Ephemere seyn; das Leben eines menschlichen Individuums aber würde für sie fast unberechenbar kurz, nur ein einziger Augenaufschlag seyn. Solche Rechnungen sollten die Eitelkeit auf unserer kleinen Erde ein wenig dämpfen.

Wie undankbar ist der Mensch, daß er von eigner Größe träumt, wenn ihm Gott den Blick ins Universum eröffnet, und daß er sich äffisch putzt, wo er anbeten sollte. Wäre es möglich, daß ein geheimer, ihm vielleicht selbst nicht ganz klar gewordener Neid gegen höhere Wesen ihm die Hoffart seiner Philosophie eingepflanzt hätte? Zuweilen scheint es, als ob jener alten Sage vom Fall der Engel aus Neid eine tiefe Wahrheit zu Grunde liege. Neid machte die Engel fallen und die Gefallenen mußten das Kleid des irdischen Leibes anziehen zu ihrer Buße. Weil sie Gott gleich seyn wollten, wurden sie weniger, als sie gewesen waren, und weil der Neid sie geplagt, kamen sie in eine Lage, in der sie noch neidischer zu werden in dem Maaß Ursache hatten, als sie selbst nicht zu beneiden waren. Der Neid, der mit dämonischer Kraft ausgerüstet, Lucifer und seine Schaaren zum Himmelssturm bewaffnet, sieht sich in der irdischen Beschränkung auf das Aushecken philosophischer Systeme beschränkt, welche Gott leugnen, und auf klägliche Versuche, dem strafgefangenen Geiste Freiheit anzulügen. Die Dichter, mit den Philosophen ziemlich wetteifernd in der Hoffart der Gottesleugnung, erkannten doch mit tieferem Instinkt den Schmerz und die Hemmung der geheimnißvollen Fesseln und Lord Byron war deshalb unendlich wahrer, als es gleichzeitig

Hegel gewesen ist. Bei Byron sprach der Neid des gefallenen Geistes sich naiv und mit trotziger Resignation aus, bei Hegel mit dummdreister Lüge sich selbst bethörend, wie einst Sejanus, schon dem Verhängniß verfallen, noch Opfer und Rauchwerk vor seiner eigenen Statue brachte und sich selbst adorirte, um sich die göttliche Größe anzudichten, die ihn hätte schützen können, wenn sie mehr als Lüge gewesen wäre.

Ob übrigens das Schlänglein Neid von unserer kleinen Erde aus gegen die ewigen Gestirne zischt und phaucht, sie gehen ruhig ihren Gang fort und durch unsere Blasphemie wird an Gottes Gesetzen nicht das mindeste abgeändert. Nur wir selber schaden uns durch das Vorkehren des Dämonischen in unserer Natur, das wir unterdrücken sollten. Wenn man es recht betrachtet, so machen wir uns doch eigentlich ganz unnütze Sorgen, indem wir auf unserm planetarischen Schifflein daherfahrend den übrigen Gestirnen durchs Sprachrohr der Pansophie zuschreien: wir seyen ihre Götter. Sie hören uns nicht einmal, wir aber haben den Schaden davon, denn vor göttlichem Hochmuth will nun keiner unter uns dem andern mehr gehorchen und alles geht drüber und drunter wie in einer Schenke, in der die Bauern sich prügeln, wenn die Lichter ausgelöscht sind. Bedenken wir, daß wir unsere irdische Wohnung doch nur als Gäste Gottes innehaben, so ist unser Betragen gemein und unangemessen. Wir sollten weit mehr Ehrfurcht vor dem Herrn des Hauses blicken lassen, wenn wir uns nur einigen Anstandes befleißigten. Die Philosophie der Zeit verletzt diesen Anstand auf eine bisher kaum erhörte Weise und bedroht ihre zahlreichen Anhänger mit einer geistigen und sittlichen Verwilderung, die nicht anders als in einer blutigen Revolution sich selbst bestrafen kann. Die Philosophie, welche sich rühmt, die Bildung des menschlichen Geschlechts absolut vollendet zu haben, hat in der That nur der innersten Gemeinheit und Frechheit der menschlichen Natur Ausdruck und Waffen geliehen, sich gegen alles, was edel ist, zu empören. Von Jahr zu Jahr, von Monat zu Monat sieht man die Wellen des Pöbelmeeres anschwellen, welches gegen die riesigen Steininseln der zehn Gebote antobt, um das uralte Gesetz auf Erden zu vertilgen und dafür den neuen Codo noir der befreiten Gottessklaven einzuführen, der da lautet: du sollst keinen andern Gott haben neben dir, — du sollst den Namen Gottes nicht unnützlich brauchen, indem du ihn einem Andern gibst, als dir selbst, — du sollst alle Tage zu Feiertagen, oder blauen Montagen machen, nicht mehr arbeiten, sondern die Reichen plündern und bei Champagner und Rehbraten Weltgeschichte machen, — du sollst Vater und Mutter verachten, denn sie sind voller Vorurtheile und Schwächen der alten Zeit, und nur die Jugend hat Vernunft, — du sollst tödten alle, die dem Fortschritt im Wege stehen, — du sollst ehebrechen und überhaupt die Ehe, als eine lästige Fessel, ganz abschaffen, — du sollst stehlen, weil du dadurch nur dem allgemeinen Menschenwohl dienst, das kein Privateigenthum gestattet, — du sollst falsch Zeugniß reden, denn sonst gäbe es keine Preßfreiheit, — du sollst gelüsten nach deines Nächsten Haus, Weib, Magd und Allem, was sein ist, — du sollst gelüsten nach Gottes Herrlichkeit selbst, ihn von seinem alten Thron stürzen und dich hineinsetzen. Alle diese neuen Gebote sind wörtlich in den tonangebenden Schriften der jungen Zeit enthalten und bilden die Summe ihrer socialen Weisheit. Die Erde soll 'durch diese neue Gesetzgebung wieder in das Paradies verwandelt werden. Wie nach der Tradition einst Gott den Menschen aus dem Paradiese trieb, und auf die rauhe Erde setzte, so braucht jetzt der Mensch nur umgekehrt Gott von der Erde zu vertreiben, damit sie wieder zum Paradiese werde. Und wie damals die Unschuld verloren ging, so entledigt man sich jetzt der Schuld einfach durch den moralischen Bankerott. Wozu die langweilige Loslaufung durch den Erlöser? Wir erkennen ganz einfach die Schuld nicht an, der Schuldbrief ist zerrissen und wir sind frei.

Die Freisinnigen merken nicht, daß sie trotz aller Unabhängigkeitserklärungen doch auf ihrem kleinen Planeten dem geheimnißvollen Zuge der allgemeinen Gravitation in der großen Sternenwelt, und demnach ohne allen Zweifel auch dem gleich ewigen allgemeinen Sittengesetz der geschaffenen Geister unterworfen sind. Und wie das Meer, aus seinen Ufern tretend, doch immer wieder in sein Bett zurückfließen würde, weil die Gesetze der Schwere es so verlangen, so werden auch die Wogen des Völkermeers sich immer wieder legen müssen, wenn ihr philosophischer Neptun sie auch anpeitschte, die geistige Sonne vom Himmel herabzuspülen. Wie sicher hält der Allmächtige den Planeten an unsichtbarem Faden, und magnetisirt die schwere Masse seines Körpers mit leichtem Fingerzuge! Sollte seine Macht sich weniger deutlich offenbaren im Schicksal der Planetenbewohner, und können sie sich freier von den allgemeinen Geistesgesetzen glauben, wie der Boden unter ihren Füßen vom Gesetz der Schwere? Ist es aber den Vergeßlichen nicht lange schon verkündet, was der Zug der Schwere in der sittlichen Welt ist? Was zieht sie immer tiefer herab in dem Maaß, in welchem sie über alle Schranken hinaus wollen? Was legt sie in immer schwerere Ketten, je weniger sie dem leisesten Zwange der Pflicht und einem schönen Maaße sich unterwerfen wollen? Es ist die Schuld, es ist jene verachtete, lächerliche Erbsünde, von der kein gebildeter Mensch mehr sprechen darf. Sie ist die Last, die dem Genius des Fortschritts wie Blei an den Füßen hängt und ihn nicht fortläßt, mag er noch so wild mit seinen Flügeln schlagen.

3.
Vom Stoff.

Soweit der Raum sich erstreckt, soll er auch mit Stoff, mit Materie ausgefüllt seyn, lehrt die falsche Wissenschaft. Man begreift, warum sie zugleich Gott leugnet, es geschieht gleichsam aus Mitleid gegen Gott, denn es würde ihm doch gar zu viel zugemuthet werden, wenn er nur zu dem Zweck existirte, fort und fort den leeren Raum mit Stoff auszufüllen. Der Raum wäre, wie das Faß der Danaiden, immer gefüllt und doch immer noch leer, weil er unendlich ist und also immer welcher übrig bleibt, der noch auszufüllen wäre.

Die Erfahrung zeigt uns, daß es gar keinen Stoff gibt, der nicht an irgend einen flüssigen oder festen, doch immer begrenzten Körper fixirt wäre und einem bestimmten Zweck der Natur diente. Nirgend kommt ein einfacher Stoff vor. Trotz aller Fortschritte der Chemie hat sich doch die große Mannigfaltigkeit der Stoffe noch niemals auf einen einfachen Urstoff reduciren lassen. Man findet vielmehr, daß die Stoffe so verschieden sind, als die Zwecke, denen die Körper dienen sollen. Woher also die willkürliche Voraussetzung einer absoluten und allgemeinen Urmaterie, die den ganzen Raum ausfüllen und von Ewigkeit her seyn soll? Gleichwohl kann man kaum ein Lehrbuch der Naturkunde aufschlagen, man findet darin die Urmaterie als etwas, was sich von selbst verstünde.

Obgleich kein Mensch jemals etwas von einer Urmaterie gesehen hat, wird sie von der falschen Wissenschaft genau beschrieben als dünn und unsichtbar, so lange sie sich nicht zu einem Nebel verdichtet. Weil man am nächtlichen Sternenhimmel einige sogenannte Nebelflecke, übrigens von verhältnißmäßig nur geringem Umfang sieht, bildete die falsche Wissenschaft sich ein, das seyen noch kleine Ueberreste oder Fetzen der Urmaterie, die zufällig noch zurückgeblieben seyen nachdem die Hauptmassen derselben sich schon zu festen Himmelskörpern oder Sternen verdichtet hätten.

Weiter bildet die falsche Wissenschaft sich ein, die dünne Urmaterie sey kein zusammenhängendes Fluidum, sondern bestehe aus unendlich kleinen, nicht mehr theilbaren, staubartigen Körperchen, den sog. Atomen. Das ist aber wieder ein ungeheurer Widerspruch, daß etwas ein Körper und doch nicht theilbar seyn soll. Es kann daher gar keine Atome geben und gibt auch keine. Es ist noch nie und nirgend ein Atom gesehen worden. Soweit es der Chemie gelungen ist, Körper in ihre Bestandtheile zu zerlegen, ist sie doch immer nur auf verschiedene, noch mannigfach von einander abweichende, ja entgegengesetzte Stoffe gestoßen, niemals aber auf einen einfachen und gleichen Urstoff. Wozu also sollte man gegen alle Logik und Erfahrung doch eine Urmaterie voraussetzen?

Was man für Ueberreste der Urmaterie am Himmel angesehen hat, Nebelflecke, dazu Kometenschweife, das Zodiakallicht, plötzlich bei Tage eintretende Finsternisse, lassen ganz andere Erklärungen zu.

Bekanntlich hat Büchner den Satz aufgestellt, der Stoff sey eher dagewesen als die Kraft, und er hat die Sache damit leicht abzuthun gemeint, indem er sagt, die Kraft sey an den Stoff "gebunden". Ja er genirt sich gar nicht, vom Stoff zu sagen, derselbe sey auch "der Träger aller geistigen Kräfte".

Den Beweis liefert die Chemie, welche den Stoff als schlechterdings unzerstörlich, also auch als das Ursprüngliche und Ewige offenbart, denn jede angebliche Zerstörung eines Stoffes ist nur dessen Umänderung, Stoffwechsel. Das Korn geht als Brod durch den Leib, wird Mist, verschwindet in der Erde nicht, sondern wächst im Halm wieder empor. Das verbrennende Holz setzt sich ab als Asche und fliegt zum Theil davon als Rauch, der Stoff aber bleibt und geht nur neue Verbindungen ein.

Diese Dauerhaftigkeit der Materie muß unbedingt zugegeben werden für den Raum und für die Zeit, welche die gegenwärtige Natur einrahmen. Sie gehört zu deren innerer Gesetzmäßigkeit und dient, wie alles in der Natur, als Mittel zum Zweck für die Menschen. Sie ist also nur eine Eigenschaft der Natur und keineswegs ihre erste Ursache. Noch viel weniger kann von ihrer Ursprünglichkeit und Ewigkeit überhaupt die Rede seyn, da die Natur selbst nichts Ursprüngliches und Ewiges ist, wie wir dies schon bei der Erklärung der Begriffe Raum und Zeit nachgewiesen haben.

Die wahnsinnige Behauptung, welche die Wahrheit auf den Kopf stellt, daß nur der Stoff das Ewige sey, der Geist aber das Vergängliche, wäre nur lächerlich, wenn sie nicht zugleich die Unsittlichkeit beförderte. Der Materialismus verbreitet unter dem gemeinen Volk die Meinung, es gebe keine Unsterblichkeit der Seele; wenn der Mensch sterbe, so sey es aus mit ihm und er dauere als Geist oder Seele oder selbstbewußtes Wesen nicht fort, nur sein von Würmern gefressener Leib dauere fort, zerfalle in Staub, hafte aber wieder andern

Körpern an. Die Hauptsache ist hier, daß dem Menschen mit dem Glauben an Fortdauer nach dem Tode auch der Glaube an die Vergeltung im Jenseits ausgeredet wird, daß man ihm daher die Versicherung gibt, er könne diesseits sündigen und freveln wie er wolle; wenn er sich nur vor irdischer Strafe zu hüten wisse, so bleibe er ohne Verantwortung und solle nur sorgen, auf Kosten anderer das Leben zu genießen. Eine Lehre, die nur zu leicht bei gemeinen Seelen und bei der unerfahrenen und verführten Jugend Eingang findet.

Hören wir, was Büchner in seinem berüchtigten Buche „Kraft und Stoff" im Jahr 1855 der Welt verkündet hat. Er sucht zu beweisen 1) die absolute Unmöglichkeit einer Kraft ohne Stoff, daher auch die Unmöglichkeit einer Existenz Gottes vor der von ihm erst zu erschaffenden Welt, 2) die Ewigkeit des Stoffes und der davon untrennlichen Kraft, ohne Schöpfung und auch ohne Ende. Außer der Materie, die, wenn auch in mannigfacher Form sich wandelnd, doch nie verringert oder vermehrt werde, gebe es lediglich nichts. Die der Materie unter bestimmten Verhältnissen innewohnende Kraft höre mit diesen bestimmten Verhältnissen wieder auf, nur die Materie selbst daure ewig fort, indem sie wieder anderartige Verbindungen eingehe und somit neue Kräfte in ihr geweckt werden. Die Gesetze, nach welchen die Materie verschiedenartige Verbindungen eingehe, Formen und Kräfte annehme, seyen eben so ewig wie sie selbst und durchaus unfreiwillig, geistig todt wie die Materie selbst, lediglich etwas Mechanisches. Eines Gottes, als Schöpfers, Erhalters und Regierers dieser materiellen Welt brauche es gar nicht, ja seine Voraussetzung sey eben so unlogisch als unnatürlich, denn sein angeblicher über der Materie stehender Geist würde, wenn er sich überhaupt bemerklich machen könnte, nur störend in den ewigen durchaus vollkommenen Mechanismus eingreifen. Die Materie bedürfe keines äußeren Regenten, sie regiere sich selbst. „Aus Nichts kann keine Kraft entstehen", sagt Liebig. Sie kann sich nur am Stoff äußern, mithin muß der Stoff so ewig seyn, wie die Kraft.

„Ich habe den Himmel überall durchsucht," sagte der große Astronom Lalande, „und nirgends die Spur Gottes gefunden." Und als der Kaiser Napoleon den berühmten Astronomen Laplace fragte, warum in seinem System der himmlischen Mechanik nirgends von Gott die Rede sey, antwortete derselbe: „Sire, je n'avais pas besoin de cette hypothèse!"

Büchner sucht 3) zu beweisen, so wenig wie es einen Gott geben könne außer der Materie, eben so wenig auch eine unsterbliche Seele, getrennt vom irdischen Leibe. Der Mensch sey eigentlich nur ein Thier. „Es ist eine höchst interessante und belehrende Thatsache, daß alle Embryonen einander gleichen und daß es oft geradezu unmöglich ist, ein entstehendes Schaaf von einem entstehenden Menschen, dessen künftiges Genie vielleicht die Welt bewegen wird, zu unterscheiden. So getrennt die beiden Geschlechter des Menschen in ihrer letzten Ausbildung erscheinen, so ist es doch in den ersten Monaten des menschlichen Embryonallebens geradezu unmöglich, zu sagen, ob das betreffende Individuum männlich oder weiblich werden wird, und welches von beiden in der That geschieht, mag vielleicht von ganz zufälligen äußerlichen Bedingungen abhängig seyn." Diese ursprüngliche Verwandtschaft der Embryonen, verbunden mit Joh. Müllers Entdeckung der Entstehung von Schnecken aus Holothurien, scheinen Herrn Büchner die Entstehungsgeschichte der Thier- und Menschenwelt hinreichend zu erklären. Es brauche da, meint er, keiner Genesis, keines Adam, den Gott vor allen Thieren des Paradieses auszeichnet ꝛc. Die Sache sey viel einfacher und natürlicher zugegangen. Jede höhere Thierart sey nach und nach aus der vorherigen niedern entwickelt worden. „Wenn aber selbst heute noch Verhältnisse aufkommen können, unter denen ein so außerordentlicher Vorgang in der niederen Thierwelt möglich wird, oder unter denen eine Holothurie eine Schnecke gebiert — welcher mit naturwissenschaftlichen Begriffen Vertraute wollte alsdann leugnen, daß einst Verhältnisse müssen bestanden haben können, unter denen auch in der höhern Thierwelt ein solcher Vorgang möglich war, oder unter denen ein Affe, ja irgend ein beliebiges anderes Thier einen Menschen gebar!" Büchner findet das bestätigt, sofern die ältesten Menschenschädel, die man kenne, noch sehr affenartig aussähen.

Die höhere s. g. geistige Bildung selbst hält er einzig für ein Ergebniß chemischer Prozesse im Stoffe. Was der Instinct der Thiere sey, das sey auch noch der vollkommenste Verstand im Menschen, einzig mechanisches Product aus gegebenen im Stoff wirksamen Kräften. Der Gedanke sey Product einer Gehirnthätigkeit, weiter gar nichts. „Ohne Phosphor kein Gedanke," hat schon Moleschott gesagt. „Die Gedanken stehen in demselben Verhältniß zum Gehirn, wie die Galle zur Leber oder der Urin zu den Nieren," hat Vogt gesagt. Denken ist harnen, die Philosophie Vogts selbst nur (was wir niemals bezweifelt haben) ein Seich.

Aus denselben Gründen spottet Büchner auch über die Fiction des s. g. Sittlichen. Denn ein Sittliches könne es eben so wenig geben, wie ein Geistiges. Der Mensch handle wie das Thier, nur unter gegebenen Verhältnissen und nach dem ihm angelernten, eben durch die Verhältnisse bedingten Instinct. Da sey alles nur relativ und es gebe ein allgemein anerkanntes Gutes eben so wenig als Schönes. Von Religion könne nun vollends gar nicht die Rede seyn. Büchner hält den Gott der Christen wie die Götter der Heiden für einen großen Reflex der Menschheit, für eine Selbstbespiegelung des Menschen, zunächst aus Feigheit und Furcht hervorgegangen. Es gebe keinen Gott und könne keinen geben; was wir Gott nennen, sey ein leeres Phantastegebilde (S. 185). Der Mensch allein sey Gott: „Unserer Zeit war es vorbehalten, den praktisch längst entschiedenen Sieg des menschlichen Princips über das übermenschliche auch theoretisch und wissenschaftlich zu erringen."

Die angeblichen Gebote Gottes findet Büchner in einer Weise abgeschmackt, daß er sich nicht enthalten kann, sie zu persifliren.

Zum Ueberfluß sucht er aus der modernen Statistik nachzuweisen, daß die Verbrechen nicht vor den Richter oder ein sittliches Forum, sondern ausschließlich in die Naturgeschichte gehören. Der eine Mensch habe eben mehr die Schaaf-, der andere mehr die Tigernatur an sich. Er handelt mechanisch, instinktartig, er kann nicht anders. Die Nutzanwendung also ist: kümmre dich nicht um Gottes Gebote, noch um Moral, sondern thue, was dir gefällt! Beten erscheint ihm lächerlich und dumm. „Welchen sonderbaren Begriff müssen solche Menschen von ihrem selbstgeschaffenen Gotte haben! von einem allerhöchsten Gesetzgeber, der sich durch ihre Gebete und Seufzer bewegen lassen würde, die von ihm selbst geschaffene unzerstörbare Ordnung der Dinge umzustoßen, seine eignen Gesetze zu verletzen, und in das Walten der Naturkräfte mit eigner Hand zerstörend einzugreifen! Wahrlich, einen sehr niedrigen Begriff! und doch entblöden sie sich nicht zu behaupten, im Besitze der wahren Gottesverehrung zu seyn! Davon gar nicht zu reden, daß ihnen auch nur die oberflächliche Kenntniß von den natürlichen Bedingungen, unter denen sich Krankheiten verbreiten, ihr Unternehmen als ein höchst lächerliches hätte erscheinen lassen müssen!" Und wie das Gebet, eben so lächerlich sey der Dank gegen Gott. „In der Stellung und den Verhältnissen der Erde zu Sonne, Mond und Sternen wollen beschränkte Geister die zweckmäßige Fürsorge des Himmels erblicken. Aber sie bedenken nicht, daß sie Folge und Ursache verwechseln und daß wir eben nicht oder anders organisirt wären, wenn die Schiefe der Ekliptik eine andere oder nicht vorhanden wäre."

Dies wird genug seyn, um den Inhalt des Büchner'schen Buches zu charakterisiren. Man sieht, er fällt aus dem wissenschaftlichen Ton in die allgemeinste Blasphemie, in den eines gebildeten Mannes unwürdigsten, ja schofelsten Ton und wir müssen uns billig verwundern, daß die Universität Tübingen einen solchen Privatdocenten halte. Während er nur die bekannten Sätze älterer und neuerer Materialisten nachschreibt und auch nicht einen einzigen neuen und eignen Gedanken vorbringt, verschmäht er es sogar, irgend ein edles Gefühl wenigstens zur Schau zu tragen, sondern legt es absichtlich darauf an, so unnobel und gemein als immer möglich von der ganzen Menschenwelt zu denken. Nur wenige Franzosen in der zweiten Hälfte des vorigen Jahrhunderts sind in einen ähnlichen Ton verfallen; selbst die blasirtesten Freigeister schrieben doch in der Regel dem Menschen, seiner Vernunft, seinem freien Willen eine hohe Würde und eine um so höhere zu, als sie auf ihn übertrugen, was sie an Gott leugneten. Wie frevenlich es auch war, nicht mehr an den Schöpfer zu glauben und dagegen das Geschöpf zu vergöttern, so ließen sie doch wenigstens noch am Geschöpf etwas Hohes, Achtbares, einen sittlichen Werth oder eine geistige Freiheit. Aber dieser Herr Büchner läßt nichts übrig, reißt alles herunter ins Gemeine. In Gott sieht er nichts, im Menschen nur einen Affensohn, und nicht einmal mehr ein natürliches Thier, sondern nur eine zur Bestialität abgerichtete Maschine, ein Bleh-Automat.

Uebereinstimmend sagt der berühmte Carl Vogt: „Die anscheinende Zweckmäßigkeit der Natur ist nichts Anderes, als die nothwendige Folge des Begegnens natürlicher Stoffe und Kräfte. Es hängt von einem Zufalle ab, ob die Naturwesen ihr Daseyn erreichen oder nicht . . . . Es herrscht der Zufall, welcher Elend und Freude schafft.*) Rein nur durch physikalische und chemische Kräfte ohne organische Substanz, ohne bewußten Schöpfer, ja ohne eine leitende Idee entstand die Welt.**) Unser ganzes Leben, das Leben sämmtlicher Organismen, das ganze tellurische und kosmische Leben ist auf den Grundsatz gebaut, daß die Materie ewig dieselbe bleibt, ihre Form aber wechselt.***) Eine selbstständige Existenz und eine individuelle Unsterblichkeit der Seele gibt es nicht. Die Seele ist ein Product der Entwicklung des Gehirns . . . . Die Seele ist kein immaterielles, vom Körper trennbares Princip, sondern nur ein Collectiv-Name für die verschiedenen Funktionen, die dem Gehirn ausschließlich zukommen. Stirbt der Körper, so hat auch die

---

*) Bilder aus dem Thierleben. 372.
**) Physiol. Briefe. 2. Aufl. 636.
***) Bilder 356. Dagegen Treffliches bei Reusch, Bibel und Natur, 44, 179. Bosen, Christenthum, 61.

Seele ihr vollständiges Ende.*) Alles Denken, Wollen und Thun des Menschen ist nichts Anderes, als das Ergebniß der jeweiligen Ernährung und Umsetzung der Hirnsubstanz.**) Das Gute wie das Böse geht aus der Beschaffenheit der menschlichen Natur hervor, die nicht von dem Menschen abhängt. Eine Verantwortlichkeit und Zurechnungsfähigkeit, wie sie die Moral, die Strafrechtspflege und Gott weiß wer noch uns auflegen wollen, existirt nicht."***)

4.
Von der Kraft.

Nur weil die Materie das Träge und Todte ist, die Kraft aber schon etwas vom Geist in sich spüren läßt, behauptet der Materialismus den Vorzug und die Ursprünglichkeit der Materie und meint, die Kraft sey nur etwas Eigenschaftliches am Stoff. Man hat die Frage schon im Alterthum scherzhaft aufgefaßt. Man frug: Was ist eher, die Henne, welche das Ei legt, oder das Ei, in welchem die Henne erst entsteht?

Seitdem der alte Geist der Lüge im Gebiete der speculativen Naturwissenschaft, durch die grenzenlose Einfalt und Neugier des Publikums verlockt und gewissermaßen aufgefordert, sich den Spaß gemacht hat, zu behaupten, die Materie sey eher dagewesen als der Geist, der Stoff eher als die Kraft, seitdem haben die Gelehrten öfters die Köpfe zusammengesteckt und der Wissenschaft den Puls gefühlt, ob sie nicht delirire. Und wie aus Schadenfreude wirft ihnen

---

*) Bilder 419 ff.
**) Briefe 320.
***) Bilder 445.

der frivole alte Göthe die Worte seines Faust hin, daß sie daran wieder eine Weile beißen und nagen können. Man kann in der That die Einfalt, wenn sie mit wichtiger Miene wissenschaftlich zu forschen sich einbildet, nicht bequemer berücken, als wenn man ihr ein solches Spielzeug in die Hände gibt, ein Spielzeug mit Begriffen, die man drehen und wenden kann wie man will und die, wenn ausgespielt ist, bleiben wie zuvor. Faust überlegt, was im Anfang gewesen sey? das Wort? der Geist? die Kraft? und schließt mit der That; im Anfang war die That! Da sperren die andächtigen Schüler Ohren, Augen und Maul auf und glauben, nun sey Alles klar und abgemacht, während der schalkhafte Poet die Frage rein gelassen hat, wie er sie fand. Denn daß alles aus einer That hervorgegangen ist, beweist heute noch die Thatsache der Natur. Wie aber die That zu Stande gekommen ist, welcher Wille sie gewollt, welche Kraft sie vollbracht, welcher Geist sie ausgedacht? Das steht alles noch in Frage wie zuvor.

Für Gott sind allerdings Geist, Gedanke, Wille, Kraft und That nur ein Moment. Dennoch vermögen wir uns eine unbewußte, ungewollte That nicht zu denken, müssen also voraussetzen, daß der That ein Wille und Gedanke vorangegangen sind. Was nun vollends die Materie betrifft, so ist sie etwas ganz Indifferentes, ehe sie vom schöpferischen Geist durchdrungen die Form annimmt, die sie eignet, wie im Ganzen so im Einzelnen den Zwecken der Schöpfung zu dienen. Es war vollkommen logisch gedacht, wenn schon die alten Inder etwas Wirkliches, Materielles sich nicht eher denken konnten, als insofern Gott, der Urgeist Brahma, es vorausgedacht hatte. Eben so nothwendig war es für Platon, sich vor der Schöpfung der wirklichen Dinge die Ideen, Grundgedanken und maaßgebenden Vorbilder derselben als im Urgeist entstehend zu denken. Diese allen Denker der geistreichsten Völker des Alterthums setzten voraus, nur ein vor allem dagewesener Urgeist, die höchste Vernunft und Weisheit und zugleich die höchste Allmacht, habe alles, was da ist, zu einem bestimmten Zweck geschaffen und das Material dazu habe sich von selbst gefunden. Es ist in der That völlig einerlei, ob man sagt, Gott hat alles aus Nichts gemacht, oder es war eine todte Materie da, die er wie der Töpfer den Thon formte. In keinem Fall war mehr Thon vorhanden, als er gerade brauchte, und konnte er, wenn keiner vorhanden war, gleich so viel schaffen, als er brauchte. Der Begriff der Materie ist nichts Absolutes, sondern nur etwas Relatives, nämlich durch den Zweck bedingt. Eine allgemeine, absolute, für sich existirende, schon vor Gott dagewesene ewige Materie hat nie existirt und wäre auch zwecklos. Denn wozu sollte sie existiren, wenn sie immer todte Materie bliebe? Und wozu bedürfte es, wenn sie, soweit wir sehen, in der mannigfaltigsten Gliederung durch Gottes Schöpferkraft geordnet und geformt ist, noch eines weiteren Restes von Urmaterie, die in einem unendlich weiten Raum ausgedehnt, gänzlich formlos und todt bliebe?

Welche Kraft äußerte sich zuerst in der Natur? Ohne Zweifel die, welche die Sterne in Bewegung setzte und harmonisch ordnete. Denn obgleich es sich bei dieser Anordnung der Himmelskörper nur darum handelte, ihre Oberfläche zur Wohnung und Heimath der Kinder Gottes, der Vernunftwesen, welche auf unserer Erde die Menschen sind, einzurichten, und der Zweck der Schöpfung überhaupt nur die gottähnlichen und unsterblichen Vernunftwesen ins Auge faßte, alles andere in der Schöpfung aber nur Mittel für diesen Zweck war, so kam dem Mittel doch insofern eine Priorität zu, als eben das Haus eher fertig seyn mußte, ehe der Bewohner einziehen konnte.

Also fragen wir zuerst nach der Kraft, welche das Firmament bewegt. Newton ist vielfach angefochten, ja geschmäht worden, weil er den Mechanismus in den Bewegungen der Himmelskörper von einem ersten Anstoß herleitete, welchen Gott der großen Maschine gegeben habe, worauf sich dieselbe auch ohne sein weiteres Zuthun regelmäßig fortbewegt habe, wie sich eine Uhr fortbewegt, auch wenn der Uhrmacher nicht mehr nach ihr sieht. So lange die Wissenschaft in ihrem Fortschritt zum Wahnsinn noch nicht soweit gediehen war, um die Kraft, die den Stoff bewegen soll, als natürliches Attribut des Stoffes zu proclamiren, suchte man nach der unbekannten Ursache der Kraft überall da, wo sie nicht zu finden war, nämlich nicht in Gott. Da fand Pohl, daß, wenn ein Kupferdrahl, welcher einen galvanischen Strom leitet, von dem Pol eines gewöhnlichen Magneten in eine drehende Bewegung versetzt werde, ohne einen anfänglichen Impuls, so sey damit auch die Bewegung der Himmelskörper zu erklären. Die Sonne nämlich wirke auf die Planeten, wie der Magnet auf den Kupferdraht.

Man muß sich wundern, daß auf eine solche Entdeckung auch nur vorübergehend ein Gewicht gelegt worden ist, denn wenn man im Galvanismus oder Elektromagnetismus eine Ursache der ersten Bewegung finden will, so muß doch erst wieder gefragt werden, woher dieser Elektromagnetismus? Auch er kann nicht von selbst entstanden seyn.

Mit den Naturkräften, welche die Bewegung der elementaren Massen, ihre Veränderungen und den Stoffwechsel bewirken, verhält es sich nicht anders, wie mit den belebenden Kräften des Organismus. Sie gehen alle von einem Punkt aus, dem punctum saliens, dem ersten Motiv, und sind der Anfangspunkt einer Bewegungs- und Verwandlungsreihe in der unorganischen, oder eines Lebens und Wachsthums in der organischen Natur. Wie der Lebensprozeß in der organischen Natur den gegebenen Stoff nicht blos modifizirt, sondern auch ganz neue Stoffe erzeugt, so gibt es auch schon in der unorganischen Natur verwandte Prozesse, bei denen Elektricität, Magnetismus, Chemismus in Bezug auf die großen elementaren Massen eben so bestimmend wirken, wie der Lebensprozeß in der Pflanze und im Thiere. In dem unscheinbaren Keime der Pflanzen und Thiere liegen stoffbildende Kräfte, die sich aus ihrer Umgebung nicht erklären lassen. Aus Schwefelblumen keimen Pflanzen empor, welche Kieselerde enthalten. Im welchen Dotter des Eies bilden sich die kalkhaltigen Knochen des jungen Vogels aus. Man hat Proben gemacht, aus denen hervorgeht, daß die Pflanzen die eigenthümlichsten Stoffe, die sie enthalten, weder aus dem Boden, noch aus einem Luftwechsel erhalten haben können. Aus demselben Boden, aus demselben Wasser, derselben Luft zeitigt der Lebensprozeß in der Pflanze die verschiedenartigsten Harze, Oele, Zucker, Gewürze, Giftstoffe zc., d. h. er schafft sie, denn sie waren vorher nicht da.

Nahezu verhält es sich auch so mit dem anorganischen Lebensprozeß, wenn man ihn so nennen darf. Auch die elektromagnetischen Kräfte sind beim Stoffwechsel der elementaren Massen thätig. Dasselbe gilt von allen Formen in der Natur. Die Form der Pflanze ist schon im Keim, die des Thiers schon im Ei gegeben. So sind auch die Formen der Elemente durch die in ihnen wirkenden Kräfte gegeben.

5.
Von der sogenannten Natur.

Natur ist wörtlich, was geboren werden, was entstehen soll. Wie aber das Kind nicht sein eigener Vater ist, so ist auch die Natur nicht das sich selbst Gebärende und Geborene zugleich, sondern nur das Geborene.

Gleichwohl unterlassen es die meisten modernen Naturforscher, von Gott dem Schöpfer zu reden. Sie nehmen das Naturganze als gegeben an und glauben oder wollen glauben machen, die Natur sey von selbst entstanden und die Gesetzmäßigkeit, die wir in ihr wahrnehmen, habe sich von selber gemacht. Was soll das aber heißen, wenn man sagt, die Natur ist weise, ist gütig, die Natur ist die größte Künstlerin, die Lehrmeisterin der Thiere, denen sie Instinkte einpflanzt, ja sie thut Wunder, diese gute Mutter. Wo existirt denn aber diese Dame Natur? Wo sitzt ein weibliches Selbstbewußtseyn des Weltalls, wie es hier so naiv vorausgesetzt wird? Mit welcher lächerlichen Scheu umgeht man Gott den Vater! die Natur ist das Erschaffene, nicht der Schöpfer, das Werk und nicht sein Urheber. Im Grunde genommen reden die Naturforscher blos deswegen nicht mehr von Gott, weil es sie ärgert, daß Gott die Dinge gemacht habe, nicht sie. Bekanntlich war dies der lebenslängliche Aerger des großen Humboldt, weshalb er Gott in der Natur gänzlich ignorirt, niemals ein Werk Gottes als solches bewundert, sondern immer nur die gelehrten Herrn, die irgend etwas in der Natur zuerst gesehen, entdeckt oder erklärt haben, allein lobpreist, als seyen sie die eigentlichen Schöpfer.

Sieht man von Gott ab, so verliert man auch jedes Verständniß vom Zweck der Schöpfung, betrachtet sie nicht mehr als ein Werk göttlicher Liebe zum Besten der Vernunftwesen oder Kinder Gottes und vergißt auch das in ihr liegende sittliche Gesetz. Es bleibt dann nur ein geist- und seelenloser Mechanismus übrig, in welchem sich Kräfte und Stoffe ausgleichen, und eine todte Classifikation sog. Naturreiche, Classen und Gattungen von Geschöpfen. Die Systeme dieser Art gehen alle den Irrweg bei der Hauptsache vorbei, weil sie den Zweck der Natur außer Augen lassen. Es sind trockene, hölzerne Schablonen, in welche sie die lebendige Natur einzwängen. Jedes Naturreich wird besonders abgehandelt; in welchem lebendigen unzertrennbaren Zusammenhange sie stehen, welchem Zwecke sie gemeinschaftlich dienen, davon ist nicht die Rede. Alles Lebendige wird secirt, dann legt man Knochen zusammen und construirt daraus die Thierwelt. Man classifizirt die einzelnen Bestandtheile und sieht vom Ganzen ab.

Die Naturwissenschaft darf nicht dabei stehen bleiben, jeden organischen oder unorganischen, jeden lebendigen oder unlebendigen Körper schlechthin als vorhanden zu nehmen, wie er ist und nur zu beschreiben, sondern sie muß nach dem warum? fragen. Warum ist die Erde, der Berg, der Fluß, das Mineral, die Pflanze, das Thier grade so beschaffen und nicht anders? Wozu dient es? welchen Zweck hat es im Ganzen der Natur und namentlich in Bezug auf den Menschen, den Herrn der Natur? Erst wenn die Naturwissenschaft sich auf solche Fragen einläßt, kann sie ihr Ziel erreichen. Bisher haben nur wenige Denker, meist nur Reisende, welche die Pflanzen und Thiere nicht in Herbarien, Menagerien und Naturalienkabineten studirten, sondern lebendig in ihrer Heimath beobachteten, und geistvolle Geographen, die ihre Beobachtungen combinirten, in diese Tiefen des Naturzwecks hineingeblickt. Auch Theologen haben gelegentlich auf die Zweckmäßigkeit in der Schöpfung hingewiesen und Beweise der göttlichen Weisheit und Güte daraus entnommen, aber sie sind von den Fachmännern meist nur verlacht und verhöhnt worden, zumal seitdem die materialistische Schule so sehr in Aufschwung kam.

6.
Vom Zweck der Natur.

Die Naturforscher der neueren Zeit haben einen Bann und Fluch darauf gelegt, man solle bei Leibe in der ganzen Natur nur nichts zweckmäßig finden wollen. Diese Scheu und Furcht vor dem Zweckmäßigen ist wahrhaft lächerlich. Sie hängt mit der Scheu vor dem Christenthum, mit dem Hasse der Bibel aufs innigste zusammen. Man will den Schöpfer, eine Schöpfung nach Gottes Weisheit für die Zwecke seiner Liebe, zum Wohl seiner Geschöpfe nicht gelten lassen. Reiner Zufall soll beim Werden der Dinge entschieden haben, einem Schöpfer und Vater will man zu nichts verpflichtet seyn. Nicht Gottes Weisheit will man anerkennen in der Natur, sondern nur die eigene Weisheit in dem, was man aus der Natur macht oder in sie hineinlegt. Vom Neigungswinkel der Elliptik an bis zu dem des thierischen Zahnes ist alles in der Natur zweckmäßig, ja nur zweckmäßig, aber das soll man um keinen Preis sagen dürfen. Man würde sonst in den Verdacht kommen, man glaubte an einen Gott, der alles gemacht habe. Man soll glauben, alles sey von selbst entstanden und nur für sich selbst da. Daß eines nur Mittel für das andere sey und am Ende alles nur einem letzten göttlichen Zwecke diene, in einer vom Niedrigsten zum Höchsten aufsteigenden Stufenfolge, wird verworfen. Man läßt keine Weisheit Gottes in den Werken der Natur gelten, sondern nur einen Ruhm der Erklärer. Nach dem heute vorherrschenden Schulbegriffe ist nichts in der Natur zweckmäßig, außer was einem Professor Anlaß gibt, mit einem mihi zu prahlen.

Beispielsweise wählen wir aus dem Werk des Professor Kraus über die südafrikanischen Crustaceen dessen Beobachtungen über die wunderbare Zweckmäßigkeit im Bau dieser krebsartigen Thiere aus. Sie kommen in unzähligen Arten und in den mannigfaltigsten Formen vor und welchen zumal in ihrer Lebensweise auf die verschiedenste Art von einander ab. Dieser bestimmten Lebensweise aber ist jedesmal ihre äußere Gestaltung und die Beschaffenheit ihrer Glieder so vollkommen angemessen, daß sich die Absichtlichkeit der Natur kaum in einem andern ihrer Werke so deutlich verräth. Herr Kraus studirte sie vornehmlich in der Natalbay im südlichen Afrika, wo warmes Klima und Schlamm ihre Erzeugung besonders begünstigen und wo sie in größter Menge und Verschiedenartigkeit vorkommen.

Die s. g. Schwimmkrabben sind ausnehmend breit, glatt und leicht und alles in ihrem Bau ist auf ein bequemes Schwimmen im Meere berechnet; gleichwohl widerspricht Herr Kraus der Meinung früherer Naturforscher, denen zufolge sie das hohe Meer bewohnen sollen. Er hält vielmehr dafür, daß sie ursprünglich am Ufer erzeugt, aber mit dem Tang, in dem sie leben, vom Ufer abgerissen und ins hohe Meer geführt werden. — Andere Krabben leben auf dem Ufersande und darauf ist ihr Bau wieder so genau berechnet, daß man kaum passendere Apparate zum Eilen über den Sand und raschen Eingraben in den Sand ersinnen kann. — Wieder andere leben in engen Felsenritzen am Ufer und denen paßt sich der Bau wieder genau an. Harte Schalen schützen vor dem Reiben am Fels, die Füße sind kurz, um in den engen Löchern eingezogen werden zu können; nur die aus den Löchern vorgestreckten Scheeren sind groß und gewaltig, — noch andere leben auf Steinen und Wurzeln ꝛc. auf unebenem Boden, zu dessen leichter Ueberlaufung ihnen sehr lange Füße gegeben sind. Einige haben genau die Farbe des Bodens, so daß man sie schwer unterscheiden kann. Einige laufen mit unglaublicher Schnelligkeit. — Eine Art lebt im Schlamm, den sie mit einer sehr starken Scheere durcharbeitet; weil zwei dazu nicht nöthig sind, ist eine gegen die andere verkümmert. — Andere haben Apparate zum festesten, fast unlösbaren Anklammern an Felsen oder Algen, weil sie sich im Meere den wüthendsten Stürmen aussetzen. Wieder andere haben eine Schaale, wie die Schildkröte, und ziehen sich in dieselbe hinein, wenn ein Feind naht. Noch andere verstecken sich in leeren Muscheln aller Art. Eine Art bedeckt sich mit einem Schwamm, oder einem andern leichten Körper und trägt ihn beständig mit sich herum, als Mantel oder Maske. Einige sind sehr schön gezeichnet, andere phantastisch spinnenartig gebaut, einige sehr groß; einige können auch einen Ton von sich geben. Kurz sie bieten die mannigfaltigsten und interessantesten Varietäten dar, und ihre Beschreibung füllt eines der merkwürdigsten Blätter der allgemeinen Naturgeschichte aus.

Im zweiten Bande der vergleichenden Erdkunde von Arabien charakterisirt Karl Ritter das Kameel als ein Thier, welches ausdrücklich zu dem Zweck geschaffen sey, die Wüste für Menschen passirbar und bewohnbar zu machen und um die Cultur Völkern zu vermitteln, die sie noch nicht kannten.

Nur durch das Kameel gelangt man in die Wüste und durch die Wüste, entdeckt man deren Quellen und Oasen, wo man sich niederlassen kann. Ohne das Kameel könnte man die weite Wüste nicht durchreisen, wären Handel, Verkehr und Wanderungen gesperrt. Dient dieses nützliche Thier der Cultur auf ihrer niedersten Stufe, so dient dagegen das Pferd schon den Zwecken höherer Cultur ꝛc. Wie von den Thieren läßt sich auch von den Pflanzen dasselbe sagen. Ohne gewisse Pflanzen könnten in isolirten Ländern oder auf Inseln keine Menschen leben, könnten gewisse Stufen der Cultur gar nicht erreicht werden. Ohne den Brodbaum kann der Südsee-Insulaner nicht leben, ohne die Kartoffeln können es nicht einmal mehr die europäischen Bevölkerungen. In Papyrusrollen hat sich das Andenken der ältesten ägyptischen Cultur erhalten, wie in den deutschen Namen Buch und Blatt noch der Beweis liegt, daß der Deutsche seine ersten Schriftzüge in Buchenholz einschnitt oder auf Blätter ritzte. Vom hohen Waldbaum an, den wir zum Schiffsmast zimmern, bis zum kleinsten Heilkraut, das uns von Krankheit befreit, ist alles in der Natur auf den Menschen berechnet, durch göttliche Weisheit zum Nutzen des Menschen vorgesehen.

Ein wunderbarer Humor in der Natur verräth in scheinbarer Zufälligkeit die tiefe Absicht. Darüber drückt sich Schleiden (die Pflanze und ihr Leben S. 71) einmal sehr gut aus: „Daß bei dem durch den heißen Sand der Sahara aufgehobenen Gleichgewicht der Luft der Wind den leichten Pollen der Dattelpalme umherweht, ist freilich ein natürliches Ereigniß, aber was hat denn der Wind mit der Datttelernte und mit dem Lebensunterhalte von Millionen Menschen zu schaffen? was weiß die seelenlose Welle, welche die Cocosnuß zu fernen Inseln trägt, wo sie am Ufer keimt, daß dadurch der Ausbreitung des Menschengeschlechts der Weg gebahnt wird? begreift der Käfer, der durch sein Naschen die Vermehrung der kamschattischen Lilie erleichtert, daß ihre Zwiebeln in folgenden harten Wintern die ganze Bevölkerung Grönlands vor dem Hungertode schützen werden? Hier ist die Aufgabe des Naturforschers zu Ende und statt aller Antwort weist er über die Raumwelt der todten Massen hinaus dahin, wo wir in heiliger Ahnung den Lenker der Welten suchen."

7.
Von der Erde.

Die Wohnung, welche Gott seinen Kindern auf dieser Erde bereitete, war natürlicherweise der Schöpfung des ersten Menschen selbst vorangegangen, hatte aber keinen andern Zweck, als eben die Wohnung der Menschen zu seyn. Der runde Erdkörper breitete nach allen Richtungen hin seine Oberfläche aus mit Land und Meer, Gebirgen, Flüssen, Ebenen, alle in ihrer ursprünglichen Verschiedenheit schon berechnet auf die Menschen, welche hier Gelegenheit haben sollten, sich nicht einförmig und einseitig, sondern mannigfach und vielseitig auszubilden. Wo der Mensch nun auch auf der Oberfläche der Erde sich befinden mochte, er hatte die Landschaft um sich und das Himmelsgewölbe über sich. Von oben her kam ihm durch den Lauf der Gestirne der Wechsel von Tag und Nacht und der Wechsel der Jahreszeiten. Das Meer schied die Länder, um die Menschen bald zu trennen, bald wieder gegenseitig anzuziehen. Alle Elemente machten sich den Menschen dienstbar und brachten ihnen ihre reichen Produkte zum Opfer. Was den Menschen nicht unmittelbar zu ihrer Existenz nothwendig war, diente ihnen zum Schmuck, zur Verschönerung des Lebens.

In allen diesen Schöpfungen gibt sich ein überaus weises Gesetz und eine tief innerliche Harmonie zu erkennen. Durch die Wissenschaft der Astronomie, Physik, Geologie, Mineralogie, Botanik, Zoologie ist dieses Gesetz erläutert worden. Aber das Ganze, was wir Natur nennen, ist damit noch keineswegs erklärt, denn ihre Gesetzmäßigkeit ist nicht ihr Wesen, noch der Zweck, um dessentwillen sie geschaffen ist, sondern nur das Mittel, dessen sich Gott bediente, um seinen Kindern in der Zeitlichkeit ihres Probeseyns den angemessenen Wirkungskreis zu gewähren.

Man soll keinen zu geringen Werth auf die Harmonie der Natur legen, aber auch über ihr den Zweck nicht vergessen, zu dem sie da ist. Die Einsicht in den Wunderbau der Natur ist nicht die letzte unter den Gnaden, welche der Vater seinen Kindern hat zu Theil werden lassen. Aber man soll nicht allein auf den Wunderbau sehen wollen und die Hauptsache, die Bewohner, die Herren der Natur darüber vergessen.

Die großen Entdeckungen in der Astronomie, des Umlaufs der Erde um die Sonne, der Sonne um ein noch mächtigeres Centralgestirn (nach Mädler wahrscheinlich die Plejaden) der Planetenharmonie in unserm Sonnensystem ɪc., erweitern unsern Horizont, weisen uns auf etwas Wundervolles hin, was wir noch nicht erreichen können, und sind ein sichtbarer Beleg für das, was die Schrift sagt: „In meines Vaters Hause sind viele Wohnungen." Es wäre jedoch verwegen und irrig, wenn wir im großen Weltgebäude Ziele und Zwecke suchen wollten, die über das uns geoffenbarte göttliche Gesetz und das uns angeborene Sittengesetz und Rechtsgefühl hinausgehen sollen, und dieselben gleichsam als zu klein und unbedeutend für die Größe des Universum beiseite liegen ließen. Die Zahl der Himmelskörper, die von Vernunftwesen bewohnt sind, mag noch so groß, die Himmelskörper selbst und ihre Bewohner mögen unserer Erde und uns noch so überlegen seyn, immer bleiben jene Bewohner Kinder Gottes, gleich uns, einzig aus Gottes Liebe hervorgegangen und alle mit unbedingter Freiheit des Willens begabt, um zu wählen zwischen Gutem und Bösem. Wie alle Gestirne, helle und dunkle, große und kleine, einfache, doppelte, Sterngruppen und Haufen alle dem gleichen Gesetz der Schwere unterworfen sind, so auch alle vernunftbegabten Bewohner dem Sittengesetz.

Die Erde war früher da, als der Mensch, der auf ihr wohnen sollte, aber sie war nur geschaffen, damit er auf ihr wohnen solle. Wenn die Geologie in Bezug auf unsern Planeten von einer nicht minder harmonischen Gesetzmäßigkeit Zeugniß gibt, wie die Astronomie, so ist doch auch die allmählige Formirung der Erde nicht sich selber Zweck, sondern nur Mittel für den Zweck der Menschen gewesen. Mit der Geburtsgeschichte der Erde und der allmäligen Umbildung ihrer Oberfläche haben sich die Naturforscher verhältnißmäßig etwas zu viel beschäftigt, denn es kam weniger darauf an, wie die Dinge entstanden, als wozu sie bestimmt sind. Die dichterische Einbildungskraft hat für die s. g. Wissenschaft, die sich so eifrig mit diesen Fragen beschäftigt, mehr geleistet als die Erfahrung. Es war wohl eine sehr poetische Vorstellung von Oken, die Planetensphären um die Sonne her in Regenbogenfarben zu sehen, anfangs nur in Dunstätherschichten, die sich allmälig zusammenzogen zu Planetenkernen. Auch die neueste Hypothese von Spiller hat etwas Poetisches.

Derselbe läßt aus der rotirenden Sonnensphäre zuerst den Planeten Neptun durch Umschwung sich abreißen, durch dessen Austritt aber eine solche Fluth in der Sonnensphäre entstehen, daß noch eine zweite Masse sich losreißt, die zum Planeten Saturn wird und so fort. Eine noch poetischere Ansicht hat Steffens, sofern er meinte, unsere Erde sey einmal ein Komet gewesen und so nahe an der Sonne vorbeigekommen, daß sich durch die Hitze auf ihrer Oberfläche der ungeheure Pflanzenwuchs entwickelt habe, den wir jetzt noch unter darauf gewälzten Schutt begraben, als Steinkohlenlager zusammengepreßt finden. Als sich dann die Erde wieder weit von der Sonne entfernt habe, sey sie kälter und immer kälter geworden und eine Zeitlang ganz vereist.

Diese sog. Eisperiode, dokumentirt durch die auf Eisschollen fortgetragenen erratischen Blöcke, Felsenschliffe ꝛc., wie auch durch das unter dem sibirischen Eis noch wohl erhaltene Mammuth, ist von andern anders erklärt worden und die Ansicht von Agassiz hat am meisten Zustimmung erhalten. Wichtiger aber als das Eis, welches einmal wenigstens einen großen Theil der Erdoberfläche bedeckt hat, sind die Revolutionen, welche die letztere wiederholt durch Wasser und Feuer erlitten hat. Die heil. Schrift gedenkt der Sündfluth, wodurch das erste sündige Geschlecht der Menschen bis auf des Noah fromme Familie vertilgt worden sey. Von Zerstörungen durch Feuer erwähnt sie nichts außer dem Untergang von Sodom und Gomorrha, da wo wir heute noch das todte Meer sehen. Diese Zerstörungen fallen in die historische Zeit, in der es schon Menschen gab. Sie geben uns aber einen Maßstab, um darnach die Umwälzungen der Erdrinde in der vorhistorischen Zeit, vor der Schöpfung des Menschen zu beurtheilen. Sie schreiben nämlich dem

Waffer eine viel ausgedehntere Macht zu, als dem Feuer. Die Naturforscher hätten wohl gethan, nicht so ganz von der Bibel wegzusehen. Sie theilten sich bekanntlich in Vulkanisten und Neptunisten, von denen jene dem Feuer bei den Revolutionen der Erdoberfläche und bei der damit zusammenhängenden Bildung der Gebirgsarten einen weit größeren Einfluß zuschrieben, als dem Wasser. Die Neptunisten, welche dem Wasser eine größere Bedeutung zuschrieben, wurden durch einen förmlichen Terrorismus, den die Vulkanisten auf den Universitäten übten, zurückgedrängt und heute noch ist die unsinnige Voraussetzung, das ganze Innere der Erde sey eine glühende Masse, noch keineswegs aufgegeben, sondern wird noch in vielen Schulen gelehrt. Das Feuer und die Lava der Vulkane, wie auch die heißen Quellen zeigen sich auf der ungeheuren Oberfläche der Erde so weit von einander und zerstreut, daß sie sich aus verhältnißmäßig sehr kleinen Mengen von brennbarem Material erklären lassen, ohne daß es zu ihrer Entzündung eines Glutzustandes der ganzen 1719 geographische Meilen im Durchmesser enthaltenden Erdmasse bedürfte. Wir sind überhaupt noch keine einzige Meile tief in diese ungeheure Kugel eingedrungen und wissen von ihrem Innern gar nichts. Auch die Erdbeben, die ihre Erschütterungen in einem weitern Umkreise auf der Erdoberfläche verbreiten, erklären sich aus der erstaunlichen Kraft eingeschlossener Dämpfe. Wenn nur wenig Wasser in der Lokomotive durch seine Verdampfung stark genug wird, fünfzig schwere Waggons zu ziehen, so darf man sich die Dampfkessel, aus denen die Erdbeben hervorgehen, auch nur verhältnißmäßig von geringem Umfang denken.

Auf die Entstehung der Gebirgsarten hat das Wasser unendlich mehr eingewirkt, als das Feuer. Denn das Hauptgeſtein der Erdoberfläche, der Granit kann in ſeiner regelmäßigen Miſchung von Quarz, Feldſpath und Glimmer nur auf naſſem Wege entſtanden ſeyn und die ſog. neptuniſchen Schichten, die über dem Granit liegen oder an ihn anlehnen, ſind als Niederſchläge aus dem Waſſer anerkannt. Es bleiben alſo nur die Laven und Baſalte als vereinzelte Produkte vulkaniſchen Feuers und verſchiedene neptuniſche Geſteine übrig, welche nicht unmittelbar durch Feuer, ſondern nur durch Dampfhitze modificirt worden ſind. Im Ferdinandeum zu Innsbruck ſieht man rothen Porphyr, in welchem verſteinerte Schnecken wohlerhalten eingebacken ſind. Ein Beweis, daß der Porphyr ein weicher neptuniſcher Schlamm war, in welchen die Schnecken ſich eingedrückt hatten, ehe er durch unterirdiſche Dampfhitze verhärtet und gefärbt wurde.

Jedenfalls iſt das durch Feuer oder auch nur durch Dampfhitze veränderte Geſtein nur in einer Minderheit auf der Erdoberfläche vorhanden.

Die Umwälzungen der Erdoberfläche müſſen ſich, wenn nicht überall gleich oft, doch in vielen Gegenden ſehr oft wiederholt haben, denn wir finden unter der Erde eine Erd- oder Steinſchicht über die andere gelagert und darin oder dazwiſchen verſteinerte Pflanzen und Thiere, runde Steine, die aus einem Flußbette herſtammen mußten, aber weggeriſſen und unter anderm Geſtein begraben wurden. Man hat daraus allerlei Schlüſſe gezogen; weil mehrere Pflanzenſchichten verkohlt über einander liegen, muß jede einzelne unter Schlamm und Schutt begraben worden ſeyn, bis ſich über dieſem Schutt wieder ein neuer zahlreicher Pflanzenwuchs bilden konnte. Wo wir, hauptſächlich im Schiefer, eine Menge Abdrücke von Fiſchen finden, muß ehemals Meer geweſen und daſſelbe erſchüttert oder über das Land geſchwemmt und unter einer neuen Erdschicht begraben worden seyn. Wo wir ganze dicke Schichten Kalk mit unzählbaren versteinerten Infusorien und Muscheln angefüllt finden, müssen dieselben Zeit gehabt haben, zu entstehen und sich in so ungeheurer Menge fortzupflanzen, bis auch sie durch neue Umwälzungen verschüttet wurden. Daraus hat man nun auf ein ungeheuer langes Alter der Erde geschlossen und über die sechs Schöpfungstage der Bibel gespottet. Daß unter den sechs Tagen nicht irdische gemeint sind, versteht sich von selbst. Das Wort Tag bedeutet hier überhaupt nur einen Zeitabschnitt. Die Zeitdauer aber, die es bedurft haben mag, bis die Erde fertig war, ist etwas Gleichgültiges. Es kommt nur darauf an, daß die Erde geschaffen und grade so geschaffen ist, wie wir, die Herren der Erde, sie brauchen und zwar zu dem Zwecke brauchen, zu dem wir selber geschaffen sind. Nur aus diesem Zweck läßt sich ein vernünftiger Grund herleiten, warum die Oberfläche so viele Erschütterungen oder Revolutionen hat durchmachen müssen, bis sie fertig und vollkommen zur Aufnahme des Menschen vorbereitet war. Die moderne Naturforschung, welche die Natur aus sich selbst erklären will, als ob sie allein sich selbst Zweck wäre, hat noch nicht einen einzigen vernünftigen Grund aufzufinden gewußt, aus welchem so viele wiederholte Erdrevolutionen nöthig gewesen wären. Sie hat sich zwar in vielerlei Erklärungen versucht, die aber nur den Modus jeder neuen Erdrevolution erörtern, vom Zweck derselben aber niemals etwas wußten. Es hätte so vieler Umwälzungen der Erdrinde nach den Voraussetzungen der modernen Naturwissenschaft eigentlich gar nicht bedurft. Wozu ist so viel verschüttet und begraben worden? Ich sage: lediglich zum Nutzen der Menschen, für die ja überhaupt die ganze Erde geschaffen wurde. Der himmlische Vater sorgte für seine Kinder, daß sie auf Erden einen vollständigen Haushalt vorfanden für ihre spätesten Nachkommen. Es genügte ihm nicht, die Oberfläche der Erde fruchtbar zu machen, um dem Menschen nahrhafte Früchte aller Art anzubieten und sie mit Thieren der mannigfachsten Art zu erfüllen, die dem Menschen zur Nahrung, zur Kleidung und zu mancherlei Dienst und Lust geschaffen waren. Er legte für seine Kinder auch noch unter der Erde Keller und reiche Vorrathskammern an, welche noch der spätesten Menschheit zugute kommen sollten; das unentbehrliche Salz, die Steinkohle, den Schwefel, die Metalle und edlen Gesteine.

Man nannte das Bergsegen und dankte Gott dafür. Fromme Andacht baute auch wohl vor dem Bergwerke der heil. Anna, der Schutzpatronin desselben, eine Capelle. Jetzt heißt es ganz brutal: das Erz, das Salz ꝛc. sind von selber gewachsen, dafür braucht man Niemand zu danken, als dem zufälligen Entdecker und der hochpreislichen Regierung. Jetzt rennt alles den Goldfeldern in Californien, Sibirien, Australien ꝛc. nach, nur von heißer Gier getrieben, und im Augenblick, in dem das Gold gefunden ist, wird es schon wieder in Spielhöllen und lüderlichen Häusern verthan oder dem glücklichen Finder durch Raub und Mord entrissen. Da wurde der Gottesdienst völlig zum Teufelsdienst.

Die göttliche Fürsorge für die Menschen ist die einzig richtige Erklärung der Erschütterungen der Erdoberfläche vor Erschaffung des Menschen und die Naturforscher sind undankbar gegen Gott, wenn sie das nicht anerkennen wollen.

Die Erklärungsversuche, welche sie gewöhnlich machen, beziehen sich, wie schon bemerkt, nur auf den Modus, nicht auf den Zweck. Die Ueppigkeit des Pflanzenwuchses, von der die Stein- und Braunkohlenlager Zeugniß geben, wird aus der erhöhten Temperatur und diese aus dem ganz unmöglichen und nur in der Phantasie der Naturforscher existirenden Glutzustand der Erde, oder aus dem kometenartigen Vorbeifahren der Erde an der Sonne erklärt, aber nur willkürlich, und immer bleibt noch die Frage unbeantwortet: wozu denn wurde diese reiche Pflanzenwelt begraben und verkohlt? Eben so wenig haben die Naturforscher jemals einen vernünftigen Grund für das Vorkommen des Salzes und der Metalle unter der Erde anzuführen gewußt. Für sich selbst sind diese Minerale doch nicht entstanden. Sie wären vollkommen in der Natur überflüssig, wenn sie nicht Mittel für die Zwecke der Menschen seyn müßten.

Einen Grund, aus welchem auf der Oberfläche der Erde so viele Schichten durch und übereinander geworfen sind, glaubte man entdeckt zu haben, als sich erfahrungsmäßig zeigte, in den untersten Erdschichten seyen noch gar keine organischen Geschöpfe versteinert oder abgedrückt zu finden, in den darüber liegenden Schichten zeigten sich zuerst die niedrigsten Pflanzen und Thiere und in den folgenden die schon mehr und mehr entwickelten. Doch war man ein wenig zu voreilig in den Grenzbestimmungen. Das wurde unter anderm durch das Eozoon canadense bewiesen. Im Jahre 1858 wurde von einem Herrn Mac Culloch bei Grand Calumet am Flusse Ottawa zum erstenmal das versteinerte Thier dieses Namens aufgefunden und machte ungeheures Aufsehen, weil es die ganze bisherige Theorie von der s. g. azoischen Periode der Erdbildung umstieß. Wieder ein neuer Beweis, wie voreilig und unzuverlässig solche Theorien sind, die auf einer unvollständigen Kenntniß der Thatsachen beruhen. Die s. g. azoische Periode erhielt diesen Namen, weil in ihr die unterste Erdschicht, bis zu der wir gelangt sind, Versteinerungen von Pflanzen oder Thieren noch nicht enthalten soll. Nun hat man aber in Canada, in der tiefsten s. g. laurentianischen Erdschicht in zwischen Gneiß vorkommenden kristallinischen Kalklagern jenes versteinerte Thier entdeckt als das älteste bis jetzt bekannte und aus der frühesten bis jetzt bekannten Periode der Erdbildung und hat es Eozoon genannt von Eos, Morgenröthe, und Joon, Leben, gleichsam als der aus der Urnacht zuerst hervorbrechende Schimmer des Lebens. Es gehört zu den Foraminiferen, die jetzt nur noch in mikroscopischen Größen existiren, damals aber in Riesenformen vorkamen. Das Thier bildete eine halbkugelförmige Masse und viele solche wuchsen zusammen wie zu einem Korallenriffe. Indem man durch Salzsäure die Kalkmasse auflöste, legte man die mit Silicaten erfüllten Kammern und Kanäle des Thieres bloß, wodurch man seine Structur deutlich erkennen konnte. Nach Hochstetters Bericht in der österreichischen Wochenschrift 1865 Nummer 23.

Doch wir wollen darauf kein großes Gewicht legen, denn immerhin bleibt es gewiß, daß in den untereinander liegenden Erdschichten von unten nach oben die Ueberreste von Pflanzen und Thieren eine Stufenfolge von niedern zu höhern Arten und Gattungen erkennen lassen. Das streitet aber nicht gegen unsere Voraussetzung. Gleich den verschiedenen Tonleitern in der Musik gibt es auch verschiedene Stufenleitern der Entwicklung in der organischen Natur, nicht nur eine. Die eine, die uns augenfälligste, ist nur räumlich bedingt, indem wir alle Formen von der einfachsten bis zur complicirtesten in demselben Raum und Zeitraum der Natur vereinigt finden. Die andere ist zugleich zeitlich bedingt, indem die ältern Formen der Stufenreihe ausgestorben sind. Mit dieser innern Harmonie der organischen Wesen stimmt auch die Harmonie und das Ineinanderwirken der anorganischen Massen, so wie auch schon die Harmonie der Sphären überein. Damit schließt die exacte Naturwissenschaft den Kreis der Naturharmonien, und doch dehnt er sich noch weiter aus, denn kein Naturreich ist für sich allein da, alle greifen in einander und in der Vertheilung der Länder und Meere auf der Oberfläche der Erde, der Gebirge und Flüsse, der Wälder und Felder, wie auch im Arrangement des Lufthimmels und des Wechsels der Jahres- und Tageszeiten waltet eben so gewiß ein harmonisches Gesetz. Aber alle diese Harmonien in jedem einzelnen Naturreich und in ihrer gegenseitigen Verbindung sind nicht sich selber Zweck, sondern nur Mittel für die Zwecke des Menschen.

Noch müssen wir bemerken, daß der innere Zusammenhang, der zwischen den s. g. wissenschaftlichen Naturansichten und den politischen Meinungen, dem sittlichen Charakter des jedesmaligen Zeitgeistes stattfindet, namentlich auch in den geologischen Hypothesen sich wiedererkennen ließ. Man dachte früher nicht daran, unsere gute Mutter Erde zu einem ungeheuren Ofen zu machen, dessen ganzes Innere im Gluthzustand seyn soll. Das schwache Feuer einiger weit auf der Erde zerstreuten Vulkane konnte zu einer so ausschweifenden Voraussetzung nicht berechtigen, hundert andere Gründe sprachen gegen diese Voraussetzung. Wie hätten sich auf der Oberfläche der Erde so mannigfaltige Stoffe bilden und ein organisches Leben entwickeln können, wenn sie nur die ausgeglühte und abgekühlte Schlacke auf der Außenseite einer inwendig noch immer glühenden Lava wäre? Alle Lebensfähigkeit in ihr müßte längst durch den Jahrtausend allen

Brand ausgetilgt seyn. Auch streitet es gegen das natürliche Gefühl, welches die Festigkeit der Erde und Sicherheit des Trittes als die Regel, etwas Hohles unter uns nur als Ausnahme erkennt.

Die an sich lächerliche Einheizungstheorie hatte ihren geheimsten Grund in der Angst, die sich im Zeitalter der französischen Revolution der Zeitgenossen bemächtigte, oder auch der revolutionären Fieberhitze. Die Einen bangten immer, sie stünden auf einem Vulkan und die leichte Decke unter ihnen werde einbrechen, die Anderen steckten in ihrer revolutionären Besoffenheit den rothen Hahn überall auf und machten durch ihre innere Hitze auch den Boden unter sich glühend, wie die Sage von der heißen Llanor erzählt.

Auch Göthe hat, von einem natürlichen Gefühl geleitet, die Einheizungstheorie verworfen. Er wollte seinem Werner treu bleiben. Mit Abscheu erfüllte ihn „das Heben und Drängen, Aufwälzen und Quetschen, Schleudern und Schmeißen." Statt gesetzmäßiger Ordnung und nothwendiger Bestimmung sah er in der Hebungstheorie nur wüste Unordnung. Vergl. Karl v. Raumers Kreuzzüge I. 70 und Andreas Wagner, Geschichte der Urwelt S. 17.

Die falsche Voraussetzung, eine Menge Gebirgsarten seyen vulkanischen Ursprungs, ist längst durch eine richtigere Beobachtung und chemische Analyse widerlegt. Man hat sowohl im Basalt, als im Dolomit, Dolerit, Serpentin 2c. Versteinerungen gefunden. Vergl. Wagner, Geschichte der Urwelt S. 89, 131, 133.

Wenn das Innere der Erde Feuer wäre, welches seine größte Gluth im Mittelpunkt zusammendrängen müßte, sofern die Oberfläche erkaltet, müßten die Pole der Erde wärmer seyn, weil sie wegen der bekannten Abplattung unseres Globus dem Mittelpunkt der Erde am nächsten liegen.

8.
Von der fortschreitenden Entwicklung innerhalb der Natur.

Indem die Wissenschaft sich von ihrem eigentlichen Ziele, der Gotterkenntniß, wissentlich und bösen Willens abwandte, stellte sie das Phantom einer Welterkenntniß auf, als ob die Welt ohne Gott und allein da wäre. Durch dieses Phantom verdunkelte sie auf Universitäten und Schulen den Blick der unschuldig in den Verrath Gottes hinein gezerrten Jugend, damit sie Gott nicht sähe. Von ihm hinweg wurden die unschuldigen Blicke auf die ihm entgegengesetzte Seite gewendet und wurde ihnen mit hochtrabenden Redensarten eine künstliche Begeisterung für das Phantom beigebracht. Hier allein sey Wahrheit, hier allein exacte Wissenschaftlichkeit; hier allein könne man die Größe der Welt in der Größe der Wissenschaft bewundern, in welcher der menschliche Geist das Höchste erreicht habe.

In Bezug auf die Natur konnte diese von Gott abgekehrte Wissenschaft begreiflicherweise nichts anderes behaupten wollen, als sie existire ohne Gott, Gott sey nur eine Einbildung, eine von Pfaffen ersonnene Lüge. Die Negation mußte in ihrer Consequenz noch weiter gehen, nämlich nicht nur den Gott der Christen als den allmächtigen, weisen und liebenden verleugnen, sondern auch überhaupt ein geistiges Weltprinzip nicht mehr gelten lassen, vielmehr die Materie, den rohen Stoff, das Aeußerliche zum Weltprinzip machen. Die Wissenschaft hat in dieser Beziehung die

Wahrheit unbedenklich auf den Kopf gestellt und das Unterste
zu oberst gelehrt. Die Voraussetzung, daß die Materie das
Ursprüngliche, wie auch das allein Ewige und Unzerstörliche
sey, lehrt in allen wissenschaftlichen Systemen des Jetzt in
auffallender Weise zur Herrschaft gelangten Materialismus
wieder, welcher davon den Namen trägt und sich mit vollem
Behagen rühmt, die Wahrheit richtig gestellt, d. h. das
Unterste zu oberst gelehrt zu haben.

Unglücklicherweise verharrt die allein ewige und göttliche
Materie nicht in ihrem rohesten Urzustand. Das wäre wenigstens das allein ihrer Würdige, wenn sie wirklich das
allein Ewige wäre. Die falsche Wissenschaft sieht sich gezwungen, in der ewigen Materie wenigstens Veränderungen
vorgehen zu lassen, den sog. Stoffwechsel. Dadurch entstehen nun die verschiedenen Modificationen der Urmaterie
nach Formen, Farben, mechanischen, chemischen, organischen
Eigenschaften ꝛc., das mannigfache Leben und Wimmeln der
Dinge auf Erden. Aber dieses Leben ist nur Schein, denn
es vergeht und nur die Materie bleibt als Staub oder
Asche zurück, um zufällig neue Formenverbindungen einzugehen, die aber ebenfalls wieder verschwinden.

Um sich alle Erscheinungen im Raum und noch viel
mehr in der Zeit, im Natur- und noch vielmehr im Menschen-
leben, im Fortschritt der Geschichte zu erklären, konnte der
Materialismus bei jener rohen Vorstellung von einer ewigen
und göttlichen Materie, auf der nur wie auf einer Wand
der bunte Schein spielt, nicht stehen bleiben, er nahm also
innerhalb jenes Scheinlebens der Formen wenigstens einen
Fortschritt an, der in ununterbrochener Reihe vom bewußt-
losen Stein durch die Pflanze, das Thier und den Menschen
bis zu der Civilisation, dem Staatsleben, der Wissenschaft

und Kunst der gereiftesten Nationen emporführte. Man konnte die Gegenwart nicht verleugnen und wenn man nicht beim alten Glauben bleiben sollte, welcher den Strom der Menschheit aus einer immateriellen Quelle, von Gott herleitete, so mußte die falsche Wissenschaft diesem alten Glauben nothwendig Concurrenz machen, mußte ihn verdrängen, naserümpfend als einen längst überwundenen Standpunkt und als unwissenschaftlich verwerfen.

Dies geschah nun auf mannigfache Art. Natur- und Geschichtsforscher wetteiferten in Hypothesen, um die allmälige Entstehung geistiger Fähigkeiten und Interessen aus den materiellen zu erklären. Die Naturphilosophen erschöpften sich in geistreichen Spielereien mit den bisher gemachten Naturerfahrungen, in Spielen der bloßen Einbildungskraft, womit sie wenigstens poetisch überraschten, wenn auch nichts weniger als wissenschaftlich überzeugten. Sie zauberten uns aus der unorganischen Natur die organische, aus dieser die Menschenwelt und ihren ganzen geistigen Verkehr hervor. Aber sie gaben dabei ihr materialistisches Princip nicht auf. Wie hoch auch die am spätesten entwickelten edlen Formen über der rohen Materie zu stehen schienen, so war in ihren Augen doch alles nur aus der Materie hervorgegangen, nur eine Erscheinung an der Materie, nur eine Verfeinerung, eine Sublimation des anfangs Rohen in der Materie. Mit einem Wort, die Materie blieb das allein Ewige, das Geistige nur Stoffwechsel, nur vergänglich.

Wie sich die rohe Materie verfeinert haben soll, lehrten im Anfang des Jahrhunderts bereits einige sog. Naturphilosophen. So meinte man, aus dem Thonschiefer sey die Pflanzen-, aus dem Kalk die Thierwelt hervorgegangen.

Aus den niedern Pflanzen dann wieder die höhern, aus den niedern Thieren die höhern. Link machte die Bemerkung, die meisten zahmen Thiere seyen in ihrem ursprünglich wilden Zustand schwarz, wenn sie auch später bunte und helle Farben annehmen. So seyen auch die Stammeltern des Menschengeschlechts schwarze Neger in Afrika gewesen. Seitdem Darwin die Stufenfolge der Formenbildungen und geistigen Entwicklungen in ununterbrochener Kette durch alle Naturreiche hindurch geführt hat, ist die Abstammung der Menschen vom Affen ein Lieblingsthema für die Unterhaltung der gebildeten Welt geworden.

Die Lehre von der fortschreitenden Vervollkommnung ist auch auf die Politik angewendet worden im sog. Optimismus, welcher, wenn erst alle unreifen Zustände der Menschheit überstanden seyn werden, eine allgemeine Menschheitsrepublik prophezeit, in welcher volle Freiheit und Gleichheit und Gütergemeinschaft und insofern die vollkommenste Glückseligkeit herrschen soll, als die Menschen dann mit vereinter Kraft und mit Hülfe immer neuer Erfindungen die Fruchtbarkeit der Erde und alle Arten von Genußmitteln vermehrt haben werden.

Der Vorwurf, welcher Gott gemacht worden ist, daß, wenn er wirklich von Ewigkeit her existire und noch dazu allweise und allgütig sey, er die Menschen nicht so lange in Unwissenheit und im Unglück hätte lassen sollen, wurde von der modernen Philosophie, sofern sie Gott selbst einer fortschreitenden Entwicklung unterwarf, gleichsam vornehm beseitigt. Gott habe gar nicht gütiger handeln können, weil er seiner selbst noch gar nicht einmal bewußt gewesen sey. Bekanntlich lehrte Hegel bereits ganz im Sinne der erst später in die Mode gekommenen Fortschrittstheorie Darwins, Gott wachse aus der Materie hervor als deren allmäliges Bewußtwerden. In den ältesten rohesten Bildungsformen der Natur sey dieses Bewußtseyn noch außerordentlich trübe und dämmere erst allmälig immer lichter auf. Auch in den älteren Generationen der Menschen habe es noch stark gedunkelt und wie viel auch Christus beigetragen habe, dem Freiwerden des göttlichen Bewußtseyns vorzuarbeiten, so sey es ihm doch nur im Gemüthsleben, ahnungsweise wie im magnetischen Schlafe gelungen und zum eigentlichen klaren Bewußtseyn sey Gott erst in ihm, dem Berliner Professor Hegel, gelangt. Höher hat sich die menschliche Hoffahrt niemals verstiegen und in ihrem Wahnsinn nicht einmal gemerkt, wie lächerlich sie sich damit machte. Zur Zeit meiner Jugend, in welcher die Philosophie Hegels alle Universitäten dominirte, glaubten Lehrer und Schüler ganz ernsthaft an den erst in Hegel zum Bewußtseyn kommenden Gott und ihre Wonne war, im eigenen Bewußtseyn zugleich das göttliche zu tragen.

Diese deutsche Irrlehre hat ziemlich viel Aehnlichkeit mit der des asiatischen Buddhismus. Dort glaubt man nämlich ebenfalls an ein Aufsteigen von den niedrigsten, rohesten und häßlichsten Naturformen bis zum Menschen und noch höher hinauf zu Engeln und Göttern, endlich zum höchsten Gott selbst, zu Buddha, in dem sie alle zuletzt verschwinden sollten. D. h. jedes Ding muß zu Buddha werden, Buddha selbst aber kommt sich eben erst in allen zum Bewußtseyn. Indessen liegt in dieser asiatischen Lehre ein achtbares sittliches Motiv, welches jener deutschen Philosophie gänzlich abgeht. Nach buddhistischer Lehre nämlich gelangt

jedes Wesen auf eine höhere Stufe der Entwicklung nur
durch frommes Abbüßen der früheren Sünde, durch neue
Tugend. Darin liegt ein Sporn zur Rechtschaffenheit und
zur Veredlung der Gesinnung. Dieser Sporn fehlt der
deutschen Philosophie.

Die Scala von niedern zu höheren Bildungsformen
verleitete einige namhafte Gelehrte auch zu dem Irrwahn,
die Natur sey perfectibel. Man dichtete der Erde ein Alter
von Millionen Jahren an. Früher glaubte man, sie sey
im Anfang aus der Urmaterie von Atomen in eine Dunst-
kugel zusammen geronnen, diese habe sich wieder zu einer
Wasserkugel zusammen gezogen und diese endlich in eine Erd-
kugel. Später glaubte man und glaubt noch jetzt, die Erd-
kugel habe in jahrtausendlangen Zwischenräumen immer
wiederholt eine beträchtliche Menge von Umwälzungen erlebt, wodurch ihre Oberfläche verändert und jedesmal eine
neue und zwar immer vollkommenere Thierwelt entwickelt
worden sey. Daraus schloß man nun auf eine Perfectibilität der Erde überhaupt und träumte von einer künftigen
Erdrevolution, aus welcher eine neue, noch vollkommenere
Natur hervorgehen würde als die jetzige. Auch Humboldt
liebte so zu träumen.

Das ist die Lehre von der Selbsterlösung der Menschheit, die
Lehre des liberalen Optimismus und das aide toi des Communismus. Man braucht keine göttliche Gnade und Hülfe
mehr, wie man sich auch vor keinem göttlichen Richter mehr
fürchtet. Laßt uns Menschen nur selber machen, heißt es
da. Wir schaffen das Christenthum, die Monarchie und die
Aristokratie ab, die ganze Menschheit vereinigt sich in einer
demokratischen Republik, theilt allen Besitz unter sich und
macht sich durch gemeinsame Arbeit aus der Erde ein Pa-

radies, worin jeder glücklich ist. Dazu bedarf es keines Gebets, sondern nur Freiheit und Gleichheit und unserer Hände Arbeit. Das kommt nun einer förmlichen Absetzung Gottes gleich, Gott existirt für diese Menschen nicht mehr. Für sie nicht, weil sie blind im Geiste sind; aber er existirt doch und sie werden Gelegenheit bekommen, sich davon zu überzeugen.

Die heil. Schrift stimmt nicht mit dem modernen Optimismus überein. Die Apokalypse verkündet der Menschheit ein Ende mit Schrecken. Dieser Schluß des neuen Testamentes entspricht dem Anfang. Zwar von Gott selbst geschaffen und mit Vernunft begabt, mißbrauchte doch die ungeheure Mehrheit der Menschen den freien Willen zur Sünde und trotz ihres Uebermuthes gelangte die Menschheit, anstatt sich selbst erlösen zu können, in immer schlimmeres Uebel hinein. Ohne Gottes Nachhülfe wäre sie im grobsinnlichen Heidenthum und in der Tyrannei und Sclaverei des altrömischen Reichs und aller anderen heidnischen Reiche endlich völlig verthiert und verteufelt, wenn ihr Gott nicht seinen Sohn als Erlöser gesendet hätte. Im Christenthum ist in der That die sündige Menschheit verjüngt und wieder auf den rechten Weg der Vernunft und des Seelenadels geführt, vom Mißbrauch des freien Willens zum rechten Gebrauch desselben neu begeistert worden. Allein auch die christliche Welt ist wieder vom rechten Wege abgewichen, aufs neue verführt durch die Sinne zur Sünde des alten Heidenthums. Kaum gibt es noch eine Minderheit von wahren Christen, gegen die sich eine ungeheure Mehrheit auflehnt, und da Christus erst am Ende der Zeit wiederkommen wird, kann dem Verderben durch menschliche Kraft allein nicht Einhalt gethan werden. Also wird es immer mehr anwachſen, bis zu der ſchredlichen Kataſtrophe, welche die Offenbarung Johannes verkündet. Dann erſt, am Ende der Zeit, wird Chriſtus wieder erſcheinen, aber als Richter. Und die gerecht gefunden werden, denen wird er ihre Stätte im Himmel anweiſen, im himmliſchen Jeruſalem, nicht etwa in einem im alten Paläſtina neu aufgebauten Jeruſalem. Dann wird auch von dem vorgeblichen Paradieſe, welches ſich die Communiſten aus eigener Kraft erſchaffen wollen, nicht die Rede ſeyn. Die Erde wird nicht erneuert werden und es wäre auch kein Grund dazu vorhanden, da ſie in ihrer jetzigen Geſtalt der Beſtimmung, zu welcher ſie überhaupt erſchaffen wurde, vollkommen entſprochen hat, nämlich eine Prüfungsſtätte für die Kinder Gottes zu ſeyn, ob ſie von dem Götterfunken, den der himmliſche Vater in ihren Geiſt gelegt, nämlich von ihrem abſolut freien Willen, einen guten oder ſchlechten Gebrauch gemacht haben.

Geoffroy ging ſo weit, ſogar an eine Perfectibilität der Thiere zu glauben, ſo zwar, daß den Thieren beſchieden ſey, nach jeder neuen Erdrevolution in reicher entwickelten Formen und reiferem Organismus verjüngt zu werden. Seyen die heutigen Thiere vollkommener und menſchenähnlicher als die, welche ausgeſtorben ſind und deren Reſte man nur noch unter der Erde findet, ſo würden nach der nächſten Erdrevolution auch noch vollkommenere Thiere entſtehen. Geht das nun weiter ſo fort, ſo müſſen zuletzt alle Thiere ein letztes Ziel der Vollkommenheit erreichen und mit den Menſchen concurriren. Man wird durch dieſe kühne Hypotheſe an den babyloniſchen Thurmbau erinnert und möchte faſt glauben, das Auseinanderfahren der Menſchen in Racen mit verſchiedener Sprache habe ſich auf eine Verthierung ausgedehnt und der ganze Unterschied der zahllosen Thiere sey davon herzuleiten.

Der Gedanke ist nicht neu. Auch die Buddhisten lehren, die Thiere seyen perfectibel und dem niedrigsten Ungeziefer stehe die Stufenleiter offen, auf der es immer vollkommener und zuletzt Buddha selber werden könne. Alle solche Hypothesen lösen die reiche Harmonie der Dinge in Panthelsmus oder Alleinslehre auf, die eigentlich nichts weiter ist, als ein Schwamm, mit dem man alles auslöscht, was Gott auf die Tafel der Welt geschrieben hat.

Es ist auffallend, daß bei allen noch lebenden Thieren, welche den untergegangenen vorweltlichen Thieren am ähnlichsten sind, Elephanten, Rashorn, Nilpferd, Wallfisch, Walroß, Crocodil, Schildkröte ꝛc., die schwarze oder dunkelgraue und dunkelbraune Farbe vorherrscht, wie wahrscheinlich auch bei jenen urweltlichen Thieren selbst. Daraus könnte man schließen, daß auch die schwarze Menschenrace noch einen halb urweltlichen Character an sich habe. Man hat bemerkt, daß die urweltlichen Thiere und Pflanzen Vorstufen bilden für die jetzigen und daß in ihnen Uebergangsstufen und Vermittlungen zwischen Classen vorkommen, welche jetzt viel schärfer von einander getrennt sind, z. B. eine Zwischenclasse zwischen blüthenlosen und Blüthenpflanzen, zwischen Fischen und Amphibien, sogar zwischen Amphibien und Vögeln, Uebergänge von den Dickhäuten zum Beutelthier, von den großen Säugethieren des Meeres zum Pferde und zum Schweine ꝛc. So könnte man verleitet werden, in den niedrigsten Negerstämmen einen Uebergang vom Affen zum Menschen wahrzunehmen.

Indessen ist dies nicht die richtige Methode der Naturbetrachtung. Nicht nach Aehnlichkeiten und Abstufungen der Ausbildung darf man die Geschöpfe eintheilen, wenn man sie verstehen will. Man muß vor allem auf den Zweck sehen, dem sie dienen. Insofern nun dürfen wir nur sagen, die vorweltlichen Pflanzen und Thiere haben dem damaligen Zweck entsprochen, wie die heutigen dem heutigen. Es kam damals hauptsächlich darauf an, unter die Oberfläche der Erde Vorräthe niederzulegen zum künftigen Gebrauch der Menschen. Die höhere Temperatur der vorweltlichen Luftschicht war nothwendig, um die ungeheuren Massen von Pflanzen wachsen zu lassen, deren Ueberreste uns jetzt als Steinkohlen unentbehrlich sind. So steht das vorweltliche organische Leben mit der modernsten Industrie in unmittelbarem Causalnexus.

9.
Von den Anfängen des Organismus.

Die falsche Wissenschaft pflegt aus der unorganischen Natur in die organische einen gerade so halsbrechenden Sprung zu machen, wie aus dem Nichts zum Etwas. Zwischen den Naturstoffen, welche nur von außen mechanisch bewegt, durch Adhäsion vergrößert oder chemisch zersetzt werden können, und denen, die aus einem inneren Keime herauswachsen, Stoff von außen an sich ziehen und neue Stoffe bilden, ist ein mächtiger Unterschied. Man glaubt ihn nun bequem ausgleichen zu können, indem man fortfährt, alles in der Natur äußerlich aufzufassen, das Innere von außen her, den Kern aus der Schaale, das Lebendige aus dem Todten, den Geist aus der Materie zu erklären.

So lehrte Oken äußerst einfach: wenn drei Elemente zusammenkommen, entsteht ein Organismus, also da, wo

Erde, Wasser und Luft sich berühren, am Ufer des Meeres. Ihre Mischung bildet den Urschleim und daraus entstehen die niedern und endlich auch die höhern Pflanzen und Thiere. Das, meint er, ahnten schon die Alten, weil sie die Göttin der Liebe aus dem Meerschaum entstehen ließen. Eine recht poetische Anschauung, aber um Gotteswillen nicht wissenschaftlich, denn aus Todtem kann niemals Leben entstehen. Der Keim des Lebens umhüllt sich wohl mit einer elementaren Schaale, entsteht aber nicht aus der Schaale. Er stammt aus einem ganz andern höhern Naturgebiete, dem die elementare Welt nur als Mittel und Unterlage dient. Naturzweck ist der Mensch, er also ist der Idee nach das erste Geschöpf, welches vorausgesetzt wird, ehe alle andern da sind. Nur um der Menschen willen gibt es auch Thiere und Pflanzen, reihen sich dem höchsten herrschenden Organismus niedere dienend an. Indem diese niedern Organismen, Pflanzen und Thiere, der anorganischen Stoffe bedürfen, gehen sie doch nicht aus diesen hervor, sondern diese anorganischen Stoffe sind ebenso nur ihretwegen da, wie die niedern Organismen des Menschen wegen. Kommt dem rohesten Elementarstoff eine relative Priorität vor dem organischen Keime und diesem vor der Schöpfung des Menschen zu, so ist doch die absolute Priorität beim Menschen, in zweiter Linie bei Thieren und Pflanzen, in dritter bei den elementaren Stoffen, denn der Zweck hat stets die Priorität vor dem Mittel. Von innen heraus ist die Welt gebaut worden und nicht von außen hinein.

Wie summarisch die falsche Wissenschaft zu verfahren vermag und unbedenklich über alle Schwierigkeiten hinweg vollzieht, beweist unter anderm der Franzose Figuier in seinem Werk la terre avant le déluge von 1863. Er hängt nämlich immer noch der Einheizungstheorie an und malt das Innere der Erde als einen ungeheuer rothen Flecks an die Wand und will nun doch das frische morgenkühle Grün der Wiesen und Wälder, das muntere unbesorgte Leben der Thiere und Menschen auf der Oberfläche der Erdschaale erklären, unter welcher 1719 Meilen tief die fürchterliche Metallgluth des Erdinnern nur lose zugedeckt seyn soll. Die Kruste sey so dünn, daß die Gluth in Vulkanen hervorbreche oder wenigstens in Erdbeben und heißen Quellen sich verrathe. Er sagt uns nicht und es hat uns auch noch kein anderer Bekenner des Erdfeuers gesagt, was denn eigentlich im Innern der Erde brenne? Von Flammen, von einer dünnen Feuermaterie kann nicht die Rede seyn, weil sonst die schwere Kruste mit ihren Gebirgen ins Innere hineinstürzen müßte und weil das bekannte specifische Gewicht des Erdkörpers sich unmöglich so hoch belaufen könnte, wenn sein Inneres nicht mit einer schweren Materie ausgefüllt wäre. Dies begreifend haben die Geologen sich zu helfen gewußt und die Erde mit einer großen Kanonenkugel verglichen, welche glühend gemacht sich allmälig auf der Oberfläche abkühlt, während sie im Innern noch fortglüht. Wie soll sich aber auf der abgekühlten Oberfläche der Kanonenkugel Wasser und Luft, Gestein, Erde, eine Pflanzen- und Thierwelt erzeugen? Was bei der kleinen Kanonenkugel von sechs Zoll Durchmesser nicht möglich ist, wäre auch bei einer glühenden Kanonenkugel nicht möglich, die so groß oder noch größer als die Erde wäre. Die Hauptfrage bleibt immer, wie konnten sich die verschiedenen Elemente und ein so mannigfaches Naturleben auf der Oberfläche der Erde erzeugen, wenn ursprünglich blos irgend eine glühende Masse vorhanden war, die obenhin durch Abkühlung verschlackte. Daraus laſſen ſich die Elemente, läßt ſich die Modification des Stoffes und der Gegenſatz der darin und daran wirkſamen Kräfte nicht erklären.

In der Klemme nun, wie er das ſichere, hellere, wimmelnde Leben auf der Oberfläche der Erde mit dem Gluthzuſtand in ihrem Innern, der alles Leben tödtet, in Einklang bringen ſoll, hilft er ſich auf eine ungemein naive Weiſe, er ſagt nämlich Seite 188, aus dem Mittelpunkt der Erde ſtrömen alle Materien aus, die auf ihrer Oberfläche vorkommen. Im Mittelpunkt der Erde iſt ihr gemeinſchaftliches Reſervoir und von dort werden ſie durch die vulkaniſche Kraft in die Höhe getrieben, bald trocken, bald naß, daher die Mineralquellen ſo vielerlei Stoffe enthalten. Man denke ſich, ſagt er, die noch heute thätigen heißen Quellen in vergrößertem Maßſtabe und man wird ſich daraus das Vorkommen von Kieſel, Kalk, Salz ꝛc. zur Genüge erklären.*)

*) Le centre de la terre est le grand réservoir et le lieu d'origine de tous les matériaux qui forment aujourd'hui son écorce. De même que l'intérieur du globe nous a fourni les matières solides éruptives très diverses, telles que les granits, les porphyres, les trachytes, les basaltes, les laves, il a également lancé à la surface du sol des eaux bouillantes chargées de bicarbonate de chaux, souvent même accompagnées de silice. Les geysers de l'Islande, qui projettent à une hauteur considérable des jets d'eau bouillante, tenant de la silice en dissolution, nous offrent un exemple, encore en action de nos jours, de ces eaux thermales qui autrefois apportaient des masses énormes de silice de l'intérieur du globe. Les eaux minérales actuelles, comme celles des monts Dores, de Vichy, etc., nous donnent l'exemple d'eaux thermales empruntant la chaux au même centre commun. Agrandissez ce phénomène, aujourd'hui réduit à des proportions insignifiantes, et vous aurez l'explication de l'origine des masses de chaux qui existent sur notre globe.

Dieses Reservoir im Mittelpunkt der Erde hat ziemlich viel
Aehnlichkeit mit einem Postfelleisen, in welchem eine Menge
Briefe enthalten sind, die an ihre verschiedenen Adressen auf
der Oberfläche der Erde sollen abgegeben werden. Denkt
sich Figuier das Reservoir als einen Sack, worin die Materien zusammen gepreßt liegen, um sich nachher erst auszu-
dehnen, oder denkt er es sich nur als den mathematischen
Punkt im Erdcentrum, ans welchem die sämmtlichen Materien hervorquellen wie die Perlen aus der Tiefe eines Cham-
pagnerglases? In jedem Fall hätte er bei dieser wunder-
lichen Vorstellungsweise auch an den Urzauberer denken sollen,
der das merkwürdige Fellelsen ursprünglich in den Mittelpunkt der Erde hinein practicirt, oder das ganze Wunder
der irdischen Welt aus einem einzigen Punkte hervorgebracht
hat. Er denkt aber gar nicht an einen Zauber, noch viel
weniger an Gottes Allmacht, sondern bildet sich ein, seine
Erklärung sey natürlich und wissenschaftlich berechtigt.

10.
Von der pedantischen Naturgrammatik.

Die Natur, wie sie sich uns in einer reichen Landschaft
mit dem über ihr gewölbten Himmel darstellt, gleicht einem
kunstreichen Gemälde, einer wundervollen Dichtung, welche
die Seele tief ergreift und an deren Urheber man nicht ohne
Bewunderung denken kann. Nun verhalten sich aber die
vulgären Naturforscher zu diesem Kunstwerk nicht als ver-
nunftbegabte Kritiker, nicht als Kenner des Schönen, Be-
wunderer des Erhabenen, sondern als pedantische Silben-
stecher. Sie verfahren, wie ein gemeiner Grammatiker verfahren würde, der in den göttlichen Werken des Homer,

Dante und Shakespeare nur grammatische Regeln und Ausnahmen ängstlich zusammentragen wollte. Wer blos daran dächte, an dieser Stelle braucht Homer einen Aorist oder nicht, oder hier weicht seine ionische Mundart ab, der würde damit beweisen, daß ihm der Sinn für das Gedicht fehlt. Wer an einem Gemälde Raphaels nur die darin gebrauchten Farben classificiren oder die Profile mit dem Zirkel nachmessen wollte, würde damit beweisen, daß ihm die Schönheit und der Geist des idealen Werkes fremd geblieben sey. Aber die meisten Naturforscher verfahren nicht anders.

Wenn sie von den Gebirgen reden, so geschieht es nur, um darin die geologische und mineralogische Grammatik nachzuweisen, als wenn die Wunderwerke der Natur gleich denen der Sprache nur um der Regeln wegen da wären. Man kennt die Bestandtheile des Meerwassers; genügt das aber wohl, um die Größe, das Schöne, Erhabene und Schreckliche des Meeres und dessen Bedeutung für die Schicksale der Menschheit zu erklären? Man kennt den elektrischen Prozeß im Gewitter, aber so lange die Welt steht, wird man von der Erhabenheit des Gewitters tief ergriffen seyn und bei dem majestätischen Phänomen nicht an eine ordinäre Elektrisirmaschine denken. Das Volk wird nie aufhören, bei einem schweren Gewitter Gottesfurcht zu empfinden. So ist es in des Menschen Herz gelegt und auch der Aufgeklärteste muß sich erst waffnen gegen das unwillkürliche Gefühl, welches er leugnet und doch empfindet. Alle Forschungen und Entdeckungen der Wissenschaft in Bezug auf die Elektricität sind nicht im Stande, der Menschheit jenes tiefe Gefühl der Gottesfurcht beim Gewitter auszureden. Die moderne Wissenschaft aber, welche jenes tiefe Gefühl für dummen Aberglauben erklärt, stellt sich damit selber noch unter die alten Heiden herunter, welche die Natur richtiger würdigten, indem sie den Gott, der droben donnert, für den höchsten unter den Naturgöttern ansahen. Unsere heil. Schrift selbst weist uns auf den richtigen Weg, indem sie uns mehr als einmal bald die majestätische Allmacht, bald den Zorn Gottes in elementarischen Erscheinungen ausdrückt. Gott schickt die Sündfluth über die sündenvolle Erde. Gott verkündet das Gesetz auf dem Sinai in schrecklichen Gewittern. Gott sendet Feuer vom Himmel, um das Opfer des Elias zu verzehren, und den Blitz, der den Paulus belehrt. Ist es eine allzu kindische Ansicht, die Elemente als selbstständige Götter zu verehren, so muß man doch diese Elemente alle als Mittel für die Zwecke des unsichtbaren Gottes ansehen. In allen ihren von außen auf uns eindringenden Eigenschaften entsprechen sie nicht blos physisch unserer körperlichen Organisation, sondern auch psychisch dem Organismus unserer Seele. Beides, die große äußere Natur mit ihren Elementen und unser kleines Ich mit seiner doppelten Organisation, Makro- und Mikrokosmos, ergänzen einander und sind untrennlich.

Wie wunderbar rührt uns die Natur in ihren landschaftlichen Reizen und Schrecknissen, im heiligen Frieden eines stillen Sommermorgens, wie im Orkan, Meersturm und Feuer des Vulkans! Das alles ist mehr, als elektrischer und chemischer Prozeß. Man weiß, wie aus schmutzigem und stinkendem Erdreich der Saft im Blumenstengel emporsteigt, aber das ist nicht die rechte Lehrmethode, um uns die Schönheit und den Duft und die Heiligkeit der weißen Lilie zu erklären.

Eben so wenig vermögen Physiologie, Anatomie, organische Chemie das zu erschöpfen, was Gott in sein Meisterstück, den Bau des menschlichen Körpers, gelegt hat. Der Chemiker findet im Stoffe des blonden Haares eine Mischung von Schwefel und Wasserstoff. Brauchen wir das zu wissen, um die Bedeutung der blonden Race in der Weltgeschichte, um die malerische Schönheit und den Liebreiz der Blondinen zu erklären? Wird jemals das Blut aufhören, die höchste Bedeutung für den Menschen zu haben? Hier reicht die organische Chemie nicht aus, das Blut ist mehr, als was sie von ihm behauptet. Es ist etwas Immaterielles, ja etwas Heiliges im Blut. Blut ist ein gar besonderer Saft, sagt sogar der Teufel in Göthes Faust. Im Blute des Menschensohns sind wir versöhnt, und der dieses heilige Symbolum verhöhnte, indem er spöttisch auf Ammoniak und Harnstoff hinwies, die im Blute seyen, hat mit dieser Infamie die ganze Ohnmacht der falschen Wissenschaft dargethan, die das ihr unerreichbar Heilige beschmutzen zu können hofft.

Sofern der Mensch in die Körperwelt eintreten mußte, nahm er einen Leib an, was ihn aber nur scheinbar mit den Thieren auf gleiche Stufe stellt, denn die Thiere haben nicht seinen unsterblichen Geist empfangen und auch in ihrer Leiblichkeit sind sie nur ein millionenfältiger Spiegel des Menschenleibes in dessen vereinzelten Organen und Gliedern, ohne jemals den ganzen Menschenleib reproduciren zu können, und zugleich in der Isolirung des Mangelhaften die Karrikirung des Ganzen. Inmitten der Thierwelt befindet sich der Mensch wie in einem Hohlspiegel und sieht sich überall nur verzerrt. Er sieht Augen, Ohren, Stirn, Nase und Mund, aber es sind nicht mehr die seinigen. Nirgends blickt der unsterbliche Geist heraus, überall nur die vergängliche Form des Irdischen, welche die Schwelle des Todes nicht überschreitet.

Schon die Thatsache, daß die Thiere alle in ihren Formen und innern Organen etwas dem Menschen Verwandtes haben und nur als einseitige Ausschreitungen einer menschlichen Form, eines menschlichen Organs, Sinnes und Triebes erscheinen, hätte darauf führen sollen, daß sie etwas Selbständiges nicht sind, sondern nur in Bezug auf den Menschen existiren. Welche innere Einheit sich nun auch die Systeme der Zoologie zu geben wissen, sofern sie uns die sämmtlichen Thierklassen von der niedrigsten bis zur höchsten im Fortschritt ihrer Organisation nachweisen, so ist damit doch der Zweck nicht erklärt, zu welchem die Thiere überhaupt geschaffen seyen. Dazu gehört erst die Nachweisung, wie sie sich zum Menschen verhalten. Nun gibt es zwar Thiere genug, welche scheinbar gar nichts mit dem Menschen zu thun haben, ja nicht einmal mit ihm in Berührung kommen; allein sie sind unentbehrlich in dem großen Arrangement der Schöpfung und dienen dem großen Zweck, wenn nicht unmittelbar, doch mittelbar. Die Thiere sind nicht blos die Haussclaven der Menschen, sie dienen ihm auch, ohne daß er sie sieht oder beachtet. Eine Thiergattung lebt von der andern, viele dienen, das Ueberflüssige wegzuräumen, viele dienen auch nur, die Schönheit und Mannigfaltigkeit der Landschaft zu erhöhen. Endlich dienen sie alle mehr oder weniger als Spiegelbilder oder Symbole, in denen der Mensch sehen kann, welche mannigfaltige gute und böse Triebe, Liebenswürdigkeiten und Häßlichkeiten, Launen und Narrheiten in seiner Seele liegen.

Dasselbe ist der Fall mit den Pflanzen. Auch diese sind nicht für sich selbst bestimmt, sondern nur zum Nutzen der

Menschen, und es genügt nicht, wenn man sie verstehen will, nur ein gewöhnliches botanisches Lehrbuch nachzuschlagen, in welchem ihre Gattungen und Arten und damit zugleich die allmälige Weiterentwicklung ihres Organismus dargelegt werden. Die Pflanzen haben für den Menschen, abgesehen von ihrer Nützlichkeit, nicht die psychologische und humoristische Bedeutung, wie die Thiere, desto mehr aber eine ästhetische und sentimentale. Indem sie mit dem Boden zusammen gewachsen sind, ergibt sich schon daraus, daß sie nur eine Effloreszenz der Landschaft sind und den Massenbildungen der Erdoberfläche sich anschließen, während sie doch von allem Rohen, Groben, Schrecklichen oder Langweiligen anorganischer Massenbildungen sich durch eine Lieblichkeit unterscheiden, die uns unwiderstehlich anzieht. Daher in der Landschaftsmalerei, wie längst anerkannt ist, auch Seelenmalerei verborgen ist und menschliche Seelenstimmungen außer durch die Musik kaum einen treueren Ausdruck finden, als in der landschaftlichen Vegetation.

Zweites Buch.

Die falschen Meinungen von der Bestimmung des Menschen.

1.

Vom Widerwillen gegen den Satz: „Mein Reich ist nicht von dieser Welt".

Dem heutigen Zeitgeist ist nichts mehr zuwider als die Mahnung an ein Jenseits. Hier im Diesseits haben die Maulhelden freies Revier. Hier können sie räsonniren, renommiren, debattiren, majorisiren und vernünftige Leute tyrannisiren nach Herzenslust. Aber in jenem dunklen Jenseits, was für eine geheimnißvolle Macht könnte dahinter stecken, die ihnen ihre Ohnmacht fühlbar machte oder sie wohl gar zur Verantwortung zöge?

Wirf dich in die Brust, Fortschrittsmann! Das Hier ist dein, also laß es nicht fahren und spotte des Satzes: „Mein Reich ist nicht von dieser Welt". Aide toi sey deine Losung. In deiner Brust sind deines Schicksals Sterne! Packe die Welt nur herzhaft an und sie ist dein.

Hast du nicht schon so vieles erreicht? Freiheit im Allgemeinen, Freiheit im Besondern und Allerbesondersten, Redefreiheit, Lehrfreiheit, Preßfreiheit, Parlament, Oeffentlichkeit und Mündlichkeit, die ganze liberale Schablone. Und was kannst, was wirst du nicht noch alles erreichen? Die Weltrepublik ohne Zweifel, die gleiche Austheilung aller Erdengüter und deren Verfeinerung und Vervielfältigung durch fabelhafte neue Entdeckungen in der Physik und Chemie. Aus eigner Kraft wirst du, o Menschheit, die Erde wieder zum Paradiese umgestalten.

Das ist die Lehre des Tages.

Anders lautet die heilige Offenbarung und die Stimme der Vernunft. „Mein Reich ist nicht von dieser Welt," spricht Christus, und zu wem spricht er es? Zu den Menschen, seinen Brüdern, den Kindern desselben himmlischen Vaters, denen er damit ihre wahre Heimath zeigt.

Allerdings sind wir auf dieser Erde geboren und waren vorher nicht, aber wir werden nicht hier bleiben, wir werden in ein anderes Daseyn übergehen und anderswo fortdauern. Der Glaube, wir seyen schon einmal dagewesen, nur in einem andern Körper, der Glaube an die sog. Präexistenz der Seele, aus welcher die Orientalen die Seelenwanderungslehre schöpfen, ist eine Einbildung des ältern Heldenthums und aus dem Rechtsgefühl hervorgegangen, welches für das Verhalten des Menschen im irdischen Leben eine Vergeltung fordert. Wenn auch irrig, ist diese Lehre immerhin noch vernünftiger als die moderne Lehre, nach welcher es gar kein Jenseits und keine Vergeltung geben soll, also auch kein Mensch mehr eine Sündenstrafe im Jenseits zu fürchten, mithin auch, wenn es ihm beliebt, sich vor dem Sündigen gar nicht zu geniren braucht.

Die christliche Lehre, der Mensch sey eigentlich nur ein Fremdling, ein Gast auf der Erde und bestehe auf ihr nur eine Prüfungszeit, um zu zeigen, wie er die ihm von Gott verliehene Freiheit gebrauche, wofür im Jenseits ihm Lohn oder Strafe zu Theil werde, diese Lehre ist die vernünftigste, die man sich denken kann. In ihr ist die Weisheit und Güte Gottes ausgesprochen, welche Menschen, die niemals vorher dagewesen sind, ins Daseyn ruft und zum Mitgenuß seiner Herrlichkeit berechtigt, was sie zur ewigen Dankbarkeit verpflichtet. In dieser Lehre ist ferner die vollkommenste Freiheit des Menschen constatirt. Nur von ihm selber hängt es ab, was er wählen will, Gutes oder Böses? Und zum Ueberfluß ist ihm die Warnungsstimme des Gewissens in die Brust gelegt und Vernunft verliehen, um Recht und Unrecht zu unterscheiden, wenn auch das Licht der Offenbarung noch nicht in aller Menschen Auge drang. Die Vernunft sagt Jedem, daß er das Daseyn mit allen seinen Gütern und Wonnen nicht eo ipso verdient hat, daß er sich desselben nur würdig machen kann durch vernünftigen, gerechten und edelmüthigen Gebrauch seiner Freiheit, und daß er dem gütigen Schöpfer dafür Gehorsam und Dank schuldig ist.

Aber grade dieser Gehorsam und dieser Dank sind unsern Weltmenschen zuwider und unausstehlich. Ihr Hochmuth leidet es nicht, auch nur zu denken, sie könnten bei ihrer gegenwärtigen Vortrefflichkeit noch einer Prüfung unterworfen seyn, wie Schulknaben. Ihnen, in welchen ja Gott selber erst zum Bewußtseyn kommen soll, die also das höchste Wesen eigentlich erst aus sich produciren, soll zugemuthet werden, sie könnten geprüft und wohl gar bestraft werden? Welche Majestätsbeleidigung! Und wenn auch nicht alle gebildeten Zeitgenossen der Selbstvergötterungslehre huldigen, so sind sie doch darin einverstanden, dem Menschen fortschreitende Einsicht und wachsende Kraft der Naturbeherrschung in dem Maaße zuzuerkennen, daß er der Intervention einer auswärtigen Macht, eines Gottes oder Messias nicht bedürfe, daß die Menschen sich auf dem Planeten schon aus eigenen Mitteln einzurichten wüßten, und daß es ihnen nur darauf ankommen müsse, auf dem Wege des Fortschritts zu verharren.

2.

Vom Escamotiren des Bösen.

Das Christenthum und die Vernunft kennen das Böse und machen sich zu einer Hauptaufgabe, es zu bekämpfen. Da wir nämlich nach Gottes Ebenbilde geschaffen sind und in Gott nichts Böses ist, sollen auch wir uns davon freihalten, und da wir seit Adams Fall an der Erbsünde leiden und vielfach zum Bösen verlockt werden, so sollen wir es doch immer bekämpfen, es wenigstens als böse anerkennen und Gott bitten, uns zu stärken und, wenn wir doch nicht stark genug bleiben, uns um unserer Reue und Buße willen zu verzeihen. Das allein ist das natürliche Verhältniß der Kinder Gottes zu ihrem Vater und das allein ist vernünftig. Da nicht schon hier auf Erden alles Böse bestraft und alles Gute belohnt werden kann, sind wir auf die Vergeltung im Jenseits angewiesen.

Nun haben aber die Bösen einen ungeheuern Widerwillen gegen dieses christliche und Vernunftgebot. Denn sie sündigen gar zu gern und bilden sich ein, sie könnten von der Sünde gar nicht mehr lassen. Da kommt ihnen nun der Verstand in der falschen Wissenschaft zu Hülfe und beweist ihnen mit allerlei Scheingründen, sie brauchten sich gar nicht zu fürchten. Erstens was man Sünde nenne, sey gar keine Sünde, sondern nur der freie Gebrauch der Kraft und die Befriedigung der natürlichen Triebe und Neigungen, die mit uns geboren seyen. Zweitens gebe es gar keinen Gott, sondern von Ewigkeit her sey nur die Materie. Drittens gebe es auch keine Unsterblichkeit, sondern wenn der Mensch todt sey, gehe die Materie, aus der sein Leib bestand, in andere Körper über. Von einem Fortleben nach dem Tode

fabele man nur. Auch gebe es daher keine Vergeltung und
es sey nur ein lächerlicher Wahn, im irdischen Leben etwas,
wozu man natürlichen Trieb spüre, nicht thun zu wollen,
weil man jenseits dafür bestraft werden könnte. Das ist
die grobe Auffassung des modernsten Materialismus und
findet wegen ihrer Einfachheit großen Beifall beim vornehmen und niedrigen Pöbel.

Die etwas feinern Rationalisten fallen nicht so plump
mit der Thüre ins Haus, hoffen aber, wenn sie auch den
Glauben an Unsterblichkeit noch beibehalten, diejenigen, welche
gern sündigen, dennoch geschickt beruhigen zu können. Sie
garantiren ihnen nämlich den Himmel unter allen Umständen und leugnen die Hölle, wie auch den Teufel, gänzlich
weg. Wir haben einmal die Schriften gesammelt, welche
seit dem Anfang des Jahrhunderts in dieser Richtung von
deutschen Rationalisten und zwar von den namhaftesten Oberconsistorialräthen und Prälaten geschrieben worden sind. Sowohl ihre Zahl, als ihre Uebereinstimmung erregt Erstaunen.
Alle gehen darauf aus, in der Manier der Toilettentheologie zu behaupten, der Mensch sey viel zu vortrefflich angelegt, als daß er ewig verderben könnte, und Gott selbst
sey ein viel zu guter Vater, als daß er seinen Kindern nicht
am Ende alles verzeihen sollte. Es könne ja gar keinen
Himmel geben, wenn darunter eine Hölle läge. Man könnte
ja keine ruhige Stunde im Himmel haben, wenn man denken
müßte, da unten jammern und zähneklappern sie. Kurz, die
Rationalisten haben das Bösethun viel zu leicht genommen,
die Sentimentalität der ihren liederlichen Söhnen alles verzeihenden Iffland'schen und Kotzebue'schen Väter vom Theater
in die Kirche hineingezogen und sowohl die Grundsäule der
göttlichen Gerechtigkeit schlau zu umgehen getrachtet, als die

den Menschen verliehene Freiheit, von deren würdigem oder
unwürdigem Gebrauch der ganze Werth des Menschen abhängt, mißverstanden.

Daneben und zum gleichen Zwecke haben sich viele Philosophen bemüht, das Böse als solches zu escamotiren, sofern
sie es nur als einen vorübergehenden Schatten, oder nur als
einen Schein, nur als einen Rechnungsfehler zu erklären
suchten, denn die Welt sey vollkommen und alles Unvoll-
kommene darin nur scheinbar, nur relativ, nur ein Uebergang, ein im Accord sich wieder auflösender Mißton.

Physiologen und Psychologen haben es dem herrschenden
Materialismus mehr consequent gefunden, in der Sünde
nur eine Krankheitserscheinung zu sehen. Vor etwa dreißig
Jahren entstand ein großer Streit darüber zwischen Crimi-
nalisten und Psychologen. Die letztern nämlich wollten, daß
man alle Verbrecher nur als Kranke oder Irrsinnige be-
handele. Auch der berühmte Carus in Dresden nennt in
seiner „Psyche" Seite 496 die Sünde nur „eine Versunken-
heit des Geistes in Irrthum, eine Krankheitserscheinung."
An einer andern Stelle Seite 349 sagt er: „Wenn vor dem
höhern physiologischen Blicke trotz alles Sterbens der Einzelnen der Begriff des Todes nicht bestehen kann, sondern
nur ein allgemeines Leben erkannt wird, so verschwindet auch
im Lichte jener Erkenntniß nicht nur das Böse als besonderes dämonisches Princip, als Satan, sondern hört auch
der Begriff der Sünde auf, der so erleuchteten Seele erscheint
nirgends mehr ein wirkliches an sich hassenswerthes Object
und aller Haß löst sich in erbarmende Liebe auf. Das Steigern zu solcher Erkenntniß scheint in der Menschheit erst mit
Christus aufgegangen zu seyn. Das ist die eigentliche große
Erlösung, diese Erlösung vom Begriffe des Bösen." Es ist

doch ein wenig ſtark, das Erlöſungswerk Chriſti auf Erden mit einer Erlöſung vom Begriff des Böſen und das göttliche Erbarmen zu verwechſeln mit der Erklärung, es ſey gar nicht geſündigt worden, es habe niemals eine Sünde gegeben.

Göthe faßte die Frage noch ſublimer auf. In ſeinem Fauſt führt er den Gedanken durch, der Menſch ſey als abſolut freier Geiſt erhaben über den Gegenſatz des Guten und Böſen. Er ſpielt nur mit beiden Begriffen und läßt ſich von beiden beſchmeicheln. Sowohl ſein Mephiſtopheles auf der einen, als ſeine Madonna auf der andern Seite haben nur die Aufgabe, ihm zu huldigen, ſofern der Menſch als das abſolut höchſte Weſen über bös und gut gleich ſehr erhaben ſey, ſie beide nur utiliſire. Teufel und Engel ſind hier lediglich als dienende Wappenhalter des herrſchenden Menſchen aufgefaßt. Die Schule Hegels hat auf ganz ähnliche Art den Menſchen vom Sittengeſetz emancipirt, weil der höchſte Geiſt wohl richten, aber nicht gerichtet werden kann. Göthe war übrigens in jeder Beziehung ein Ariſtokrat, ein vornehmer Geiſt, dem ſchon bei Lebzeiten der Cultus des Genius überſchwängliche Huldigungen darbrachte. Indem er ſich immer hoch über der Menge erhaben dachte, fiel es ihm nicht ein, bei Andern ähnliche Privilegien vorauszuſetzen wie die, welche er ſich aneignete. Er träumte ſich einmal in die Einbildung hinein, er werde in der andern Welt ſeinen Platz unter den Geiſterfürſten nehmen.

Solche Privilegien kann die moderne Demokratie niemand zuerkennen. Wie unwahrſcheinlich es auch iſt, daß ſich gemeiner Pöbel und ordinäre Philiſter auf eine höhere Stufe der Einſicht und des ſittlichen Adels emporſchwingen könnten, ſo ſuchen doch die Schwärmer für allgemeine Gleichheit eine Möglichkeit, auch die Maſſen emporzuheben, theils durch

Schulbildung, theils durch die immer wachsenden, die Civilisation mächtig beförderten neuen Entdeckungen. So sagt der bekannte Herr von Kirchmann, der hiefür maßgebend ist, in seinem 1865 zu Berlin erschienenen Buche über die Unsterblichkeit, eine solche gebe es zwar nicht, aber das Menschengeschlecht werde noch hier auf dieser Erde zu einem Zustand höchster Vollkommenheit gelangen. „Sollte es der Chemie gelingen, den Nahrungsstoff für Thiere und Menschen in chemischen Fabriken, statt durch Landbau zu gewinnen, ein Ergebniß, was heutzutage nicht mehr so unwahrscheinlich ist, so würde, da die Rohstoffe in der Luft und in den Salzen der Erde in unerschöpflichen Massen gegeben sind, mithin die Nahrung durch diese Erfindung sehr viel billiger und sicherer werden würde, eine unabsehbare Revolution in Sitte und im Recht daraus hervorgehen. Der Stand der Ackerbauer würde verschwinden, die stärkste Schranke gegen Uebervölkerung wäre beseitigt und der Mensch könnte mehr als die Hälfte der Zeit, die er jetzt in mechanischen Arbeiten verbringt, zu anderer Thätigkeit oder zum unmittelbaren Genuß verwenden. Die Ehe, die Familie, die schon jetzt in Amerika durch die dortige Leichtigkeit der Existenz erhebliche Veränderungen erlitten hat, würde die tiefgreifendste Umgestaltung erfahren. Bei einem hochcultivirten Volke ist es nicht unwahrscheinlich, daß die Ehe mit der Zeit die Form einer Doppelehe annehmen kann. Zwei Freunde würden sich dann zusammenthun und gemeinsam zwei Frauen heirathen. So verletzend für das jetzige sittliche Gefühl solche Form erscheinen mag, so kann dieses Gefühl doch keinen Maaßstab für spätere Zeiten abgeben, denn dieses Gefühl ist biegsam wie Wachs. Erklärte doch noch Socrates die Knabenliebe für das Vorrecht der bessern und edleren

Stände. Hat man deshalb von dem zeitlichen sittlichen Gefühl bei solchen Fragen abzusehen, so ist klar, daß die Form einer solchen Doppelehe große Vortheile gegen die jetzige Form bietet. Sie enthält eine größere Fülle von sinnlichem und geistigem Genuß; sie mindert die plumpe und breiste Gewißheit des Besitzes; sie erniedrigt die Frau nicht und sie enthielte einen höhern Schutz gegen die Gefahren des Lebens, gegen Krankheit und Todesfall. Diese Beispiele werden genügen; der Leser wird sie sich leicht vervielfältigen können. Vor allem wird er aus der Geschichte in den da bereits geschehenen Veränderungen der Sitten und des Rechts entnehmen können, daß der Fortschritt der Moral und der Gang der Völkergeschichte rein durch die zwei Momente bedingt worden ist, welche sich kurz bezeichnen lassen: 1) als die veränderte Empfänglichkeit der Völker für einzelne Arten der Lust und 2) als die veränderten Mittel und Wege sie zu erlangen. Der Fortschritt der Naturwissenschaften und die steigende Macht des Menschen über die Natur sind die Hauptursache für diese Veränderungen. Da nun das Wissen mit jedem neuen Geschlechte sich gegenwärtig erheblich vermehrt, so erhellt, daß auch die Moral und das Gesetz der Geschichtsentwickelung einer steten Veränderung unterliegt."

Andere haben das Böse nur als eine Negation zu erklären gesucht. „Das Böse ist negativ abzuleiten aus der Negation der Freiheit und positiv aus der Sinnlichkeit, die aber auf dem sittlichen Gebiete nichts ist, so daß auf beiden Seiten nichts übrig bleibt, und das ist die höchste Bedeutung des Bösen." Wieder Andere erklären das Böse aus entschuldbarer Schwachheit. „Es gibt nur Schwachheitssünden; auch der böse Wille ist nur eine Schwachheit." Demnach ist auch das ganze sogenannte Erlösungswerk eine Unwahrheit, denn wo es keine Sünde gibt, bedarf es auch keiner Gnade. „Nur seiner eigenen Vollkommenheit inne werden ist Heiligung, Erfüllung. Das Menschheitsideal in uns zu realisiren, ist unsere Bestimmung, aber nicht uns durch Christi Blut reinwaschen zu lassen von etwas, das gar nicht ist". Wie sollte denn auch das Böse wirklich seyn können? „Wenn es wirklich wäre, müßte es von Gott selbst gewirkt seyn, der alles Wirkliche wirkt. Gott wirkt aber das Böse nicht, weil es nicht wirklich ist. Auch der Mensch will das Böse nicht; will er etwas, so doch nicht das Böse." Mit solchem oberflächlichen Raisonnement wagte man, sich über die abgründliche Tiefe des Bösen hinwegzuschwindeln.

3.
Von der freien Forschung.

Luther wollte die alte Kirche nicht umstürzen, sondern nur reformiren, zu ihrer ersten Reinheit und apostolischen Einfachheit zurückführen und von unevangelischen Zusätzen und Mißbräuchen reinigen; deßwegen blieb er fest auf dem Boden der h. Schrift stehen, dem unzweifelhaften Glaubensgrunde Aller, die sich Christen nennen. Es ist ihm nicht eingefallen, einen Standpunkt außerhalb der christlichen Sphäre zu suchen, um von dort aus frei zu urtheilen. Wenn schon zu seiner Zeit einige Schwärmer einen solchen freien Standpunkt im eigenen Geist, den sie mit dem heiligen Geist identificirten, gefunden zu haben glaubten, so wurden sie von Niemand eifriger und entrüsteter, als von Luther selbst bekämpft. Er nannte sie nur die Schwarmgeister und verdammte sie.

Erst als die Renaissance auf allen Universitäten aufkam und von den Fürsten begünstigt wurde, wagte man allmälig, nach dem Vorgang italienischer, französischer und englischer Freigeister, auch in Deutschland das höchste Kriterium im eignen Geist oder in der sog. Vernunft zu suchen und von diesem freien Standpunkt aus die christliche Religion wie jede andere zu beurtheilen und die Bibel selbst ihrer Kritik zu unterwerfen. Die Humanisten hatten schon als Philologen, indem sie den Bibeltext sprachlich kritisirten, vorgearbeitet. Jetzt kamen noch die Philosophen hinzu und setzten die Kritik vom Standpunkt der sog. Vernunft aus fort, indem sie prüften, ob die sog. christlichen Wahrheiten auch wirkliche Wahrheiten seyen, d. h. mit der Vernunft übereinstimmten oder nicht.

Lessing warf das kühne Wort hin: Wenn man ihm die Wahrheit in einer Hand und den Irrthum in der andern darböte, würde er den Irrthum wählen, um die Wahrheit selber zu suchen. Der Mensch fing an, sich alles zuzutrauen bis in Gottes. eigenes Bewußtseyn hinein, und glaubte sich damit über die allgemeine Sclaverei trösten zu können, in welcher sich damals grade die Völker unter die Fürsten beugen mußten. Die Fürsten selbst sahen dieser feigen Kühnheit mit verächtlichem Hohn und doch mit Wohlgefallen zu, denn nichts konnte ihnen angenehmer seyn, als daß die Menschen sich übermüthig gegen Gott erhoben, desto demüthiger aber vor ihnen, den Fürsten, krochen. Auch in der spätern Zeit, als die Revolution an die Königspforten pochte, fanden es die Fürsten immer noch gerathen, den Zorn der Völker von den Thronen hinweg auf die Altäre abzulenken, und bis auf den heutigen Tag ist es Mode, die Volksmänner, die den weltlichen Regierungen gefährlich werden können, gegen den Papst und die Jesuiten, oder auch gegen das Oberconsistorium und die Pietisten zu hetzen. Es war daher sehr begreiflich, daß schon im vorigen Jahrhundert, wie noch jetzt, die freie Forschung in Bezug auf Religion und Kirche geduldet wurde, mochte man auch in politischer Beziehung eine noch so strenge Censur üben. Fürsten und Minister machten sich ein Vergnügen daraus, die Freigeister zu protegiren. Auf den Universitäten glänzten nur noch Philosophen, die ihren Standpunkt dem Christenthum gegenüber nahmen, und in der theologischen Facultät nur Neologen und Rationalisten, die sich an die Modephilosophie anschlossen und sich mit der Bibel- und Kirchenlehre nur noch beschäftigten, um, wie sie sich rühmten, Vernunft hineinzubringen.

Als nun aber der politische Liberalismus die Oberhand gewann und auf eigene Rechnung gegen den Altar und Thron zu Felde zog, fing den Regierungen an, bange zu werden. Das hatten sie sich gern gefallen lassen, daß man ihre Autorität mehr gefürchtet hatte, als die des himmelweit entfernten Gottes; nun aber der Sturm gegen beide bisherige Autoritäten, Thron und Altar zugleich ausbrach, kamen die weltlichen Regierungen in Verlegenheit. Sie hätten jetzt gern die geistliche Autorität wieder gelten lassen, um mit derselben ihre eigene zu verstärken, aber sie durften es nicht mehr wagen, denn sie machten sich durch jedes Bündniß mit der Kirche nur selber noch unpopulärer. Das erfuhr die ältere Linie der Bourbons und wurde vom Thron vertrieben. Die alte Sünde der absoluten Monarchie, welche die Kirche geschwächt und discreditirt hatte, rächte sich nun an den Fürsten. Aus Furcht, früher oder später einem ähnlichen Schicksal zu verfallen, wie es die ältere Linie der Bourbons getroffen hatte, nahmen sie die Kirche gegen die liberalen Angriffe niemals ernstlich in Schutz.

Im katholischen Frankreich gab Ludwig Philipp, welcher sich zum Sturze der ältern Linie geradezu mit dem Liberalismus verbunden hatte, den frivolen Ton an, wie der liberale Musterstaat die Kirche zu behandeln habe, nämlich er ließ sie fühlen, daß der herrschende Liberalismus sie nur noch aus Gnade und um der dummen Bauern willen fortexistiren lasse und daß sie sich dafür durch demüthiges Ducken zu bedanken habe. Im protestantischen Preußen waren beide Kirchen unter dem Cultusministerium Altenstein nicht viel anders behandelt worden. Wenn auch hier der politische Liberalismus noch zu keiner Macht gelangt war, so desto mehr der auf allen Schulen und Universitäten künstlich gepflegte Unglaube. Daher gleichzeitig mit der Regierung Ludwig Philipps auch die kirchenfeindlichen Erscheinungen in Deutschland, die Opposition der Lichtfreunde, Rationalisten und Hegelianer gegen das neue Ministerium Eichhorn und die Bemühungen des neuen Königs Friedrich Wilhelm IV., die Männer der Kirche und Schule von ihren Verirrungen zum Glauben zurückzuführen. Gleichzeitig die bekannte große Staubwolke des Deutschkatholicismus.

Ich schrieb damals: „Sowie man heutzutage auf protestantischem Boden etwas auch nur wünscht oder zart andeutet, was dem Glauben förderlich seyn oder denselben aus seiner tiefen Verachtung nur zu einem Schein von Anerkennung wiedererheben könnte, entsteht sogleich an allen Enden der protestantischen Welt von Königsberg bis Lausanne, von den exstatischen Vergötterern des langweiligen Tinter bis zu den wasserspeienden Banken des Leiterprediger Druey ein furchtbares Geschrei über versuchten Glaubenszwang, über Rückkehr in die Finsternisse der Inquisition. Dieser unermeßlichen Stimmenerhebung, in der neben allem, woron

einst die Wände der Arche Noä widerhallten, auch deutlich
dämonische Töne anklingen, diesem Charivari von Millionen
gegenüber kann keine friedliche, versöhnende Stimme mehr
hörbar werden und selbst die alte Kommandostimme von der
Spree bringt hier nicht mehr durch. Wenn zuweilen einmal
guter Wille sich bedächtig vornimmt, oder edle Entrüstung sich
rasch entschließt, das in den tiefsten Koth getretene Kleinod
des Glaubens zu retten, dennoch bebt der gute Wille vor
jenem furchtbaren Geschrei wieder zurück und die edle Entrüstung wird an sich selber wieder irre; indem man ihr
unaufhörlich und bis zum Taubwerden zuschreit: die freie
Forschung war die Waffe, mit der Luther einst gesiegt hat;
die freie Forschung ist und bleibt das Prinzip und heiligste
Palladium der Protestanten.

Haben die Autoritäten sich vor dem Geschrei zurückgezogen
und hat dieß letztere einstweilen wieder nachgelassen, so ver-
nimmt man die Klagestimme des zertretenen und tiefver-
höhnten Glaubens; dazu das Hohngelächter der Lichtfreunde.
Man fühlt neues Mitleid; man erschrickt vor den Ahnungen
der Zukunft. Man sucht zu unterhandeln und der Wissenschaft begreiflich zu machen, daß sie doch ihre Allgewalt nicht
bis zur gänzlichen Ausrottung des Glaubens mißbrauchen
sollte. Aber die Wissenschaft schlägt mit der Faust auf den
Tisch und spricht mit entschiedener Stimme, fest und scharf:
was wollt ihr, Schwächlinge der Zeit? Ihr wagt nicht, die
freie Forschung als protestantisches Prinzip zu leugnen. Ihr
verwahrt euch selber feierlich und bei jeder Gelegenheit, daß
ihr sie nicht antasten wollt, daß ihr sie anerkennt und ehrt.
Nun denn, so laßt sie auch gewähren und beklagt euch nicht,
wenn sie ein Ziel erreicht, was von euren Jugendillusionen,
von dem, was Schule und Confirmationsunterricht in euch

an dunkeln Erinnerungen hinterlassen haben, weit abweicht.
Entschließt euch, entweder kühn mit dem Genius der Menschheit über jede Beschränkung eines historisch Gewordenen hinwegzufliegen und immer Neues zu schaffen, oder wenn ihr hiezu nicht Geist und Muth genug habt, wenn ihr am Gewohnten klebt, das ihr doch nicht ernst und energisch zu vertheidigen wagt, so geht in eurer Unentschiedenheit unter, denn ihr verdient es nicht besser!

So die protestantische Wissenschaft. Die katholische Kirche hat ihren Glauben gegen die Angriffe dieser Wissenschaft sicher zu stellen gewußt. Sie hat sich nicht geschämt oder gescheut zu sagen, daß sie die freie Forschung als Prinzip verwerfe. Man hat das unbegreiflich dreist, aber doch praktisch gefunden. Jeder Radikale von Verstand verabscheut das stabile Prinzip, läßt ihm aber die Gerechtigkeit widerfahren, daß es praktisch sey, und hegt allen möglichen Respekt vor den gewaltigen Päpsten, welche ihr Prinzip staatsklug durchgeführt haben, während er den furchtsamen, unentschiedenen und unklaren protestantischen Vermittlern keineswegs eine gleiche Achtung zollt.

So sind alle Ermahnungen und halben Maßregeln, durch die man auf protestantischer Seite den Glauben hat sicher stellen wollen, zu Schmach und Spott geworden. Glaubte man einen Professor, der gar zu antichristliche Dinge lehrte, deshalb sanft erinnern zu müssen, ohne jedoch das Prinzip der freien Forschung antasten zu wollen, so lachte der Betheiligte nur und fuhr fort, zu lehren nach wie vor, und seine Jünger trieben es bald noch ärger. Unterdrückte man ein zu gottloses Buch oder eine Zeitschrift dieses Gelichters, so sah das allerdings wie Ernst aus, aber die Betheiligten erschracken mit nichten, sondern trotzten nur um so stolzer und ließen an einem zweiten und dritten Ort rüstig fortdrucken. Stellte man einen Geistlichen zur Rede, daß er die Gemeinde durch atheistische Predigten irre leite, so fürchtete sich der Betheiligte nicht, sondern freute sich, die öffentliche Aufmerksamkeit auf sich gezogen zu haben, sammelte das Volk um sich und hielt Reden im Freien. Wurden ganze Magistrate von diesem kirchlich revolutionären Geiste angesteckt und erhielten von der höhern Autorität einen Verweis, so beunruhigten sich die Betheiligten darüber nicht, sondern remonstrirten in diplomatischen Noten wie Macht gegen Macht. Dieser Troß rechtfertigt sich durch die Voraussetzung, daß der Autorität ein für allemal die Hände gebunden seyen, sofern sie nie wagen werde, das Prinzip der freien Forschung offiziell zu verleugnen.

Der antichristliche Radikalismus ist nun unter dem sichern Schutze dieser Voraussetzung seit zehn Jahren kühn und rastlos vorangeschritten. Nie hat er eine Kapitulation angenommen, nie weder durch Schmeicheleien noch Drohungen sich sein Ziel verrücken lassen, nie weder ein Recht noch einen Willen, der ihn davon abwendig machen könnte, bei der Autorität anerkannt, und er hat deren väterliche, selbst scheinbar nachdrückliche Erinnerungen immer nur leicht hingenommen und nie an ihren Ernst geglaubt. Was er ungescheut vor zehn Jahren zum erstenmal ausgesprochen, daß die Hegel'sche Lehre aus der Schule ins Volk eindringen und die christliche Gesinnung in demselben ausrotten müsse, ist zum Theil schon in Erfüllung gegangen, wie die zahlreichen Versammlungen der Lichtfreunde beweisen. Von Jahr zu Jahr ist die Fluth gestiegen. Sie hat den höchsten Punkt noch nicht erreicht, aber es ist auch nichts geschehen, was die steigende Bewegung irgend aufhalten könnte.

Es liegt nahe, sich die Frage zu stellen, was wohl der alte Luther, wenn er nach dreihundert Jahren wieder aufleben könnte, zu dieser Bewegung im Protestantismus sagen würde! Wie es uns scheint, würde er auf das hinweisen, was er seiner Zeit gegen die Schwarmgeister gepredigt, gerathen und verfügt hat. Er würde in den Lichtfreunden und in der Hegel'schen Selbstvergötterungslehre nichts anderes sehen, als eine Wiederholung des Wahnsinns, dem zu seiner Zeit die Anhänger Thomas Münzers verfallen waren, indem sie sich unmittelbar vom göttlichen Geiste inspirirt wähnten und kommunistische Träume von Gemeinschaft der Güter und Weiber nicht nur hegten, sondern in dem berühmten Reiche zu Münster auch verwirklichten. Er würde nicht zaudern, in seiner vollen Kraft zürnend und mit dem Schwerte des göttlichen Wortes in der Hand über den Rubicon zu gehen, den heutzutage Niemand zu überschreiten wagt. Er würde unbedenklich das Verdammungs-, das Vertilgungswort gegen die Lichtfreunde und Hegelingen aussprechen."

Seit jener Zeit des Schwankens in den vierziger Jahren hat sich das Verhältniß etwas besser gestaltet. Die mißlungene Revolution von 1848 und 1849 hat zu mehr Besinnung geführt; die Autorität auch in kirchlichen Dingen hat sich mehr befestigt. Die etwas heruntergekommene Glaubenspartei auf dem protestantischen wie katholischen Gebiete hat sich wieder mit mehr Geist und Kraft erfüllt. Mißkennen wir nicht, daß das Verhalten des viel geschmähten Kaisers der Franzosen günstig darauf eingewirkt hat. Die kirchliche Autorität gewann in protestantischen Deutschland in dem Maaße, in welchem sie im katholischen Frankreich geschützt war. Denkt man sich den Fall, Napoleon III. hätte der französischen Politik die antikirchliche Richtung gegeben, in welcher sich gegenwärtig die spanische, italienische und österreichische bewegt, so würde das der Partei des Unglaubens auch im protestantischen Deutschland einen neuen Impuls gegeben haben.

Aber der Schutz der Kirche in Frankreich ist prekär, der Kaiser alt. Große Aenderungen in der Politik können die Kirche in neue schlimme Lagen bringen. Im protestantischen Gebiet ist nur eine Art Waffenstillstand geschlossen, wird von einer mächtigen Partei das Prinzip der freien Forschung festgehalten und von allen Liberalen und Demokraten unterstützt. Man scheint nur eine Gelegenheit zu erwarten, es wieder bis zum Fanatismus geltend zu machen, während dasselbe Prinzip sich immer mehr auch im katholischen Süden Bahn bricht, obgleich es hier nur von wilden politischen Parteien reclamirt, noch nicht mit den Waffen der Wissenschaft verfochten wird.

Der Mensch ist frei geboren, daher ist ihm auch jedwede Forschung frei gegeben. Er wäre nicht frei, wenn er sie nicht nach allen Richtungen hin verfolgen könnte, gleichviel ob mißbräuchlich, oder nicht. Reine Geister werden auch immer nur einen Gebrauch von ihr machen, der ihnen selbst und den Mitmenschen nicht schadet. Denn die Vernunft und die durch die Forschung selbst bekräftigte Ueberzeugung von der christlichen Wahrheit zeichnet ihnen die Schranke vor, über welche der Verstand nicht hinausgehen kann, ohne in die Unvernunft zu gerathen und gottwidrige Lehrsätze aufzustellen. In der Lust aber, die Freiheit überhaupt und die freie Forschung insbesondere ohne alle und jede Schranke zu handhaben, liegt die Verführung, auch die Schranken der Vernunft und Offenbarung als nicht vorhanden zu betrachten, sich über sie hinwegzutäuschen. Man bildet sich ein, die wahre Freiheit dürfe keine, also auch diese Schranken nicht anerkennen und ihre Nichtanerkennung sey der eigentliche Probirstein der Geistesfreiheit. Es hat Denker gegeben und gibt deren noch, die nur aus Stolz so denken und lehren. Eine große Menge Menschen will aber auch praktischen Nutzen davon haben, sich im Namen der Freiheit von den unbequemen Pflichten losmachen, die ihnen Vernunft und Offenbarung vorschreiben, mithin auch die freie Forschung nur dazu anwenden, die Quellen abzugraben, aus denen jene Pflichten fließen, also die Offenbarung ganz wegzuleugnen und die Vernunft durch Sophistik zu überwinden.

4.

Vom Bibelhaß.

Allen denen, welche sich von der classischen Bildung hatten imponiren lassen, welche das Christenthum schon als einen überwundenen Standpunkt ansahen und die sich selbst bestimmende und selbst erlösende Menschheit dem Ziele der Vollkommenheit entgegen schreiten sahen, mußten sich begreiflicherweise durch die Achtung, welche die h. Schrift immer noch offiziell und bei den gläubigen Christen genoß, genirt fühlen. Es war ihnen also darum zu thun, das Ansehen dieses Buches zu schwächen. Das waren nun nicht blos ausgesprochene Heiden und Juden, sondern es gesellten sich zu ihnen auch viele Theologen, namentlich protestantische. Man wollte im Protestantismus überhaupt nur den Fortschritt des freien Geistes aus den Banden des katholischen Dogma sehen, ärgerte sich über die lutherische Auffassung, die immer noch zu sehr am Buchstabenglauben hing, und hoffte sie durch eine zeitgemäßere verdrängen, die Religion auf protestantischer Seite ausschließlich in Philosophie verwandeln zu können. Die Bibel war in zwei alten Sprachen geschrieben. Da mußte die Philologie helfen, sie als ein menschliches, befangenes und zum Theil sogar gefälschtes Machwerk zu bezeichnen und die Voraussetzung, es sey ein heiliges Buch, das Wort Gottes sey darin enthalten, seine Aufzeichner seyen inspirirt gewesen, als absurd zurückzuweisen.

Es ist bekannt, daß eine Menge Theologen der neuern Zeit die Bibel behandeln zu müssen glaubten, wie Wolf den Homer und Lachmann die Nibelungen, philologisch, kritisch zu dem bestimmten Zweck, ihre eigene Person mit dem Nimbus des Ruhms zu umkleiden auf Kosten des bewunderungswürdigen Buches, welches sie als Leichnam secirten und in Fetzen schnitten. Derselbe Scharfsinn, der zu Gunsten der menschlichen Hoffahrt in der Zeit der Scholastik sich darauf vidirte, die christliche Wahrheit zu bestätigen, aber so, daß sie ohne diese gelehrte Vestempelung keinen Cours hätte haben dürfen, derselbe grübelte jetzt künstliche Beweise aus, durch welche jene Wahrheiten wieder in Unwahrheiten umgedeutet werden sollten. Es war der nämliche Schnickämon, wie er nie von den Universitäten gewichen ist, der nach Umständen, wie es ihm am günstigsten schien, alles pro und contra zu beweisen liebte, servil gegen die Kirche, wenn diese mächtig war, destructiv, wenn sie es nicht mehr war.

Je mehr die Kirche der Reformation die heil. Schrift zu ihrem Fundamente machte und die Tradition ausschloß, mußten auch alle Pfeile der modernen Helden und Juden auf die Bibel zielen. Die Bibelerklärung durch die Rationalisten und Pantheisten hatte einzig den Zweck, den göttlichen Ursprung der h. Schrift zu leugnen, aus ihr ein menschliches Machwerk sehr unvollkommener und zweideutiger

Art, wo nicht gar eine Betrügerei zu machen, daher auch ihren Inhalt alles Göttlichen und Heiligen zu entkleiden. Die einen waren noch so herablassend, den Welterlöser wenigstens als einen wohldenkenden Menschen, ja sogar als einen Weisen wie etwa Sokrates gelten zu lassen; die andern witterten überall Betrug und Lüge. Wenn man alle diese Exegeten im Chorus und die h. Schrift vor ihnen aufgeschlagen denkt, so tritt an die Stelle der kalten und hoffährtigen Professorsmienen eine ganz andere Miene hervor. Je mehr sie den Gott zum Menschen erniedrigen, um so gewisser verzerrt sich ihre menschliche Physiognomie in eine dämonische. Wenn es tief zu beklagen ist, daß die Bibel auf katholischen Scheiterhaufen verbrannt wurde, so ging das doch von Leuten aus, die das Christenthum aus einer andern Quelle schöpfen zu können vermeinten, als aus der h. Schrift. Das war nicht so arg, als die spöttische Verhöhnung und kritische Zersetzung der h. Schrift von Seite protestantischer Doctoren und Professoren der Theologie, Consistorialräthen ic., die durch ihre Confession ausschließlich darauf angewiesen waren, den Glaubensgrund nur in der Schrift zu suchen. Wenn Voltaires Schule in Frankreich Christum leugnete und verspottete, so konnten sie sich als Katholiken darauf berufen, die Inquisition lasse ja die Bibeln verbrennen. Wenn Spinoza die christliche Kirche durch seinen Pantheismus, den Felsen Petri durch Petroleum in die Luft zu sprengen gedachte, so war das eben ein Jude. Von deutschen Protestanten hätte man etwas Aehnliches nicht erwarten sollen.

Die Bibel steht in einer innigen Verbindung mit der deutschen Nation. Schon Bonifacius, der Apostel der Deutschen, hinterließ keine andere Reliquie und hat in der Kunstwelt kein anderes Attribut als die von einem Schwert durchstochene und dennoch in keinem Buchstaben verletzte Bibel. Als ihn die heidnischen Friesen erschlugen, durchstachen sie auch seine Bibel, doch das göttliche Wort blieb unverletzt. Nachher ist die Bibel in keines Volkes Sprache öfter übersetzt worden, als in die deutsche, und in keinem andern Lande öfter geschrieben und gedruckt worden, als in Deutschland.

Was auch könnte unserer Nation zu größerer Ehre gereichen? Denn es ist das Buch der Bücher, die Quelle des ewigen Lebens, des Trostes und der Stärkung für alle Unglücklichen und Angefochtenen, ein Schild und eine Waffe der Unschuld, ein Erwecker der geistig Schlafenden, ein Führer aus dem Labyrinth der Sünde, ein schreckliches Gericht endlich denen, die in der Sünde verharren. Ein Buch, dem keines gleich auf Erden ist, dessen Inhalt wie der Blick Gottes selbst so tief in jede Seele dränge, das so durch und durch wahr wäre, weiser als alle Gesetzbücher, reicher als alle Lehrbücher, schöner als alle Dichtungen der Welt, mehr zum Herzen bringend als Muttersprache und doch wieder von solcher Geistestiefe, daß auch der Klügste es nicht erschöpft, zugänglich den Einfältigsten und auch den Gebildetsten und Hochstehendsten noch erhebend, noch läuternd, ein überirdisch Licht, von mehr als Sonnengluth durchflammt, ein Anhauch des Ewigen, der dem Glücklichen mitten in süßer Erdenlust ein tiefes Heimweh weckt und den Leidenden in der bittersten Erdennoth mit unaussprechlicher Wonne durchdringt, das Wort von jenseits, vor dem Belsazar zusammenbebte und vor dem Paulus selbst verstummte und erblindete, das Wort, das da bindet und löset, tödtet und lebendig macht.

Dem Menschen ist Freiheit gegeben, den Schatz dieses Buches zu heben, oder es liegen zu lassen. Das Letztere begegnet gewöhnlich den modernen Helden, den Epikuräern, den Lebemenschen, die, wenn sie auch nicht grade der Sünde fröhnen und boshaft sind, doch eine Scheu haben vor allem Ernsten und Heiligen, wie der Teufel vor dem Ton der Glocke. Nun haben sich aber nach und nach und selber zumeist auf dem protestantischen Gebiete auch noch andere Leute gefunden, denen das heilige Buch nicht gefällt, zumeist Geistliche, die einmal von ihren Eltern zur Theologie bestimmt waren, ohne daß sie Neigung dazu gehabt hätten, und die sich nun durch Abschätzung, wo nicht Verspottung der Bibel rächen oder wenigstens schadlos halten wollen. Zu ihnen gesellen sich die Eiteln, die klüger zu seyn sich einbilden, als die Christen der guten alten gläubigen Zeit, und von den Kathedern herab das heilige Buch beschnüffeln, hofmeistern, kritisiren, seciren. Ja seciren, das ist ihnen die Hauptsache, den ungenähten Rock Christi mit dem Messer ihrer Dialektik zu zerschneiden, zu durchlöchern und wieder mit eigener Vernunft zu flicken, bis die Theologie zum Kleide des Harlekin wird.

Auf den deutschen Universitäten hatte sich, wie hoch auch alle Ansprüche dort geschraubt seyn mochten, etwas von der Gemeinheit eingenistet, welche handwerksmäßigem Treiben auch in den höchsten Gebieten des Geistes gern anfliegt, und die zumal in kleinen Städten durch Handwerksneid und Getratsch begünstigt wird. So war es denn möglich, daß Lehrer der Theologie dahin gelangten, sich die Apostel und Jünger als die Verfasser der heiligen Schriften grade so zu denken, wie Statuten- und Ränkemacher, böse Collegen, Ehr- und Collegiengehaltsabschneider des neunzehnten Jahrhunderts, und ihnen in ihrer Bibelkritik die abgefeimtesten Gesinnungen und Absichten unterzuschieben. Alles in den Kreis der eigenen Gemeinheit zu ziehen, ist ihnen nicht nur zur andern Natur geworden, sondern es liegt auch noch ein besonderer Reiz für sie in der Herabwürdigung des Großen, im Verflachen des Tiefen, im Trivialisiren des heiligsten Ernstes. Daher die Selbstgefälligkeit, die schmunzelnde Miene, mit der sie die gemeinsten Ausdrücke brauchen, wo vom Ehrwürdigsten die Rede ist, und den Neulingen der Schule gegenüber, die noch aus dem elterlichen Hause eine Fähigkeit des frommen Erröthens mitgebracht haben, die blasirteste Gleichgiltigkeit gegen die göttlichen Personen und Dinge zur Schau tragen. Man lese, was Ellers uns von Halle erzählt, wo Gesenius unter dem obligaten Gelächter der Studenten, nachdem er mit dem Sohn fertig war, „den h. Geist hereinspazieren" ließ. Eine Zeitlang verfuhr die rationalistische Theologie wie eine auf die Dogmatik angewandte Experimentalphysik, und demonstrirte Gottes Eigenschaften herunter, wie der Mineraloge die eines Fossils. Diese Manier war aber der Schule Hegels noch nicht herabwürdigend genug. Die Sprache, in der sie von der Bibel redete, wurde stufenweise immer gemeiner, bis sie in dem „flotten Kerl", wie bekanntlich ein Professor auf dem Katheder den Heiland nannte, das Aeußerste leistete.

Aber, muß man sich wundern, warum beschäftigten sich denn diese Leute so viel mit der Bibel? Warum wendeten sie sich nicht von ihr ab und ausschließlich heidnischen Studien zu, wenn sie sie doch so verachteten? — Da saßen sie, die alten und jungen Pedanten der Denkgläubigkeit, in Schulschweiß gesäuert und in ihren philosophischen Hochmuth tiefer als in die dichsten Perücken vermummt, hörnerne Siegfriede, deren Augen sogar von Horn waren, und schlugen emsig alle Blätter der heil. Schrift um und wieder um, nicht raſtend noch ruhend, um das große Werk der Verwandlung des Chriſtenthums in Philoſophie oder der Offenbarung in den Zeitgeiſt zu vollbringen. Der Stoff widerſtrebte, die Arbeit war von vorn herein unſinnig. Aber mit ſclaviſcher Ausdauer trieben ſie das rieſenhafte Geſchäft. Je mehr ſie laſen, je reicher und immer reicher die Herrlichkeit und Weisheit der Schrift ſich ihnen entfaltete, um ſo bitterer verzogen ſich ihre Mienen, um ſo gelber ward ihr Blick, um ſo mehr trat ihnen die Leber an die Stelle des Herzens, um ſo mehr ärgerte und ekelte ſie der Zauber, von dem ſie doch nicht laſſen konnten. Ein dummes Buch, ſagten ſie, und beſchäftigten ſich doch immerwährend damit. Ein ſchlechtes, ein gefährliches Buch, ſagten ſie, und konnten doch nicht davon laſſen. Man muß die Menſchheit von dem Wahn dieſes Buchs befreien, ſagten ſie, und doch klammerte ſich ihr Haß ſo feſt daran, wie bei den andern die Liebe.

Allmälig war die unſchuldige Gelehrteneitelkeit zu der wahnſinnigen Hoffahrt erſtarkt, daß wir ſelbſt die Gottheit ſeyen und der bibliſche Gott nur den Wahnbildern der Vorzeit angehöre, gleich den noch ältern heidniſchen Göttern. Das war der kürzeſte Ausweg aus dem Labyrinth der Exegeſe. Aber dadurch erhielt auch der Bär der alten Pedanterie und der Affe der gelehrten Eitelkeit eine dämoniſche Phyſiognomie. Mephiſtopheles ergriff Beſitz von Katheder und Kanzel und winkte ſeinem Gefolge dunklen Urſprungs freundlich zu, ins Heiligthum einzutreten.

Neben dieſen dämoniſchen Tendenzen drängten ſich noch zwei vor, das des buchhändleriſchen Intereſſes und das des liberalen Servilismus. Die Kritik begann der Production in der Art in die Hände zu arbeiten, daß irreligiöſe Bücher blos empfohlen und als aufgehende Sonne einer glänzenden

Zukunft begrüßt wurden, damit Autor und Verleger dabei zu baarem Gewinne gelangten. Der Reiz der Neuheit und Kühnheit wurde von der Preßindustrie ausgebeutet. Die Betheiligten verhielten sich oft neutral, ohne Liebe und Haß für den Gegenstand. Sie berechneten nur, daß bei jeder neuen Phase des Unglaubens die Neugierde des einmal aufgeregten Publikums gespannt sey. — Einem ähnlichen Eigennutz huldigten die zahlreichen neuauftretenden Vermittler zwischen dem Unglauben und dem politischen Liberalismus. Wie es ein Jahrhundert früher nicht an Theologen gefehlt hatte, welche die Kirche und den Glauben an die Despotie verkuppelten; wie z. B. die Tübinger und Dillinger Professoren sich über die Kapitalfrage herumgestritten hatten, ob der lutherische oder katholische Glaube der absoluten Monarchie günstiger sey und loyalere Unterthanen mache? — ganz ebenso wurde jetzt von Seiten der Theologen dem immer mächtiger werdenden politischen Liberalismus geschmeichelt und die theologische Servilität veränderte nicht ihre schlechte Eigenschaft, sondern nur ihren Herrn. Die einst die Könige vergötterten, vergötterten jetzt den Pöbel.

Ferner drängt sich herbei der ewige Jude mit seinem alten Christushasse. Da die Christen selbst die Bibel mit Füßen zu treten anfingen, wie hätte sich der Talmud nicht freuen sollen! Aber auch das Heidenthum lebte wieder auf, und wie die alte sinnige Legende sagt, daß die Götzenbilder zusammengestürzt seyen vor dem Kreuze, so lautet die neue Legende, daß sich alle jene Götzen wieder aufrichten, da das Kreuz umsinkt. Die alte femmo libre von Babylon, purpurgekleidet und gekrönt auf dem Thier sitzend und den Becher der Wollust in der Hand, eilt dem Zuge voraus und nennt sich Fleisches-Emancipation und Erlöserin des Menschengeschlechts von der Tyrannei der Moral. Hinter ihr die Satyrn und rasenden Bachanten der Poesie, die in der Prostitution wieder, wie im ältesten Heidenthum, den Gottesdienst verkünden; mit ihnen die Gergesenerheerde, in die der Geist gefahren, und alles Vieh aus den Gärten der Circe, das da heranstürmt, um die Blumen des Paradieses zu beschnüffeln, zu zertreten und mit grollendem Rüssel aufzuwühlen.

Und nach und nach und unvermerkt hat sich die ganze Menagerie der Hölle, haben sich die kleinen Laster wie die großen um das heilige Buch gesammelt, und wenn Einer nur stille emsig dasitzt, die Brille auf der Nase, wie jener Jude, der aus Raphaels Tapeten die goldenen Fäden zog, um sie zu Dukaten zu schmelzen; so geberdet sich ein Anderer dagegen wild und grimmig wie Leviathan, die Augen glühend voll tiefen Hasses, und krallt sich in die Blätter des heiligen Buches ein, um sie in Stücke zu reißen. Es ist die alte Gesellschaft, die der h. Antonius um sich versammelt sah, die jetzt sich im Namen der Kritik um die Bibel drängt. Es ist die kurz- und langgestielte Flora, die der Stix bewässert, die reiche Pilzsaat, die in jeder Nacht neu aufschließt, die schwindsüchtige und wassersüchtige Fauna des Tartarus, die langhalsigen Kameele, die sich über das Kirchdach lehnen und die breitmaultgen Kröten, die aus allen Gräbern lungern. Es sind die emancipirten Fische, die zum erstenmal in den Lüften exerciren, der stumme Pöbel, der zum erstenmal sein Element verläßt und sich in dem neuen außer Athem springt. Es sind die Erleuchter der Höhlennacht, in welcher der arme Einsiedler dunkelt; die lichtfreundlichen Insekten der Hölle, welche die aufklärenden Strahlen aus allen Oeffnungen von sich geben.

Unter allen Mißgestalten, in denen das dämonische Heer das Buch der Bücher umlagert, sind die niedrigsten jene, die unter dem Kinn statt des Bocksbarts zwei weiße Läppchen tragen und über dem Leib den Chorrock und die, indem sie die Bibel mit Füßen treten und gegen das Heilige die schnödesten Geberden machen, dennoch an dem Recht festhalten, die christlichen Sakramente auszutheilen. Doch vielleicht ist der von ihnen scheu gemachte Pöbel noch ärger, wie der Teufel selbst nicht so häßlich aussieht, als die von ihm Besessenen, selbst wenn sie unschuldig sind. Die scheinheiligen, arglistigen, fuchsschwänzigen Reden derer, welche das Volk bethören, sind nicht so jedes Gefühl empörend, wie das wahnsinnige Gebrüll ihrer Zuhörer, die sich einbilden, nun sey das goldene Zeitalter gekommen.

Aber welche Mühe man sich auch gibt, den Bibelhaß populär zu machen, und die ganze Nation dabei zu betheiligen, es wird nicht gelingen. In der deutschen Nation ist zu viel gesunder Sinn. Abermals steckt das Schwert des Heidenthums im Evangelium, wie einst am Todestage des heiligen Apostels; aber auch diesmal wieder wird es sich offenbaren, daß es unverletzt geblieben ist. Der Geist des Tages, wie sehr er sich aufbläht, ist denn doch ein schwacher und miserabler Geist gegen den Geist des Evangeliums. Seine Größe besteht in Dunst. Der Wind wird ihn verwehen. Wo so offen der größte Egoismus und die wahnsinnigste Eitelkeit sich constituiren, wo sich der Mensch selbst zum Gott macht, da heißt es wahrlich: „Hochmuth kommt vor dem Fall."

5.
Vom Christushaß.

Dieser Haß ist viel weiter in der Welt verbreitet, als man sich merken läßt, er bricht aber bald hier bald da in seiner ganzen Häßlichkeit hervor. Der heutige Haß gegen den Heiland erinnert an den, welcher beim ersten Aufkommen des Christenthums wahrgenommen wurde. Indem Viele glauben, das Christenthum habe sich jetzt überlebt und das Kreuz werde nächstens von der Erde wieder verschwinden, erneuert sich der alte Haß, aber nicht mehr mit der Wuth, welche die aufgehende Sonne verdunkeln möchte, sondern mit der Schadenfreude nächtlicher Dämonen, die der untergehenden Sonne nachgrinsen.

Diese Physiognomie zeigen uns die ältesten Feinde Christi, die Juden, die in der That Herren der Situation geworden sind, sofern sie die Macht des Geldes und die Macht der Presse in ihren Händen vereinigt haben. Schon Lessing, beneidete sie, daß sie vermöge ihrer Geburt nicht nöthig hätten, sich Zwang anzuthun, wie er es als geborener Christ thun müsse. Es war der bekannte sog. Philosoph Mendelssohn, den er deßfalls glücklich pries, indem er in einem noch erhaltenen und gedruckten Briefe vom 9. Januar 1771 an ihn schrieb und in diesem Briefe das Christenthum „das abscheulichste Gebäude des Unsinns" nannte, „dessen Umsturz der Christ nur unter dem Vorwand, es zu unterbauen, fördern könne." Das war das Programm des Rationalismus und ist es heute noch. Der Bund der noch scheinchristlichen, aber durch und durch christusfeindlichen rationalistischen Presse mit der jüdischen war schon in dem Bunde Lessings mit dem Juden Mendelssohn vorgezeichnet.

Inzwischen ist das heutige Judenthum nicht mehr das alte. Die Juden der Börse und der Presse im mittlern und westlichen Europa theilen den Glauben der Väter nicht mehr, den man nur noch bei Juden der niedrigsten Classe und im Osten Europas bei den polnischen Juden findet. Die gebildeten sog. Reformjuden sehen in Moses und in den Propheten ebenso einen überwundenen Standpunkt, wie die gebildeten Namenchristen in Christo.

Die zweite Gattung der alten Feinde Christi waren die Heiden. Auch sie sind wieder auferstanden. In unzähligen Schaaren füllen sie beinahe die ganze sog. gebildete Welt aus. Sie hassen das Christenthum eigentlich so wenig, wie es die alten Helden haßten, die bekanntlich auch nur mit Verachtung auf dasselbe herabsahen und sich erst dagegen erhitzten, als es eine Macht und ihnen gefährlich wurde.

Die modernen Heiden gefallen sich durchgängig in einer gleichsam mitleidigen Verachtung des Christenthums und kokettiren damit. Sie haben sich schon zu sehr in die Ueberzeugung verrannt, das Christenthum sey eigentlich schon überwunden, als daß sie es noch der Mühe werth finden sollten, sich viel darüber zu ärgern. Auch trösten sie sich damit, daß die Regierungen, die Kammern, die Presse den Klerus sogleich unschädlich machen würden, wenn er etwa Christi Gebote wieder einmal ernstlich einschärfen wollte. Sowohl das bürgerliche Leben, als die Wissenschaft und Kunst stehen nicht mehr unter dem christlichen Gesetz und Einfluß, vielmehr unter dem Einfluß der Schule, welche einerseits das Studium der heidnischen Classiker, andererseits das der Natur zu Grunde gelegt hat. Das Christenthum wird aus Anstandsrücksichten äußerlich noch geduldet, aber die Mehrheit der gebildeten Classen hält es längst für überflüssig, er-

eifert sich nicht auffallend dagegen, weil sie die christlichen
Mahnungen und Predigten ignorirt, für ohnmächtig und
unschädlich hält, und verwandelt ihre Geringschätzung des
Christenthums nur dann in einen Ausdruck des Hasses, wenn
eine Regierung wieder einmal die gläubigen Christen in besonderen Schutz nimmt und daraus für sie die Gefahr entsteht, die einflußreichsten Stellen auf Universitäten und Schulen, die sie bisher fast ausschließlich innegehabt, könnten
wieder einmal von Christen besetzt werden.

In der großen Masse der modernen Heiden zeichnen sich
zuerst die meisten und populärsten Philosophen als specielle
Feinde Christi aus, wenn sie ihn auch vornehm ignoriren,
oder ihm sogar einen gewissen Rang unter den Denkern der
Vorwelt zuerkennen. Die Art, wie sie ihn scheinbar ehren,
drückt doch nur Verachtung aus, denn sie stellen ihn unter
sich, wie Hegel, oder wie der Prophet Muhamed. Im
Grunde hassen sie ihn, weil es ihren Stolz beleidigt, daß
er ihnen, wie andern Menschen auch, eine Erbsünde beilegt,
ihnen eine Verantwortung zumuthet, sich gar zum Richter
über sie aufwirft, als ob sie nicht privilegirte vornehme
Geister wären, als ob es nicht völlig unanständig wäre, sie
mit dem gemeinen Haufen zu vermengen. Vor allen Dingen lassen sie die Gottheit Christi nicht gelten, einige Pantheisten ausgenommen, die in ihm aber nur die göttliche
Menschheit reflectirt sehen. Die große Mehrheit der Philosophen ignorirt ihn und die ganze Geschichte und Lehre des
Christenthums, um unmittelbar anknüpfend an die Philosophie des heidnischen Alterthums ihre besondern Denkge-
bäude auf einem gänzlich unchristlichen Boden aufzubauen.
Die philosophirenden Theologen aber, die ganze große Classe
der Rationalisten oder der Denkgläubigen, wie Kirchenrath

Paulus in Heidelberg sie nannte, leugnet nur die Göttlichkeit Christi, bemitleidet und tadelt diesen angeblichen Wahn der Vorzeit und läßt Christum nur als einen Menschen gelten, als eine historische Person, als einen Religionsstifter, als einen weisen Lehrer der Moral und Humanität ähnlich dem Griechen Sokrates. Inzwischen hat es auch nicht an Rationalisten gefehlt, bei denen durch die Maske der Hochschätzung eigentlicher Christushaß durchblickte. Maßgebend dafür ist das „Leben Jesu" von Paulus, welcher viele Jahrzehnte hindurch protestantischer Papst im Großherzogthum Baden war und großen Ruhm und Einfluß auch außerhalb dieses Ländchens genoß. Indem derselbe nun Jesum als einen wohlwollenden Menschenfreund schildert, legt er ihm doch boshafter Weise zur Last, er habe sich kleiner unschuldiger Täuschungen, gleichsam geschickter Taschenspielereien bedient, um die Leute glauben zu machen, er könne Wunder thun. Während er nur mit ganz gewöhnlichen Mitteln Kranke geheilt habe, mit Baden, Oel, Speichel, den er heimlich mit Medicamenten gemischt habe, sey es seine Absicht gewesen, die Patienten glauben zu machen, sie würden auf eine übernatürliche Weise geheilt. Man lese das gedachte Werk von Paulus Theil I. 382. 424. Paulus war nicht so einfältig, daß er nicht hätte berechnen können, welches Gift in diesen Auffassungen der evangelischen Geschichte lag. Aus seinen scheinbar unbefangenen Darstellungen blitzt ein Schlangenbild des tiefsten Christushasses hervor.

Der berühmte Doctor Strauß spottete über die rationalistische Auffassung, wie auch über die ältere gläubige Auffassung des Sohnes Gottes, indem er die ganze evangelische Geschichte für unglaubwürdig, für bloße Volkssage, für einen Mythus, aus Fischeranekdoten 2c. zusammengesetzt erklärte.

Damit schnitt er das ganze rationalistische Scheinchristenthum
vom wahren Christenthum ab, was wirklich ein Fortschritt
war. Früher oder später hätte der Rationalismus, nachdem
er von christlicher Seite oft genug vergebens bekämpft worden war, einmal auch von antichristlicher Seite entlarvt werden müssen. Strauß benutzte den rechten Augenblick, um
sich den Ruhm anzueignen, der Erste gewesen zu seyn, der
dieses zeitgemäße Werk vollbrachte. Er riskirte gar nichts.
Die wahren Christen hatten keine Macht mehr, waren zu
der Zeit, in welcher Strauß auftrat, von allen Regierungen
scheel angesehen. Das gebildete Publikum hatte sich gänzlich
vom Kreuze abgewendet, um den Capriolen zuzujauchzen,
welche die witzigen Juden Heine und Börne damals vor
ihm aufführten. Der kleine Heine hatte soeben unter all-
gemeinem Beifall „den lieben Gott über die Klinge springen
lassen." Er hatte „die alternde Tochter (das Christenthum)
einer hinwelkenden Mutter (des Judenthums)" für immer
einmauern lassen wollen, um das schöne junge Heidenthum
zurückzuführen. Wo ein Aas ist, sammeln sich die Adler.
Es war damals in der Mitte der dreißiger Jahre eine hoff-
nungsvolle Concurrenz eröffnet. Strauß wollte sich die Juden nicht zuvorkommen lassen, beeilte sich also, den Fuß an
die große Leiche des Christenthums zu setzen, damit Jedermann glaube, er sey der Herkules, der diesen Löwen umge-
bracht. Indessen waren alle diese Eilfertigen doch eigentlich
nur Nachzügler der Wolfenbüttel'schen Fragmente, des sy-
stème de la nature und der ganzen atheistischen Literatur
des vorigen Jahrhunderts. Längst vorüber gerauscht war
das Getrappel hyperboreischer Esel, die dem todten Löwen
wetteifernd Fußtritte zu versetzen wähnten. Und in der That
war auch der so viel Aufsehen erregende Straußische Handel

nichts mehr als der Prozeß um des Esels Schatten, der Löwe war nie todt.

In neuerer Zeit hat der Franzose Renan den Heiland wieder als einen gewöhnlichen Menschen aufgefaßt und sein Leben mit einer unerlaubten Frivolität als Roman behandelt, auf den Geschmack des profanen Publikums so gut berechnet, daß der Roman ungeheuer populär, in alle Sprachen übersetzt und besonders in Italien und Spanien verbreitet wurde.

Die große Menge leichtsinniger Menschen, die in den Tag hineinleben und die jedesmalige Mode mitmachen, hassen Christum nicht, aber sie wollen auch nicht an ihn erinnert seyn. Es ist ihnen unbequem, ihr alltägliches Treiben und ihre gewohnten Vergnügungen unterbrechen zu sollen durch die Erinnerung, sie seyen doch eigentlich Sünder. Es ist ihnen daher ganz angenehm, wenn sie hören und lesen, Christus habe gar nicht existirt, oder sey wenigstens nur ein gewöhnlicher Mensch gewesen. Sie halten sich dann nicht mehr für verpflichtet sich Sorgen zu machen, überlassen, den Streit weiter fortzuspinnen, den Gelehrten und machen es sich noch bequemer als zuvor. Im Ganzen geht dabei der alte Respect vor Christo ein wenig verloren und die lebenslustigen Leute erröthen nicht mehr, mitzulachen, wenn witzige Juden und Heiden über den Heiland spotten, Wiener Juden die Christpuppe verspotten, der schwarzen Madonna ein schwarzes Kind in die Arme legen ꝛc. Oder wenn ein witziges Buch erscheint, um den Concordatssturm in Wien zu rechtfertigen, und es darin unter Anderm heißt: Anstatt so viele ganz unnütze Wunder zu thun, z. B. daß er den Geist habe in die Säue fahren lassen, hätte Christus, wenn er der Menschheit wirklich hätte nützen wollen, die Buchdruckerkunst erfinden sollen. Auch der witzige Karl Vogt, der die Menschen von den Affen abstammen läßt, hat nicht verfehlt, sein Contingent zur Verhöhnung des Heilands zu stellen. Er spottet über die Engel, die unmöglich seyen, weil sie zwei Flügel neben zwei Armen hätten, was in der Natur gar nicht vorkommen könne, denn die Flügel seyen nur modifizirte Arme. In seinem Werk „Ocean und Mittelmeer" II. 137 sagt er: „Was ist die christliche Kunst anders, als eine Darstellung jener verzerrten Züge, welche der Glaube dem rein Menschlichen aufdrückt? eine Verhäßlichung des menschlichen Ideals, eine Unterdrückung des Sinnlichen, das den Menschen erst recht schön macht?" Das Titelkupfer zu diesem Vogt'schen Werke ist die ruchloseste Blasphemie, nämlich eine Verspottung der berühmten Transfiguration von Raphael. Wie in jenem Bilde Raphaels Christus in Lichtgestalt zwischen Moses und Elias schwebt, so läßt Vogt auf seinem Bilde alles Licht von einer großen Qualle (Rhizostom) ausstrahlen, welche durchsichtig und geisterhaft zwischen einer Flrola und einer Stephanomie (wie die Qualle selbst durchsichtig), schwebt. Wie ferner innerhalb der Lichtgruppe auf dem Bilde Raphaels die drei Apostel eben aus dem Schlummer erwachend dargestellt sind, so läßt Vogt unter jenen drei Gallertthieren einige Thiere aus der Familie der Holothurien (in Phallusform) abbilden, um das Erwachen des thierischen Lebens zu bezeichnen. Wie endlich auf dem Bilde Raphaels im Vordergrunde die übrigen Apostel dem besessenen Knaben gegenüber rathlos stehen, so stellt Vogt einem von den Fangarmen einer Sepie festgehaltenen kleinen Krebse einige plumpe und große Crustaceen gegenüber. So würdigt er das Heiligste herab und versenkt es in den finstern Meeresgrund zum ekelhaften Gewürm. So entweihten einst die Juden die evangelische Geschichte in dem ruchlosen Buche Toledod Jeschu und ließen den Sohn Gottes durch die Kloaken gehen. Natürlicherweise wird dem eigentlichen Christushaß durch den Leichtsinn und die Leichtgläubigkeit des sog. gebildeten Publikums Vorschub geleistet, denn nichts kann den Haß mehr befriedigen, als wenn er sieht, daß das Publikum zur Verspottung alles Heiligen nur lacht, ohne sich darüber zu erzürnen. Der Leichtsinn des Publikums geht zum großen Theil aus Unwissenheit hervor.

Vor allen Dingen wird die Milde des Heilands, wie auch seine Ohnmacht, die ihn seinen grimmigsten Feinden auslieferte, von den heutigen Scheinchristen nicht mehr verstanden. Den Gott des alten Testaments, der in Donner und Wetter einherfährt und den Herzen Angst einjagt, würden sie besser verstehen. Grade, daß er sich herabließ zu den Menschen, um ihr Bruder zu werden und sie theils durch diese heilige Verwandtschaft zu adeln, theils alle Schmerzen der Erde mit ihnen zu theilen, das verstehen sie nicht mehr. Daß er das höchste Opfer, welches Gott den Menschen bringen konnte, gebracht, dafür haben sie keine Einsicht, keinen Dank mehr. Sie, welche sich ihrer Freiheit doch immer mit so viel Dünkel zu rühmen pflegen, scheinen nicht mehr zu wissen, wem sie diese Freiheit des Willens zu danken haben. Mehr als alles sollte der Opfertod Jesu sie daran erinnern, daß Gott seiner Allmacht entsagte und seinen eingebornen Sohn der grausamen und dummen Willkür der Menschen preisgab, weil er die Freiheit ihres Willens als solche einmal anerkannt hatte und trotz ihres Mißbrauchs sie gewähren ließ. Er sandte ihnen seinen Sohn zur Erlösung und sie kreuzigten ihn mit Hohnlachen. Anstatt es zu hindern, ließ ihnen

Gott das kostbare Angebinde der Freiheit, das er ihnen, indem er sie schuf, unverbrüchlich zuerkannt hatte. Man muß hierauf das allergrößte Gewicht legen. Wäre es möglich, daß der Mensch der Freiheit des Willens beraubt, ein unbehülflicher Stein wäre und dabei noch denken könnte, würde er plötzlich begreifen, welchen hohen Rang die Freiheit denen gewährt, die sie besitzen, dann würde ihm erst einleuchten, wie entsetzlich er sich nicht nur an Gott, sondern auch an sich selbst versündigt hat, wenn er die Freiheit seines Willens mißbrauchte oder nicht nach ihrem ganzen Werthe schätzte.

Die Mehrheit der Gebildeten ist durch die classische Schule und hauptsächlich durch den Rationalismus dahin gelangt, wohl noch einen Gott gelten zu lassen, aber nur in Einer Person, wie die Juden, Muhametaner und Buddhisten. Des Mittlers glauben sie nicht mehr zu bedürfen. Sie verstehen seine Mission in der Weltgeschichte nicht, weil sie die Weltgeschichte selbst nur im engsten Horizont ihrer Tagespresse kennen. In die Kirche gehen sie in der Regel nicht, abgesehen davon, daß sie darin auch nicht immer zu hören bekommen würden, was gerade ihnen am zuträglichsten wäre. Wenn nun, selten genug in den Kreisen, in welche sie durch Geschäfte und Vergnügen gebannt sind, einmal von Jesus die Rede ist, so genirt sie dieser Name nur, sie sprechen ihn nicht gerne aus. Sie leiten das Gespräch auf andere Dinge. Seine sittlichen Ermahnungen sind ihnen unbequem, seine Wunder lassen sie als verständige Leute ohnehin nicht mehr gelten. Sie finden allenfalls etwas Romantisches und Theatralisches in seiner wunderbaren Geburt und in seiner Himmelfahrt, wenn nur die Passion nicht wäre, diese melancholische Geschichte, die den Frohsinn des Lebens stört.

Nur tiefere Seelen und die Armen und Unglücklichen verstehen, welcher Trost ihnen durch das Mysterium der Passion zu Theil wird. Aber auch von den Unglücklichen selbst, wie von ihrem milden himmlischen Freunde, wendet sich die gebildete Welt gern ab. Sie ist nicht inhuman. Sie gibt Concerte, Bälle, Schauspiele und hält Zweckessen zum Besten der Armen und Nothleidenden, will aber sie selbst und ihr Elend nicht sehen, nicht mit ihnen in Berührung kommen, noch viel weniger in ihre Seele blicken, aus deren Tiefe ihnen entweder Verzweiflung, oder inbrünstige Gottesminne entgegenkommt, von denen die eine wie die andere sie anfremdet und erschreckt, denn, wie Göthe sagt, „der Ernst überrascht uns."

Den Ernst aber werden sie kennen lernen in der Todesstunde und dann werden die Leichtsinnigen inne werden, daß sie eigentlich nur wie in einer Komödie gelebt, nur eine ihnen behagliche Rolle gespielt haben, ohne je an die Wirklichkeit außerhalb ihrer Theateratmosphäre, an die minder glücklichen Zustände der Mitmenschen und an das große Schicksal, welches draußen sich vollzieht, an das Ende aller irdischen Dinge und an ihren eigenen ewigen Beruf zu denken, auf den nicht vorbereitet zu seyn sie dann plötzlich mit Schauer und Angst erfüllen wird.

6.
Von den leisetretenden Vermittlern und der Toilettentheologie.

Nur den Schwachen, namentlich dem schönen Geschlecht zu Liebe hat man die Unsterblichkeitslehre noch nicht ganz verworfen, aber dafür gesorgt, daß sie Niemand mehr Angst mache. Beinahe schon seit einem Jahrhundert ist die rationalistische Leisetreterei und Schönfärberei beschäftigt, das Christenthum in Humanität umzusetzen und unter dieser neuen Etikette auch den Heiland und die Verheißung eines Jenseits noch gelten zu lassen. Aber freilich Gott der Vater mußte sich erst waschen und kämmen lassen, bis er ganz zahm und galant erschien. Von einem Zorne Gottes durfte da entfernt keine Spur mehr durchblicken. Der liebe Gott mußte gerade so gebildet, human, aufgeklärt und galant seyn, wie die Toilettentheologen der christlichen Taschenbücher, Morgen- und Abendopfer für Jungfrauen, Aarauer Stunden der Andacht ꝛc. Wenn er überhaupt existirt, jener alte Gott, so müssen wir ihn wenigstens zierlich frisiren, ihn als Groß-kophta verehren und ihm die blaue Schürze umbinden. Dieser charmante Gott thut euch dann Allen mit unaus-sprechlicher Artigkeit den Himmel weit auf. Ob ihr ihn als Jehora, als Fo, als Brahma, Ormuzd, Zeus, Odin oder Vitzliputzli angebetet habt, gleichviel, kommt Alle herein!

Die Kirche verwandelt sich in eine Mühle. Oben schüttet man die massiven Patriarchen und Propheten, Apostel und Kirchenväter von Stein und Erz hinein und unten kommen sie als schmackhaftes Mehl, als delikate, galante und ko-kette Männchen wieder heraus. Im praktischen Berufs-leben hatte der rationalistische Schönredner mit seiner süßen und höflichen Salbaderei bei der gebildeten Welt ohne Zweifel einen Vortheil voraus, wenn er seine Beichtkinder so zart und schonend als möglich anfaßte, etwas Böses bei ihnen vorauszusetzen viel zu viel Bildung und Anstand hatte, oder, wenn es nicht umgangen werden konnte, es doch nur auf die vorsichtigste Weise andeutete und nur ge-horsamst bat, der Sünder und die Sünderin möchten sich doch von jener Schattenseite gefälligst auf die hellere herüber bemühen. Aber die Mode brachte es mit sich, daß man auch viele Andachts- und Erbauungsbücher brauchte, die in dieser höflichen Manier geschrieben seyn mußten, und nun bemächtigte sich die Industrie der Sache und die Boudoirs der Damen wurden mit Geschenken in Saffian und Goldschnitt überschwemmt, welche wir schon vor vierzig Jahren mit dem Namen der Tollettentheologie brandmarkten.

In der gedachten erbaulichen Modeliteratur vermied man die Ausdrücke Gott und Herr und brauchte dafür: die Vorsehung, der gütige Himmel zc. Sogar auf die Gesangbücher erstreckte sich diese rationalistische Censur und das, was in Darmstadt ausgegeben wurde, ging in der Entchristlichung am weitesten.

Vom Teufel und von der Hölle noch zu reden, hielt der Rationalismus und hält auch jetzt noch der gebildete Zeitgeist für geschmacklos, unanständig, höchstens lächerlich. Auch vom Erlöser ist es nicht mehr schicklich zu sprechen, seitdem so oft gesagt ist, die Menschen brauchen keine dergleichen Hülfe, sie wissen sich schon selber zu helfen. Wo die Verleugnung des Christenthums noch nicht ganz nackt hervortreten kann, hilft man sich wieder mit der Humanität, löst den Begriff Gottes ganz ins laue Zuckerwasser der Liebe auf und tröstet schwache Damen mit der mildesten Auffassung der kleinen Fehler, zu denen sie sich vielleicht noch, wenn auch nur aus Koketterie bekennen.

Um nur ein Beispiel anzuführen, so durfte der berühmte Oberconsistorialrath Bretschneider in Gotha in dem Buche, welches er 1833 gegen den Pietismus schrieb, unbedenklich behaupten (§. 48): „Die Entwicklung der Offenbarung ist bedingt durch die wachsende Weltanschauung." Es sey irrig, fährt er Seite 422 fort, das Wesen des Christenthums darein zu setzen, daß es eine Sühnanstalt für die Erb- und wirkliche Sünde seyn soll. Die Ansicht, der Mensch sey sündenlos geboren, ein durchaus gutgeartetes Wesen, welches auch nie etwas Böses annehmen würde, wenn es nicht von außen in ihn hineingebracht würde, wurde auch die Grundansicht der pädagogischen Schwärmer und ist es heute noch. Ja diese Schwärmer machten es dem Christenthum zum bittern Vorwurf, daß es die guten Menschen überredet habe, sie seyen böse.

Deswegen wollen sie auch die grobe Bibel aus den Schulen verbannt wissen. So wie die Bibel die Sünde nenne und strafe und die Herzen gleichsam mit Gewalt anpacke, so dürfe man die guten Kinder nicht erschrecken. In den weiblichen Pensionaten wird daher auch meißtentheils die Bibel ganz beseitigt. Die sentimentalen Erzieher meinen, weil sie junge Mädchen vor sich haben, gegen die man alleweg galant und zart und süß seyn müsse, müsse auch Gottes Wort ihnen verzärtelt, verdünnt und versüßt werden. Die Sprache der Bibel scheint ihnen viel zu rauh und unmanierlich, also zieht man wie von kräftigen Gebirgskräutern nur ein Tröpfchen Essenz davon ab, mischt es mit Zucker, packt es in feines Postpapier mit einer niedlichen Devise und gibt es als gottseliges Bonbon dem lieben Beichttöchterchen zu schlucken. Auf diese Weise wird der zarten Flora der Stadt, oder der Pension, oder des Hofes die ganze Religion glatt und zuckersüß beigebracht. Der Gott des Schreckens, der Donnerer vom Sinai darf die lieben Mädchen nicht erschrecken, darum faltet er seine Blitze zierlich zusammen und dämpft den Donner in leichthinschaukelndem Versmaaß. Die Schauer des Grabes und die Qualen der Hölle dürfen die lieben Mädchen nicht erschrecken, sie werden zugedeckt durch einen antiken Sarkophag mit Matthisson'schen Basreliefs und ein schöner Genius senkt mit graziöser Tournüre seine Fackel.

Es ist recht gut, wenn in den gebildeten Classen einer lange fast chinesisch gezähmten Nation ein gewisser höflicher Anstand so zur andern Natur wird, daß er einigermaßen die Tugend ersetzt. Die Leidenschaften erwachen da nicht so leicht. Wie man zu keiner heroischen That und zu keinem großartigen Opfer fähig ist, so auch zu keinem großen Verbrechen. Der Teufel selbst schläft in dieser guten Gesellschaft aus langer Weile ein. Aber nicht alle Welt ist so gezähmt, nicht alle Herzen sind so gekühlt, nicht alle Knochen so marklos. Nicht das ganze Panorama der Völker kann man um den rationalistischen Theetisch setzen. Steigt hinunter in die Hütten der Armuth, in die Höhlen des Jammers, versetzt euch in wilde Revolutionen und auf Schlachtfelder, gedenkt der barbarischen, sogar noch menschenfressenden Völker am Horizont der Civilisation und fragt noch, was für diese die schmeichelhafte Schönrednerei jener Toilettentheologie helfen sollte?

7.
Von der Sünde der Philosophie.

Obgleich es schon unter den alten heidnischen Philosophen treffliche Lehrer des Guten, Wahren und Schönen gegeben hat, obgleich manche von ihnen schon Ahnungen von dem hatten, was uns später als göttliche Wahrheit offenbart wurde, und im Mittelalter große Denker eine rein christliche Philosophie in schöner architektonischer Gliederung auferbauten, ja heute noch edel denkende Philosophen vorkom-

men, so liegt doch in keiner Wissenschaft ein so tiefer Keim
des Bösen, als gerade in der Philosophie, keine andere ist
so großen Mißbräuchen ausgesetzt und wurde wirklich so arg
mißbraucht wie sie.

Sie ist der Apfel am Baum der Erkenntniß, der die
Menschen unwiderstehlich lockt, immer aber ist auch die
Schlange daneben und flüstert den Verführten ihr *eritis
sicut deus* zu.

Die alte heidnische Philosophie suchte die Wahrheit noch
ohne einen göttlichen Führer, ihr Irren ist daher entschuldbar. Indessen schlich sich auch damals schon die Sünde bei
den Philosophen ein, sofern sie aus Nützlichkeitsgründen oder
aus Eitelkeit und Ruhmsucht mit Bewußtseyn als Wahrheit
vortrugen, woran sie selber nicht glaubten. Im classischen
Alterthum bildete sich schon eine ganze Secte s. g. Sophi-
sten aus, die ein Gewerbe daraus machten, Unwahres zu
behaupten und mit dialektischer Kunst zu vertheidigen, um
die Menge zu verführen, oder sich als Virtuosen bewundern
zu lassen. Wo die Philosophie mit einem hierarchischen Interesse in Verbindung kam, wie bei den indischen Weisen,
wurde die Wahrheit begreiflicherweise auch nur zu einer
conventionellen.

Dieselbe Sophistik hat sich in der modernen Philosophie
wiederholt. Aber die ganze moderne Philosophie hat einen
Makel an sich, sofern sie wesentlich im Abfall vom Christenthum begründet ist. Es fehlt ihr die Unschuld des heidnischen Irrthums vor Christo. Allen modernen Philosophen
ist die göttliche Offenbarung, ist die christliche Wahrheit bekannt und indem sie dieselbe verleugnen, sich trotzig oder
spöttisch von ihr abwenden und mit den schwachen Mitteln,
die ein Erdenwurm, der Bewohner eines kleinen dunkeln

Planeten besitzt, mehr von Gott und den ewigen Dingen wissen
wollen, als die Schrift, begehen sie mit vollem Bewußtseyn
eine Sünde. Die ganze moderne Philosophie ist, mit sel-
tenen Ausnahmen, tief in diese Sünde eingetaucht, denn sie
sucht die Quelle der Erkenntniß allein in der beschränkten
menschlichen Denkkraft, oder in der Erforschung der Materie.
Sie dient dem Egoismus und der menschlichen Eitelkeit und
kokettirt am Ende gar mit der groben Materie und will in
ihr das allein Ewige erkennen, nur um ihren Trotz gegen
Gott zur Schau zu tragen. Die in ihr zu Tage tretende
Sünde folgt zweierlei Richtungen. Sie vergöttert das Werk
und nicht den Schöpfer als Pantheismus oder Materialismus, oder sie vergöttert das Ich, den denkenden Philosophen
selbst und allein.

Die moderne Philosophie war gewissermaßen nur eine
Fortsetzung der griechischen und römischen, denn auch die
christliche Scholastik des Mittelalters war schon durchwachsen
von der aristotelischen Philosophie. Nicht eher aber, bis sich
die Philosophie als freie Wissenschaft gänzlich von der Kirche
losriß, schoß sie in das neue Wachsthum auf, in welchem
sie so großen Ruhm erlangte. Und das war erst möglich
durch die überwiegende Macht und antikirchliche Tendenz der
Renaissance. Die moderne Philosophie ging demnach vom
Romanismus aus. Sie begann in Frankreich auf katholischem
Gebiete, bildete sich aber nachher vorzüglich in England und
Deutschland auf dem protestantischen aus. Ihr erstes Programm war das berühmte cogito ergo sum des Descartes.
Der Menschengeist begann die heilige Offenbarung zu ver-
schmähen, den Abgrund zwischen sich und dem ewigen Geiste
zu übersehen und frischweg vorauszusetzen, er sey eins und
alles, außer ihm gebe es eigentlich nichts, oder alles außer

ihm erhalte seinen Werth eben nur dadurch, daß er es bemerke. Diese Superklugheit, die den Maaßstab für das Unendliche nur in unserm eigenen endlichen und beschränkten Verstande suchte, war, indem sie die höchste Weisheit zu seyn vorgab, eine auffällige Dummheit. Denn dem natürlichen Verstande des Menschen konnte, so lange er natürlich und gesund blieb, auch das klare Bewußtseyn seiner eigenen Begrenzung nicht verschwinden. Es war schon Irrsinn, wenn man diese Begrenzung nicht mehr anerkannte. Mit der Anmaßung, der menschliche Verstand könne mittelst des philosophischen Denkens alles ergründen und alles eben so genau wissen, wie der, der alle Dinge gemacht hat und erhält, mit dieser Anmaßung hing eine ungeheuere Frechheit in sittlicher Beziehung zusammen, nämlich die Verachtung der Gebote Gottes, die Verleugnung und Verspottung jeder Furcht und Ehrfurcht vor dem schrecklichen Geheimniß des Weltschicksals. Der tiefe Zusammenhang der Sünde mit dem Weltgericht blieb diesem eitlen Philosophenvolk gänzlich verborgen und vergessen. Sie merkten nicht, wie wenig ihre Sophistereien den schwachen, befangenen, geängstigten Seelen den Trost der Religion ersetzen konnten. Sie merkten nicht einmal, wie lächerlich ihr Allwissenheitsdünkel war, wenn ein Professor von seinem Katheder ins unermeßliche Weltall hinaustrählte, er sey Gott. Oder wenn die, welche sich in ihren akademischen Jahren selbst vergötterten, hinterdrein um ein kleines Amt betteln und vor einer Excellenz antichambriren mußten oder auf einem schmerzhaften Krankenlager vergebens ihr göttliches Ich anriefen. Obgleich nun die ganze moderne Philosophie von Descartes an bis auf Schopenhauer mit allem Aufwande von Scharfsinn nur ein labyrinthisches Wahngebäude gegenüber der reellen Kirche Gottes ist, fällt es doch keinem Gebildeten ein, zu zweifeln, daß die gewaltige Geistesarbeit, die sich in der Entwicklung aller dieser Philosopheme kundgegeben hat, zu den werthvollsten Errungenschaften und zu den größten Fortschritten der Neuzeit gehöre, und man faßt sie immer noch ganz unbefangen als ein Besseres auf, was an die Stelle des veralteten, nur finstern Jahrhunderten angemessenen Christenthums getreten wäre. Zwar ist den practischen Leuten jenes Leerestrohdreschen der Philosophie, die hohle Aufgeblasenheit der f. g. wissenschaftlichen Sprache zum Ekel und sie finden in allen diesen Seifenblasensystemen nichts Greifbares. Allein auch sie befinden sich immer noch mit den Philosophen auf dem nämlichen Standpunkt, sofern sie in den Naturwissenschaften allein die Wahrheit suchen und nach Humboldts großem Vorgange nur an die Allmacht des mit allerlei physikalischen und chemischen Apparaten die Materie zersetzenden Menschengeistes, aber nicht an Gott, nicht an eine hell. Offenbarung, nicht an einen sittlichen Zweck der Schöpfung, nicht an eine sittliche Bedeutung der Weltgeschichte glauben.

Das alles ist nun, nachdem uns die hell. Offenbarung zu Theil geworden ist und nachdem die Menschheit schon einen höheren Standpunkt eingenommen hatte, kein Fortschritt, sondern ein Rückschritt, keine Erweiterung des menschlichen Horizontes, sondern eine Verengerung desselben. Dieselben Denkkräfte, die man so sehr angestrengt hat, sind für einen nichtigen Zweck verwendet worden. Man hätte sie im Dienste Gottes besser verwerthen können.

Die ganze moderne Philosophie ist ein bewußter Abfall von der geoffenbarten Wahrheit, ein Ignoriren derselben oder ein Kampf gegen dieselbe, ein geheimer oder offener Krieg gegen Gott. Die Sünde begann damit, daß man die einfache Wahrheit nur scheinbar unbefangen, ja zur Ehre Gottes selbst, in dialektische Floskeln brachte. Die Scholastik des Mittelalters rühmte sich noch der reinsten Orthodoxie, indem sie nur mittelst dialektischer Formen logische Beweise für dieselbe Wahrheit vorbrachte, die in der heil. Schrift und in den Dogmen der Kirche enthalten war. Dann ging man einen Schritt weiter und machte die logische Beweisführung zu einem unerläßlichen Erforderniß. Sobald einmal der Schulgeist sich neben den Kirchengeist gesetzt hatte und die großen Birtuosen der Dialektik in den Klosterschulen und auf den ältesten Universitäten die Jugend zur Bewunderung und Nachahmung hinrissen, begann man mehr Werth auf die Kunst des Beweisens zu legen als auf das Bewiesene selbst. Nun konnte man wieder einen Schritt weiter gehen und mittelst der dialektischen Kunst die geoffenbarte Wahrheit, ohne sie noch zu leugnen, doch so künstlich deuten und verdrehen, daß häretische Meinungen daraus hervorgingen. Endlich kam man so weit, überhaupt in Frage zu stellen, ob sich der menschliche Verstand nach den Dogmen zu richten habe, und ob nicht in Zweifelsfällen der Irrthum in den Dogmen zu suchen sey. Auf diesem Standpunkt befanden sich alle häretischen Denker, bis die Reformation eintrat, deren mächtige Partei die Autorität eines großen Theils der nur traditionellen Dogmen verwarf, jedoch immer noch an der heil. Schrift festhielt. Wie aber die Partei der Reformation das Traditionelle als Menschensatzung, als nicht geoffenbarte Wahrheit verworfen hatte, so kam wieder eine neue Partei auf, die auch die heil. Schrift selbst nur für Menschenwerk und ihre Gebote als Menschensatzung verwarf, oder wenigstens nicht mehr in derselben

anerkannte, was der menschliche Verstand nicht begriff, oder
was demselben nicht nothwendig schien.

Im vorigen Jahrhundert befand sich, was man die gebildete Welt nennt, ziemlich allgemein auf dem Standpunkte,
in der menschlichen Denkkraft allein das höchste Kriterium
zu suchen und darnach über alle herkömmlichen Autoritäten,
auch die göttliche, den Stab zu brechen. Wer noch an die
geoffenbarte Wahrheit glaubte, wurde nur noch für einen
herrschsüchtigen Pfaffen und Heuchler, oder für einen Dummkopf angesehen. Die Philosophen, die sich mit der weitern
Ausbildung und Verfeinerung des menschlichen Denkens beschäftigten, erlangten ein viel höheres Ansehen, als die
Priester aller bestehenden Kirchen, die noch den Schatz der
geoffenbarten Wahrheit hüteten, oder wenigstens hüten sollten. Innerhalb der gebildeten Welt wurde nicht mehr bestritten, daß die Philosophie an jene alte s. g. geoffenbarte
Wahrheit nicht mehr gebunden sey, daß sie ganz auf eigenen
Füßen stehe, daß sie die Wahrheit, welche sie suche, auch zu
finden fähig sey, und man setzte sogar voraus, daß diese
neue philosophische Wahrheit mehr werth sey und viel höher
stehe, als die alte Offenbarung, die wohl ungebildeten Völkern habe genügen können, den gebildeten aber schon lange
nicht mehr genüge.

Von diesem neu gewonnenen Rechtsboden aus machte
nun die moderne Philosophie ihre Demonstrationen und
Operationen, welche alle darauf hinausliefen, den Gott der
heil. Schrift und der Kirche nicht mehr anzuerkennen, seine
Anbetung aufhören zu machen. Jedes der auf einander
folgenden, im Gebiet der Philosophie zur Herrschaft gelangen-
den Systeme glich einer neu angelegten Batterie, einer neu
geöffneten Tranchée, um die Burg des alten Christengotts

endlich zu erobern und zu zerstören. Sie wurden von verschiedenen Punkten aus angelegt. Zuerst ging der Mensch von sich aus, behauptete, was er nicht sehe, erkenne und begreife, das existire auch nicht. Gebe es etwas Göttliches, so finde es sich eben nur im Menschen selbst. Andere ließen zwar ein Objekt gelten, erkannten daßelbe aber nur in der ganzen sichtbaren Natur, die ihr Gesetz in sich selbst trage und eine große Maschine sey. Nichts sey darin ewig, als die Materie und das Gesetz, nach welchem dieselbe ihre Formen wechsle. Jenem Subjektivismus und diesem Materialismus stellten andere den Idealismus entgegen, der einen allgemeinen Geist annahm, denselben aber, damit er ja nicht dem alten Gotte der Christen gleiche, seiner Freiheit, Persönlichkeit, Väterlichkeit, Allmacht und Liebe beraubten, um ihn zu einem todten Begriff zu machen. Die idealistischen Systeme wetteiferten, den ewigen Geist einzuschränken und zu binden. Der Professor auf dem Katheder schrieb dem Weltgeist vor, was er thun und nicht thun könne. Der gräßlichste Pedantismus warf sich zum Kerkermeister und Henker Gottes auf. Das höchste Wesen, der Weltgeist, wurde ungefähr wie der Gefangene in einer Folterkammer behandelt. In Hegels System z. B. gleicht jeder Satz einer Schraube, die dem ewigen Geist angelegt wird und deren tausende ihm angelegt werden, damit er sich nicht anders rühren kann, als der Professor es haben will. Da ein solcher Gott nun in der That zu nichts zu brauchen ist, war es natürlich, daß der Idealismus wieder in den Subjektivismus oder Materialismus überspringen mußte. Hegel selbst identifizirte den ewigen Geist mit den menschlichen Subjekten, in denen er allein sich fortdenke und entwickle, in denen allein er existire. Die Materialisten aber schlugen den Geist einfach tobt und setzten das Göttliche allein in die Materie, woraus die schöne Lehre von der Emancipation des Fleisches, als Moral des Materialismus, folgte. Seitdem sind nun wieder mehr oder weniger geistreiche Vermittler aufgetreten, aber keiner ist aus dem Zirkel des Färbergauls herausgekommen und die Philosophie ist eine wahre Drehkrankheit geworden.

Die Glanzzeit der deutschen Philosophie reicht von Kant bis Hegel. Als der große Philosoph Kant in Königsberg auftrat, war die moderne Bildung bereits so alles Christenthums entleert, daß er durchaus keinen Anstoß gab, sondern nur Bewunderung erntete, indem er den Menschen allein studirte, im Menschen die freie Selbstbestimmung entdeckte, den Menschen vor sich selbst Achtung lehrte und erst aus gewissen Eigenschaften und Tendenzen des Menschen die Möglichkeit eines höchsten Gutes und eines höchsten Wesens ableitete. In seinem System bildet der Mensch allein das A und das O, und es würde von Gott gar nicht die Rede seyn können, wenn nicht im Menschen etwas von einem Streben nach dem höchsten Gute vorgefunden würde, wenn der erhabene Mensch auf dem Thron der Erde nicht die Hand ausstreckte und ausriefe: Begriff des höchsten Gutes und demnach vielleicht auch des höchsten Wesens, du bist zum Handkuß gnädig zugelassen! Das ist in der That die Kant'sche Bescheidenheit. Blos wegen unseres Bedürfnisses, wegen unseres Wunsches ist so etwas, wie Gott, möglich und wahrscheinlich.

Nach der kantischen Philosophie kam die fichtesche auf, die man aus Anlaß der großen Fichtefeier neuerdings wieder sehr gepriesen hat. Fichte war ein energischer Geist, strenger Moralist, trefflicher Patriot und verdient dafür Achtung. Mitten im äußersten Unglauben der Zeit hielt er

wenigſtens noch den altgermaniſchen Begriff der National-
Moral, des Tugendgebotes feſt. Aber dieſe Tugend ſollte,
wie in der antiken Etoa, im Mannesſtolz allein wurzeln, eines
Gottes und ſeiner Gebote bedurfte es dabei nicht. Fichte
ſpann ſich ganz und gar in das „Ich" ein.

Schelling begann mit einer allgemeinen Naturvernunft
und ſuchte von ihr allmälig zum Selbſtbewußtſeyn im Ich
zu gelangen. Das All iſt ihm die Entzweiung des ur-
ſprünglich indifferenten Seyns Gottes, welcher in dieſer Entzweiung den Grund ſeines thätigen Lebens hat, um aus
dieſer Entzweiung durch die Bejahung ſeiner ſelbſt im Andern zur erſchauten Identität mit ſich ſelbſt ſich zu verſöhnen.
Der ſich ſelbſt bejahende und wieder verneinende und in der
Identität ſich ſelbſt verſöhnende Gott macht ganz den Eindruck, wie ein optiſches Experiment, und wenn ein ſterb-
licher Menſch ſo mit der höchſten Gottheit experimentiren zu
können meint, iſt es mehr als lächerlich, ſündhaft. Im bloßen Begriff der Selbſtverneinung liegt etwas der Gottheit abſolut Unwürdiges. Die Vorſtellung eines Wiederzuſammen-
flickens des Gottes, der ſich ſelbſt von einander geſchnitten
hat, iſt nun vollends kindiſch.

Am weiteſten ging der philoſophiſche Hoffahrtswahnſinn
in Hegel. Hier wird das (beſchränkte menſchliche) Denken
über das Seyn (der allgemeinen großen, wirklichen Welt)
völlig Meiſter, der Schatten über den Körper, der Reflex
über die Sonne. Die Wiſſenſchaft der Logik Hegels weiſ’t
dem Denken einen höheren Standpunkt an als den eines
bloßen Analogons des Seyns; das Denken erhält in dieſer
Logik ſchaffende Gewalt. „Der Menſch denkt das Abſolute
und indem er das Abſolute denkt, erkennt er, daß nicht er
als Perſon, ſondern daß in ſeinem Denken ſich ſelbſt das

Abſolute denkt. Der abſolute Geiſt, oder Gott, iſt nun aber nicht das in jedem einzelnen Menſchen zu Stande kommende Selbſtbewußtſeyn Gottes, ſondern dieſe einzelnen Selbſtbewußtſeynproceſſe machen erſt in ihrer Totalität das Weſen des abſoluten Geiſtes aus."

Das iſt die berüchtigte Selbſtvergötterungslehre, das Wahnſinnigſte, was die Philoſophie jemals ausgeheckt hat. Noch nach Hegel hat Schelling, der ihn überlebte, die Wahrheit tiefer zu ergründen gemeint, aber von Gott doch keinen würdigeren Begriff zu erzeugen gewußt. Schelling geht davon aus, die Natur könne weder geiſtlos, noch der höchſte Geiſt körperlos geſpenſtig ſeyn. Das führt ihn nun zu Behauptungen, die entſchieden pantheiſtiſch ſind. Er erkennt nämlich in Gott, ſofern man ihn bloß gedig und unendlich denkt, die Verneinung alles Wirklichen. Soll er wirklich werden, ſo muß er auch endlich werden. „Da nun weiter, um wirklich zu werden, die Einheit in Zweiheit auseinander treten muß, die Zweiheit aber eo ipso Widerſpruch iſt, ſo entſteht die Welt aus dem Widerſpruch Gottes mit ſich ſelbſt. Der Widerſpruch, den wir hier begriffen, iſt der Quellbronn des ewigen Lebens; die Conſtruktion dieſes Widerſpruchs die höchſte Aufgabe der Wiſſenſchaft. — Es iſt vergebliches Bemühen, aus friedlicher Ineinsbildung verſchiedener Kräfte die Mannigfaltigkeit in der Natur zu erklären. Alles, was wird, kann nur im Unmuth werden, und wie Angſt die Grundempfindung jedes lebenden Geſchöpfs, ſo iſt alles was lebt nur im heftigen Streit empfangen und geboren. Wer möchte glauben, daß die Natur ſo vielerlei wunderliche Produkte in dieſer ſchrecklichen äußern Verwirrung und chaotiſchen innern Miſchung, da nicht leicht eines für ſich, ſondern durchdrungen und durch-

wachsen von anderen angetroffen wird, in Ruhe und Frieden
oder anders als im heftigsten Widerwillen der Kräfte habe
erschaffen können? Sind nicht die meisten Produkte der unorganischen Natur offenbar Kinder der Angst, des Schreckens,
ja der Verzweiflung? Und so sehen wir auch in dem einzigen Falle, der uns gewissermaßen verstattet ist, Zeugen
einer ursprünglichen Erschaffung zu seyn, daß die erste Grundlage des künftigen Menschen nur in tödtlichem Streit,
schrecklichem Unmuth und oft bis zur Verzweiflung gehender
Angst ausgebildet wird. Wenn nun dieses im Einzelnen
und Kleinen geschieht, sollte es im Großen, bei Hervorbrin-
gung der ersten Theile des Weltsystems, anders seyn?"
(VIII. 321.)

Hierin streift Schelling so ziemlich an den Schral des
Jakob Böhme an. Allein es widerstrebt, was von Schrecken
und Angst im Geschaffenen vorkommt, in einen Zwiespalt
im Schöpfer selbst zurück zu verlegen. Es ziemt dem Denker,
jenem Schrecklichen in der Natur die gebührende Aufmerksamkeit zu widmen, wie dem sittlich Bösen, worüber die
moderne Philosophie nur zu gern hinweg eilt. Aber die Ehrfurcht vor dem Allmächtigen verbietet das Angstprinzip in
die allerheiligste Dreieinigkeit selbst zu verlegen. Oder war
es wenigstens in Zeiten des tiefsten Verfalls, als die Griechen anfingen, ihren Zeus auf der Bühne in Kindesnöthen
darzustellen, wie er aus seinem Kopf die Pallas Athene gebiert.

Das erste Postulat menschlicher Vernunft ist, daß Gott,
welcher das Ganze geschaffen hat, von dem wir nur ein
kleiner Theil sind, von unsern beschränkten Erkenntnißver-
mögen und Schlußfolgerungen nicht seinem ganzen Wesen
nach begriffen zu werden vermag. Die erste Schlußfolgerung,
zu der unser Denken gelangen kann, ist die, daß dem be-

schränkten Menschengeiste die göttliche Weisheit entweder ganz unzugänglich bleibt, oder ihr nur durch Offenbarung von oben vermittelt wird. Der Umfang dessen, wovon wir mathematische Gewißheit erlangen können, bleibt immer beschränkt, und über diese Schranken hinaus kann auch der größte philosophische Scharfsinn nichts Gewisses mehr entdecken, sondern tappt nur mit Vermuthungen und Phantasien im Nebel herum. Gegen die Vermuthung, Gott leide mit der Natur und sey einem Entwicklungsgang unterworfen, spricht das erste Postulat, welches gegenüber allen beschränkten Wesen ein unbeschränktes voraussetzt. Auch sträubt sich dagegen alles im Menschen, was eine Ahnung von der Unmöglichkeit hat, daß die Welt einer höchsten Autorität, daß ihre Leitung einer ewig sich gleichen Allmacht und Weisheit entbehren kann. Zuletzt verlangt der gute Geschmack, daß der sterbliche Mensch, wenn er auch zu hohen akademischen Ehren, Titeln und Orden gelangt, sich doch niemals einbilden soll, er könne die Gottheit in ihren Kindesnöthen belauschen.

Die Vorstellung von einem leidenden und sogar sündigenden Gott war schon den indischen Philosophen geläufig, wiederholte sich aber in dem pantheistischen System der modernen Philosophie noch öfter, sofern man den Makrokosmus (Welt) mit dem Mikrokosmus (Mensch) identifizirte und dann Bewußtseyn, Sünde und Thorheit auf ein Weltbewußtseyn, eine Weltsünde und eine Weltthorheit übertrug, die man Gott nannte. In Frauenstädts Briefen über die natürliche Religion von 1858 wird der Versuch gemacht, diesem Gott wenigstens soviel sittliche Kraft zuzutrauen, als dem Menschen, nur nicht mehr. Er lehrt: „Die Versöhnung des Menschen mit Gott ist Versöhnung der beiden Naturen im Menschen, also wieder Versöhnung einer Erscheinung

Gottes mit sich. Der Glaube rechtfertigt, d. h. die sittliche Gesinnung gilt für die That. Du siehst also, daß auch im Pantheismus, wofern er nur ein ethischer ist, sich die christlichen Grunddogmen festhalten lassen, und daß der ganze Unterschied zwischen dieser und der theistischen Fassung derselben nur ein formeller, aber kein das Wesen der Sache berührender ist. Was der supranaturalistische Theismus an zwei verschiedene Welten vertheilt, indem er die Erde als den Sitz der Sünde, den Himmel, aus dem Gott seinen Sohn zur Erlösung der sündigen Menschheit sendet, als den Sitz der Heiligkeit betrachtet, das betrachtet der ethische Pantheismus als den innern Gegensatz und Kampf zweier verschiedenen Naturen des Menschen und folglich, insofern Gott im Menschen erscheint, als einen Gegensatz und Kampf in dieser Erscheinung Gottes."

Der Pantheismus desertirt hiemit der materialistischen Richtung und lehrt mehr oder weniger zum sittlichen Imperativ Fichtes zurück. Wo nur der sittliche Anspruch anerkannt wird, ist es schon ein Gewinn.

In einigen Punkten hat Frauenstädt gegenüber gewissen Offenbarungsgläubigen gar nicht Unrecht. Er wirft ihnen nämlich Egoismus vor, sofern sie unter dem Schein, als verehrten sie Gott außer sich über alle Maaßen hoch, doch eben diesen Gott nur apart für sich haben wollen, hart gegen alle andern Kinder Gottes sind und nicht nur das Himmelreich für sich allein gepachtet haben möchten, sondern auch, schon hier auf Erden als die allein Privilegirten gelten wollen. Dem ist wirklich so. Viele Fromme bilden sich ein und sagen es, singen es sogar in Kirchenliedern: Du bist mir wohl ans Kreuz geschlagen, denn alles was du gethan und gelitten, ist lediglich mein Profit! Solchen niederträchtigen Egoisten gegenüber ist der „ethische Pantheist" ein Ehrenmann.

Indeß erscheint der alle Tage sündigende und dann wieder bereuende und sich bessernde, sich selbst verzeihende Gott des ethischen Pantheismus doch als eine nicht minder arge Absurdität wie weiland Hegels schlaftrunkner und erst allmälig sich selbst zum Bewußtseyn kommender Gott. Denn das erste Postulat der Vernunft, wenn man sich überhaupt einen Gott denkt, ist dessen Stätigkeit und Unveränderlichkeit, so wie die höchste Instanz, die absolute Autorität, an der kein Makel noch Defect ist.

Johannes Huber in seiner Schrift über die Idee der Unsterblichkeit 1864 faßt den Pantheismus mehr von der ästhetischen Seite auf. Er sagt S. 124: „Das Absolute öffnet die in ihm verschlossenen Quellen des Lebens und läßt alle Potenzen zur Wirklichkeit gelangen. Nicht als eine Emanation, sondern als die Selbstentwicklung ewiger Möglichkeiten im Grunde des Absoluten." Und Seite 153: „Wo der reine Lichtstrahl des Ewigen im Medium der verschiedenen Geister in einem unendlich reichen Farbenschimmer sich bricht ꝛc." Was bleibt da von Gott übrig, wenn sein ganzer Reichthum und seine ganze Herrlichkeit nur in uns Menschen besteht, er nur das indifferente Licht ist, das erst in uns Menschen das reiche Farbenspiel entfalten kann? Er ist dann gleichsam nur noch der Bindfaden, der das schöne Bouquet der Menschengeister zusammenhält. Er zerläßt sich eben so in die Menschheit, wie der Gott Hegels, oder er ist nichts ohne uns, er braucht uns, um die in seinem Wesen liegenden Möglichkeiten zu erschöpfen. Und wir brauchen weiter nichts, als uns zu entwickeln. Eine Verantwortung wird uns nicht zugemuthet. Wir sind vornehm von selbst als Gottes Söhne, Gottes Ehre theilhaftig durch bloße freie Entwicklung. Aber von solchem Adel ist die Menschheit nicht; was ihr auch von Abel angeboren ist, sie kann ihn verlieren und sie muß sich erst das Recht, ihn anzusprechen, durch ihr Verhalten verdienen. Hier entscheidet auch die Geistesbildung nicht, sondern nur der sittliche Charakter. Kein philosophischer Hochmuth vermag die einfachen Sätze des Katechismus umzustoßen.

Bekanntlich träumte sich Göthe, er müsse nach seinem Tode eine Art von Geisterfürst werden. Wir wollen den Reichthum an Geist, wo er sich immer an Menschen findet, nicht unterschätzen, gewiß aber ist er kein Schlüssel zum Himmelreich, welches bekanntlich auch den Armen am Geist offen steht. Man täuscht sich hier ungeheuer. Der Cultus des Genius reicht nicht in die Ewigkeit hinüber. Der Stolz auf Talente, die einen relativen Werth für unser planetarisches Leben haben, wird lächerlich außerhalb dieses engen Kreises. Wenn vollends gar das Talent unsittlichen Tendenzen dient, wenn es zur Sünde verführt, wie sollte es ein ewiges Recht und Gnade vor Gott ansprechen dürfen! Sirenengesang öffnet den Himmel nicht.

Wie schmeichelhaft der Gedanke ist, in der andern Welt nach dem Tode sich in aristokratischem Behagen eines vornehmen Geistes in der Wollust seiner Selbstentwicklung zu wiegen, er ist doch nur eine grobe Täuschung. Und wenn er es nicht wäre, könnte er doch nur schwachen Genüßlingen genügen, der kraftvollere, höher strebende Geist würde ihn verwerfen, denn er würde über die Aristokratie hinaus die Alleinherrschaft anstreben und an Gottes Stelle selber treten wollen, wie Lucifer. Wenn man einmal der Gottesfurcht entsagt und seine menschliche Berechtigung und Bestimmung unbekümmert um die Gebote Gottes hoch und höher schraubt, so muß man folgerecht auch zur ganzen Hoffahrt Lucifers fortschreiten und sich nicht mit dem erbärm-

lichen Göthe'schen Anspruch auf die Stellung eines kleinen
mediatisirten Geisterfürsten genügen lassen. Dann kann man
sich nicht mehr dabei beruhigen, ein Geisterfürst zu seyn,
sondern man muß der Geisterfürst schlechthin seyn wollen.

Darf man es in unserem Zeitalter aussprechen, daß die
höchste Freiheit nur aus gänzlicher Selbstverleugnung ent-
springen kann? daß nur der ihrer am meisten würdig und
fähig wird, der am meisten Opfer bringt für Andre, sich
hingibt für Andre? daß Ueberhebung, Eitelkeit und Stolz
auf sein kostbares Ich den Menschen nur erniedrigt, seinen
Blick verfinstert, seine Freiheit hemmt, dagegen nur die Demuth frei und stark macht? Man darf das wohl noch sagen, aber es wird nicht beachtet. Die Hoffahrt hat zu allgemein überhand genommen. Doch ist ihr unvermeidliches
Correctiv der Tod. Die da geglaubt haben, sie können sich
mit ihrer freien Geistesentwicklung ganz bequem neben Gottes Stuhl niedersetzen, werden schrecklich enttäuscht werden.

Man ist am Ende dieser Phantastereien satt geworden
und hat sich dem praktischen Leben zugewendet. Schopenhauer, einer der geistreichsten Philosophen der Neuzeit, fiel
endlich beim Mißlingen aller Versuche, die gemeine Menschheit mit dem philosophischen Wahnsinn zu elektrisiren, da
sie sich immer mehr isolirte, in eine Art von Verzweiflung.
Nur der derbe Materialismus wußte dem Publikum grade
mit den plumpsten Mitteln wieder beizukommen, wie gemeine Gaukler sich eins zu verschaffen wissen, wenn es von
der sog. classischen Geistreichigkeit nichts mehr wissen will.

Der deutsche Michel hat in seinem nationalen Schlafe,
während an seinem erstarrten und wehrlosen Leibe alles
mögliche Ungeziefer herumkroch und alle Hunde Europas

gegen ihn gehetzt waren und ihn in die lethargischen Olleter biffen, mit innerlichstem Behagen den Traum der Philosophie durchgeträumt und sich auf der Stufenleiter Kant, Fichte, Schelling, Hegel bis zur Selbstvergötterung hinaufgeschwindelt. Da auf einmal schnappte der Traum ab, der deutsche Michel fuhr auf und rieb sich die Augen. Es war nur ein Traum gewesen. Die Philosophie war im Morgennebel aufgelöst, die Wirklichkeit war wieder da. Die zunächst Betheiligten auf den Universitäten konnten es kaum begreifen. Da stand kein allbewunderter Narr mehr auf dem Katheder und proclamirte sich den vor Begeisterung maulaufsperrenden und stirnaberspringenden Studenten als Gott. Da gab es keine Regierung mehr, welche ihre Praxis aus einer Modephilosophie zu schöpfen sich rühmte. Da hatten sich die Studenten von aller Geistesschwärmerei zurückgezogen und trieben neben ihrem Brotstudium höchstens noch ein wenig Tagespolitik. Hegel war todt, sein ganzer Anhang unpopulär geworden. Schelling hatte mit greiser Hand krampfhaft das Banner der Philosophie emporgehalten und sich selbst als den Messias verkündet, der das Welträthsel lösen und die Menschheit für immer ins Licht führen werde, aber er kam nie auch nur um einen Schritt vorwärts und steht jetzt noch als prahlerisches Gespenst mit seinem großen Annoncebogen auf dem Büchermarkte wie angenagelt.

Was wäre es denn nun auch für ein Unglück, wenn unsre studirende Jugend sich von nun an nicht mehr am Narrenseile der Philosophie herumführen ließe, wenn wenigstens der Alp dieses bösen Traums die Brust deutscher Nation nicht mehr drückte, wenn die Nation endlich mündig genug geworden wäre, um einzusehen, daß eine Philosophie, welche sich prinzipiell von der Grundlage aller Wahrheit (in der geoffenbarten Religion) fern hält, nicht zum Licht, sondern nur zur Finsterniß führt. Die, welche sich für die Weisesten halten und gehalten wissen wollen, sind in der That die dümmsten. Von ihnen sagte schon Sokrates, sie wissen nicht einmal, daß sie nichts wissen.

Diese, eine vermeintliche Menschenweisheit statt der geoffenbarten göttlichen Wahrheit verkündende Philosophie ist nicht nur allezeit eine Verfinsterung und Verdummung des Geistes, sondern auch allezeit eine Verderbung des Herzens, weil sie zur Hoffahrt, zu einer gänzlich falschen Vorstellung von der menschlichen Freiheit und zur Verachtung der göttlichen Gebote führt. Die Philosophie hat nur eine Berechtigung als Vorschule und Dienerin der Theologie. So wie sie sich unabhängig macht von der Anerkennung der geoffenbarten Wahrheit, der einzigen, die es in höhern Dingen gibt, fällt sie nothwendig dem Lügengeist und dem Bösen anheim, selbst wenn die verblendeten Denker es nicht wissen und wollen.

Leider läßt sich die Philosophie von diesem Makel nicht freisprechen. Wie viele ehrliche Leute sich auch mit dieser Wissenschaft befaßt haben und gleichsam bona fide den lieben Gott absetzen halfen, weil es einmal so Mode geworden war, fällt ihnen doch zur Last, daß sie nicht schärfer nachdachten, nicht vorsichtiger den breiten Weg vermieden, den schlechter gesinnte Denker vor ihnen schon ausgetreten hatten. Jeder Irthum läßt sich hier auf eine Sünde, auf einen ursprünglichen Mißbrauch des freien Gedankens und des freien Willens zurückführen. Daher würde man auch sehr irren, wenn man glaubte, der Streit lasse sich auf dem Wege der Ueberzeugung durch Gründe entscheiden. Nichts würde leichter seyn, als die philosophischen Irrlehrer eines

Beffern zu belehren, wenn sie sich belehren laffen wollten. Ihre Irrlehren sind aber nicht Fehler des Denkens, falsche Folgerungen, gleichsam Rechnungsfehler, die sich entdecken und corrigiren laffen, sondern es sind Schooßkinder der Sünde. Die Hoffahrt ist es, die das Geschöpf gegen den Schöpfer empört und denselben zu verleugnen trachtet. Die Eitelkeit ist es, die den Philosophen verführt, sich auf der Oberfläche unsres kleinen Planeten aufzublähen, wie ein Hahn, um in die weite Sternenwelt hinauszukrähen, „ich bin Gott, nur in mir existirt die Gottheit," und nur die Wolluft des Sündigens ist es, die den Philosophen anstachelt, die Sittengesetze wegzuraisonniren, den Menschen von jeder Pflicht zu entbinden und ihm jene göttliche Freiheit zuzuerkennen, „die über dem Gegensatz von gut und böse erhaben ist." Hätten die Vertheidiger der christlichen Wahrheit es nur mit Irrlehrern zu thun, deren Fehler allein im Denken liegt, so wäre es ein harmloser Kampf, sie haben es aber mit der Sünde, mit der Bosheit zu thun, die sich nie ergibt, mit dem Vater der Lüge selbst, mit der absoluten Verneinung, von der man vernünftigerweise keine Belehrung verlangen kann. Der Streit kann daher auch nie wie eine Rechtsfrage, sondern nur wie ein Krieg entschieden werden.

8.
Von der Geschichtsverfälschung.

Sobald die Renaiffance Mode geworden war, mußte die ganze bisherige Auffaffung der Geschichte geradezu umgedreht werden.

Bisher hatte die Menschwerdung Christi für den Glanz und Höhepunkt der Weltgeschichte gegolten. Sogar im allen Heidenthum hatte man, wie im Judenthum, nur eine allmälige Vorbereitung auf das Christenthum erkannt. Nicht nur jüdische Propheten und heidnische Sibyllen hatten darauf hingewiesen, sondern auch schon in den ägyptischen, persischen, pythagoräischen und dionysischen Mysterien lagen Ahnungen des künftigen Christenthums vor. Die vorchristliche Heidenzeit war als ein stufenmäßiges Herabsinken in die tiefste Entsittlichung und in ein Elend erkannt worden, in welchem die Menschheit hätte untergehen müssen, wenn Christus nicht erschienen wäre. Die heidnischen Schriftsteller selbst haben uns Schilderungen jener grenzenlosen Sittenverderbniß in der römischen, wie in der griechischen Welt hinterlassen und die ältesten christlichen Schriftsteller und Kirchenväter haben sie nur bestätigt. Die Kirchenväter Clemens von Alexandrien und Arnobius sagen nichts Schlimmeres von den letzten Zeiten des antiken Heidenthums aus, als was uns auch die heidnischen Geschichtschreiber der Kaiserzeit, z. B. Dio Cassius, berichtet haben. Salvianus, Bischof von Marseille, sagt unverhohlen, die alte Corruption des Heidenthums habe auch noch unter den christlichen Kaisern fortgedauert, die Cirkusspiele, die Theater mit allen ihren lasterhaften Freuden, die herkömmliche Unzucht in den Familien, die Schamlosigkeit, an die schon das Kind gewöhnt werde und die das Greisenalter nicht verlasse. Wenn nicht die Germanen, die naturwüchsigen und an gute Zucht und Sitte gewöhnten ehrlichen Barbaren, die Gothen, Burgunder, Alemannen und Franken gekommen wären, würden die classischen Völker des Südens, Griechen und Römer, trotz ihres Christenthums unrettbar untergegangen seyn und hätten sich in keiner Weise auch im Abendlande vor dem Islam schützen können, der das christliche Morgenland unterjochte. Es gab chriſtliche Biſchöfe im römiſchen Reich, welche nichts ſehnlicher herbeiwünſchten, als die germaniſchen Barbaren, welche die unverbeſſerliche römiſche Bevölkerung einfach ausrotteten oder durch Blutvermiſchung wieder veredelten und kräftigten und ihr mit Gewalt oder durch Beiſpiel eine Zucht beibrachten, von der ſie trotz aller kirchlichen Vorſchriften bisher nichts hatte wiſſen wollen.

Unleugbar hatte das claſſiſche Alterthum, wenigſtens in der erſten Glanzperiode ſeiner Bildung und ehe in ihm alles in Despotismus und thieriſcher Wolluſt unterging, eine Lichtſeite. Aber weder die Ideale griechiſcher Schönheit, noch die römiſcher Bürger- und Heldentugend, noch auch die ſokratiſcher und platoniſcher Weisheit vermochten zu verhindern, daß die Schönheit dem Dienſt gemeinſter Wolluſt geopfert, der Bürgerſinn zum Sclavenſinn erniedrigt wurde und die Weisheit zu ſophiſtiſcher Beſchönigung des Unrechts und des Laſters entartete. Aber auch ſchon in der glänzendſten Zeit des heidniſchen Alterthums war ein ſchönes, freies und edles Daſeyn nur ein Vorrecht Weniger; in den untern Schichten ſah man nur Sclaverei mit allen Laſtern, die ſich an einen ſo unwürdigen Zuſtand der Menſchheit knüpften.

Vor allem iſt hervorzuheben, was die Religion jener hochgebildeten Privilegirten im claſſiſchen Alterthum geweſen iſt. Wie dachten ſie ſich Gott? Wenn es auch eine Periode gab, in welcher Griechen und Römer ihren vornehmſten Göttern, wenn auch nichts eigentlich Göttliches, ſo doch die edelſte Menſchlichkeit zuſchrieben, ſo wurden doch dieſe achtungswürdigen und verhältnißmäßig heiligen Vorſtellungen nur zu bald durch unwürdige, ja ſpöttiſche verdrängt. Schon im homeriſchen Zeitalter erſcheinen die höchſten Götter nicht blos auf eine naive, ſondern auch auf eine burleske Art vermenschlicht, daß alle Ehrfurcht vor ihnen aufhören muß. Sie begehen Schalkheiten und es werden Schalkheiten an ihnen verübt, die schon gewöhnliche Menschen lächerlich machen würden, geschweige Götter.

Alle diese Wahrheiten, die schon im Alterthum selbst erkannt worden waren, wurden nach Einführung der Renaissance im gebildeten Europa ignorirt oder geradezu geleugnet. Hatte früher niemand daran gezweifelt, die Menschheit sey zur Zeit des Heidenthums und bis zu Christi Geburt in immer tiefere Nacht gesunken und erst der heilige Morgen des Christenthums habe ihr Licht und Trost gebracht, so bildete sich von nun an die verkehrte Meinung aus, alles Licht der Menschheit sey von jeher nur von der classischen Bildung der Griechen und Römer ausgestrahlt und die Menschheit sey im heidnischen Alterthum auf dem rechten Wege gewesen, zu immer höherer Bildung des Geistes, Vervollkommnung des Staates und praktischem Genuß der Erdengüter zu gelangen. Da sey das leidige Christenthum gekommen, habe die Welt in Finsterniß eingehüllt, statt des reichen und schönen Wissens im Heidenthum nur einen dummen und grausamen Aberglauben eingeführt und die Menschen um ihr natürliches Recht am Genuß der Erdengüter zu bringen getrachtet, durch unsinnige Verbote, Fasten, Cölibat, Ascese ꝛc. In dieser unglückseligen Nacht habe nun die Menschheit fünfzehn Jahrhunderte zubringen müssen, bis es endlich den späten Nachkommen der Griechen und Römer wieder möglich geworden sey, die Erinnerung des untergegangenen Lichtes zu wecken und wenn nicht mehr das ganze classische Alterthum auferstehen zu machen, doch den gegenwärtigen und den künftigen Menschengeschlechtern die Nachahmung und Wiedererneuerung des Untergegangenen zur

Pflicht zu machen. Die schnelle Verbreitung der Renaissance über ganz Europa beweise die Natürlichkeit und Nothwendigkeit der ganzen Procedur.

Mit der größten Parteilichkeit wurde nun alles Classische gepriesen, was Böses davon bekannt war, ignorirt oder beschönigt. Tugend und Geist einiger vorragenden Männer gleich auf das ganze griechische und römische Volk übergetragen. Hellenischer Geist und römische Tugend wurden unendlich viel höher angeschlagen, als alles Christliche, schon deswegen, weil man es als Erzeugniß der Wahrheit ansah, während man dem Christenthum beständig vorwarf, es habe jede Geistesfreiheit gelähmt und die Menschen nur geknechtet. Von den Greueln der Sclaverei, der privilegirten Unzucht des aphroditischen Cultus, der Knabenliebe ꝛc. wurde geschwiegen oder dieser Dinge nur beiläufig gedacht, während man von der höhern und gebildeten Gesellschaft in Griechenland die idealsten Vorstellungen entwarf und selbst das gemeine Volk nur im Zauber Arkadiens, des glückseligen Thales Tempe oder der liebenswürdigen Hirten des Theokrit sah. Lügenhafter noch war der Cultus, welchen die Humanisten und Juristen mit dem heidnischen Rom trieben. Da war von nichts die Rede als von römischer Tugend, von großherzigem Heroismus, von strengem Recht, von der gewissenhaftesten Abwägung gegenseitiger Pflichten im Staat, und die schreckliche Wirklichkeit, die wachsende Grausamkeit gegen die unterdrückten Völker, die wachsende Tyrannei und Corruption im Innern wurde ignorirt oder beschönigt.

Keinem Volke gereichte diese Geschichtsverfälschung mehr zum Schaden als dem deutschen, denn sie hatte von Anfang an keinen andern Zweck, als den heidnisch classischen Geist über den

chriſtlichen und die romaniſche Race über die germaniſche zu
ſtellen. Daher von den Zeiten der Renaiſſance an eine ſyſtema-
tiſche Herabwürdigung ſchon der heidniſchen alten Deutſchen,
als ſeyen es rohe Wilde gleich den Irokeſen und Huronen geweſen, obgleich ſie uns bei Tacitus und in ihren eignen
älteſten Geſetzbüchern, Heldenliedern und älteſten geſchicht-
lichen Erinnerungen als ein höchſt edles Volk erſcheinen.
Daher nicht nur die chriſtliche Hierarchie im ſog. finſtern
Mittelalter, ſondern auch die angebliche deutſche Barbarei in
den grellſten Zügen vorgemalt wurde, obgleich ſich der Thal-
beſtand in der wahren Geſchichte ganz anders und zum
größten Ruhme der chriſtlichen Kirche und des Germanismus
darſtellt. Die Geſchichtsfälſchung ging ſo weit, daß man
die Greuel der Juſtiz, die Hexenprozeſſe, die Folterkammern,
die alle erſt mit dem römiſchen Recht und mit der Renaiſſance nach Deutſchland gekommen ſind, ins chriſtliche Mittelalter zurück datirte und Jahrhunderten zur Laſt legte, die
davon frei waren. Mit derſelben Ignoranz warfen die claſ-
ſiſch geſchulten Gelehrten dem elften bis vierzehnten Jahrhundert Mangel an jeglicher Feinheit der Sprache und Bildung vor, während gerade damals die Sprache der deutſchen
Dichter, eines Wolfram, Walter von der Vogelweide ꝛc.
die feinſte und edelſte war und erſt mit der Renaiſſance im
ſechszehnten und ſiebzehnten Jahrhundert die deutſche Sprache
und Literatur verwilderte, wie ſie ſo roh und unſläthig nie
vorher geweſen war. Aber das Chriſtenthum und die deutſche Nation hatten im Mittelalter geherrſcht; das war für
die Romanen der Grund, beide zu verleumden, und die deutſchen Gelehrten ſelbſt mußten im Solde deutſcher Fürſten,
die ſich aus dem Gebiete der alten Kirche und des alten
Reichs ihre ſouverainen Territorien zuſchneiden wollten,

also den Franzosen und Italienern nachahmten, auch dem Beispiel der romanischen Gelehrten folgen und das Mittelalter verlästern.

Die nationale Selbstvergessenheit ging so weit, daß die bösartigsten Feinde und Verderber deutscher Nation von der falschen Geschichtschreibung in Deutschland selbst auf's unvernünftigste gepriesen und in den Himmel erhoben wurden. So Johannes Hus, der die Deutschen bis zum Wahnsinn hassende Czeche, und Gustav Adolf, der halb Deutschland verwüstete und gleich jenem die Religion nur zum Vorwand nahm. Der Czeche wollte die Deutschen vernichten, der Schwede sie unterjochen.

Die Zeit unserer tiefsten Schmach, der elendesten Fürstenwirthschaft in Deutschland im vorigen Jahrhundert, die mit der Franzosenherrschaft in Deutschland endete, diese niederträchtige, die Enkel der deutschen Kaiser und Helden tief beschämende Zeit wurde gleichwohl von der entnationalisirten Gelehrsamkeit in Deutschland selbst als das goldene Zeitalter des Lichts und der Aufklärung, der Wissenschaft, Philosophie und Poesie gepriesen. Diese Gelehrsamkeit war ganz erstaunt, als die deutsche Nation endlich in ihrem Zorn das Joch der Fremdherrschaft zerbrach. Aber sie faßte sich bald wieder und fuhr auf der alten Grundlage der Renaissance fort, Christenthum und Germanismus zu bekämpfen und die Geschichte zu verfälschen. Die deutschen Zustände waren nach dem Wiener Congreß nicht befriedigend, aber die Opposition war zu sehr in den Banden der classischen Bildung und französischen Mode, als daß sie eine christliche oder nationale Basis hätte wählen können. Der deutsche Liberalismus agitirte nur gegen die Kirche und gegen die weltlichen Regierungen für ein allgemeines Phantom von

Freiheit, und als die Polen, Ungarn, Italiener demselben Phantome nachjagten, schwärmten unsere deutschen Liberalen für Mieroslawski, Kossuth, Mazzini, und luden noch vor wenigen Jahren Garibaldi mit seinen Alpenjägern, den Todfeinden der Deutschen, die sich am morte ai Tedeschi heiser geschrieen hatten, freundlichst zum Schützenfest nach Frankfurt ein.

Genug, die Geschichtsverfälschung hat uns seit drei Jahrhunderten unendlich viel Schaden zugefügt und Schande gemacht und noch ist nicht abzusehen, ob und wann das Lügen ein Ende nehmen wird.

9.
Von den falschen Idealen.

Schon vor der Menschwerdung Gottes auf Erden gab es Idealisten, welche Vorbilder menschlicher Vollkommenheit in physischer und sittlicher, wie auch in saalicher Beziehung aufstellen und solche Ideale durch das Zusammenwirken von Gesinnungsgenossen zu verwirklichen trachteten. Zumal in der Sehnsucht nach sittlichen Idealen verrieth sich schon bei den alten Helden eine Ahnung von dem, was künftig erst durch das Christenthum erreicht werden sollte, und nicht ohne tiefe Rührung studirt man sich oft in die alten Mysterienlehren hinein, in denen die Sehnsucht nach dem Heiligen, was man noch nicht besaß, die spätere Geringschätzung der offenbarten Wahrheit und des bereits erschienenen Erlösers so tief beschämt. Jene Blinden waren unendlich edler, als die heute sehen und nicht sehen wollen, vor dem Heiligen stehen und sich doch nur mit Ekel von ihm abwenden.

161

Seitdem der große Abfall vom Christenthum in der Renaissance erfolgt ist und man im Christenthum nichts Ideales, sondern nur einen verhaßten Zwang oder Völkerverdummung sieht, ist man auch auf die Ideale der ältern Zeiten zurückgekommen und man muß so billig seyn, dies wenigstens an der Jugend nicht zu tadeln, die, nachdem man ihr alles Christliche gründlich verhaßt gemacht hat, den angebornen Drang nach etwas Edlerem und über die gemeine Alltäglichkeit hinaus, in Idealen der Humanität, der Freiheit 2c. zu befriedigen sucht. Im vorigen Jahrhundert kam dieser Cultus der Ideale grade mitten in der Zopf- und Perrückenzeit auf. Alles Christliche in der schönen und politischen Literatur war damals schon verpönt. Also hatten die Leute nichts als ihre alltägliche kleinstaatliche Misere nebst einigen classischen Vorbildern, welche freilich grade in die Puberzeit nicht paßten. Da war es natürlich, daß feurige Jünglinge, wie Schiller, um jeden Preis aus der Philisterhaut heraus wollten. Das war die Sturm- und Drangperiode, die überall nach Idealen herumsuchte. Das Bedürfniß war gerechtfertigt, der Wille war gut, aber weil sie immer dem Christenthum vorbeiliefen, fanden sie nirgends ein auf die Dauer befriedigendes Ideal. Die Pindarische Begeisterung war eben nur eine Nachahmung, nichts Natürliches. Die Ideale aus dem classischen Heidenthum blieben immer marmorkalt. Der Germane, wenn er auch kein Christ mehr war, konnte nicht recht warm dabei werden. Nun suchte man Ideale bei den neueren Völkern und das sittliche Gefühl in Deutschland gab den Engländern den Vorzug vor den Franzosen. Am Ende erschuf man allgemeine Humanitätsideale ohne bestimmte nationale Physiognomie.

Immer aber verrieth sich die gänzliche Abwesenheit christlicher Beispiele und Ideen in einer ungemein charakteristischen Weise. Man beseitigte das Christenthum gänzlich, als sey auch nicht das Geringste darin brauchbar für das Reich der Ideale. Man stellte aber Ideale auf, die ausdrücklich den Haß gegen alles Christliche beurkundeten. Man hätte ja, ohne feindselige Seitenblicke auf das Christenthum zu werfen, unchristliche Ideale aufstellen können, aber man war nicht unbefangen. Man wollte ausdrücklich seine Verachtung des Christenthums merken lassen. Dadurch erhält namentlich Lessings Nathan seine Bedeutung. In ihm ist absichtlich das Christenthum als die schlechteste aller Religionen dem Islam und dem Judenthum hintangesetzt und wird in dem Juden ein Menschheitsideal dargestellt, wie es innerhalb des Christenthums gar nicht vorkommen könnte. Das Christenthum ist niemals boshafter verhöhnt worden, als in Lessings Nathan, und grade deshalb wird dieses Lessing'sche Machwerk als das kostbarste in deutscher Sprache geschriebene Buch auf Gymnasien cursorisch gelesen und interpretirt.

Es handelte sich bei Aufstellung von Humanitätsidealen nicht blos um die Herabwürdigung des Christenthums; man ließ auch den Germanismus darunter leiden. Wenn das ganze Mittelalter hindurch der christlich germanische Ritter das Ideal der Männlichkeit, der physischen Kraft und Schönheit wie des sittlichen Adels gewesen war, so wurde er jetzt nur noch verhöhnt und karrikirt. Als hohe Menschheitsideale ließ man nur noch Persönlichkeiten gelten, die sich vom christlichen Ritter am weitesten unterschieden, der sog. edle Jude, der sog. edle Neger, der edle Galeerensclave, der edle Räuber, der edle Lügner, die edle Maitresse ꝛc. Von solchen Idealen wimmelten die Theater und die Romane. Das alles war keine zufällige Verirrung der Poesie. Der ganze Zeitgeist sprach sich darin aus. Die Negation wurde instinktartig in allen Formen durchgeführt.

Es ist wohl charakteristisch, daß der Vaterlandsliebe und dem Nationalstolz dieselbe Zurücksetzung widerfuhr, wie dem Christenthum. Wenigstens in Deutschland. In den romanischen Ländern, wie auch in England und Scandinavien, sank das Nationalgefühl niemals so tief wie in Deutschland. Unsere Geschichtschreibung und Poesie pflegte am liebsten Helden zu feiern, die man als das Ideal einer politischen oder kirchlichen Partei gelten lassen konnte, wenn sie auch über das deutsche Vaterland nur Unglück gebracht hatten. Zu diesen falschen Idealen gehörten z. B. Gustav Adolf, Wilhelm von Oranien, Johannes Hus. Die meisten Ideale aber holten sich die Deutschen von andern Völkern her und zumal aus dem classischen Alterthum. Im letzteren sah man überhaupt alles möglichst ideal an und war so in dasselbe verliebt, daß man über einigen Lichtseiten und Schönheiten alles Bösartige, Schreckliche und Häßliche darin übersah.

Abgesehen von allen diesen durch eine verfälschte Geschichtschreibung oder durch poetische Schwärmerei empfohlenen classischen Idealen trachtete man auch politischen und socialen Idealen im praktischen Leben nach. Es waren Phantome der Freiheit und des Völkerglücks, im Traume an eine Kerlerwand hingehaucht. In den Ketten des Despotismus schmachtend und dazu noch von einer übermüthigen Aristokratie und verdorbenen Geistlichkeit gequält, sehnte man sich nach Freiheit und nach Reinigung der Sitten. So lange noch frommer Glaube in den Volksmassen vorhanden war

und die Renaissance noch nicht herrschte, hielt man sich an
Ideale des alten Testaments, an die Bücher Samuels und
der Maccabäer. So die Hussiten und später auch die englischen Puritaner. Allen diesen Fanatikern stand nicht blos
ein Ideal der Freiheit, sondern auch der Tugend vor Augen.
Sie wollen alle Laster in der Welt vertilgen und da dieselben hauptsächlich von den Höfen, von der verderbten Kirche
und vom Adel ausgingen, sollten auch diese vernichtet werden. Auch die holländische Republik nahm eine Zeit lang
an diesem alttestamentalischen Fanatismus Theil, verfiel
aber bald in das Behagen des Reichthums und ischario-
tisirte sich in dem Grade, daß sie um großer Handelsvor-
theile willen in Japan das Christenthum verleugnete. Andrerseits fielen die englischen Puritaner in solche Uebertreibungen
des sittlichen Fanatismus, daß sie auch den unschuldigsten
Frohsinn nicht mehr dulden wollen und in eine Art von
Wahnsinn geriethen, gegen den sich zuletzt der ganze natür-
lichere und vernünftigere Theil der Nation empörte. Nun
wurde unter Karl II. das englische Königthum sammt Hoch-
kirche und Aristokratie wieder hergestellt und, um sich von
den Schrecken der Puritanerwirthschaft zu erholen, die ganze
lustige Lüderlichkeit der Renaissance in England eingeführt.

Die Puritaner, wie auch die niederländischen Quäker
und viele um der Religion willen aus Deutschland, besonders aus der Schweiz, vertriebene Protestanten flohen nach
Nordamerika, gründeten dort ihre Gemeinden und behielten
den strengen sittlichen Ernst bei, den man in Europa nicht
mehr duldete, aber auch ihre republikanische Tendenz. Unterdeß war die Bildung in Europa vorgeschritten, hatte Rouſ-
ſeau sein Humanitätsideal aufgestellt und war der Frei-
maurerorden in der Stille zu außerordentlichem Ansehen ge-

langt. Dieses europäische Element verband sich nun mit dem in Amerika noch vorwaltenden puritanischen Element und reagirte gegen die englische Colonialtyrannei in dem großen Unabhängigkeitskriege, aus welchem die Republik der Vereinigten Staaten von Nordamerika hervorgegangen ist.

Die Freimaurerei entstand im Anfang des vorigen Jahrhunderts in England als eine geheime Gesellschaft, die keine besondere Gemeinde oder Staatsform gründen wollte, sondern sich den schon bestehenden anschloß und ihre besondere Existenz gar nicht merken ließ. Sie wurde zwar zuerst als ein Nachbild des Jesuitenordens von eifrigen Anhängern des aus England vertriebenen Hauses Stuart gegründet, um die Rückkehr dieser Dynastie vorzubereiten. Dieser Plan mißlang aber und das in England zur Herrschaft gekommene protestantische Haus Hannover begünstigte eine neue Freimaurerei als geheime Gegenmine gegen die katholische Mine, die man unter seinem Thron halte anlegen wollen. Seitdem gab es eine doppelte Maurerei, die s. g. schottische für die Stuarts und die englische für die Welfendynastie. Der ursprüngliche Gegensatz verlor aber seine Bedeutung, als die Maurerei sich über ganz Europa und Amerika ausbreitete. In katholischen Ländern nahm die schottische Maurerei einen mehr abenteuerlichen, mit erlogenen Mysterien kokettirenden, oder revolutionären Charakter an, in den protestantischen Ländern blieben ihre Formen einfacher und ihre Tendenz der weltlichen Macht gegenüber loyaler. Dagegen sagte sie sich vom spezifisch christlichen Standpunkte los und stellte sich auf den der allgemeinen Humanität. Wie das nationale, so beseitigte sie auch das confessionelle Element. Alle Menschen galten ihr gleich als Brüder, sollten sich aber durch nichts mehr binden lassen, was sie hätte abhalten können, Genossen anderer Nationen und Religionen die Hand zum Bruderbunde zu reichen. Schon die erste englische Maurerei stand unter dem Einfluß des damals grade in England herrschenden Deismus und dieser Deismus hatte sich auf natürliche Weise ausbilden müssen zwischen dem Puritanismus und der katholischen und hochkirchlichen Partei einerseits, der aus Frankreich geborgten Renaissanceüberlichkeit andererseits. Der freisinnige und ernste Engländer zog sich in die Maurerei als auf ein neutrales Gebiet zurück, auf dem ihn die damaligen Karrikaturen des Christenthums nicht mehr ärgerten und er auch der Frivolität auswich. Das Christenthum verdünnte sich oder, wenn man lieber will, verduftete hier ganz in Deismus, ließ jedoch noch sittliche Würde und sogar noch einige mysteriöse Ceremonien bestehen. Wie schon der Name sagt, sollten die Brüder als freie Maurer unabläßig am Bau der Menschheit arbeiten, d. h. einer idealen Menschheit, wie sie noch nicht ist, sondern erst werden soll durch allmälige Ablegung aller nationalen, religiösen und ständischen Vorurtheile, indem sich alle nur als Brüder und gleichberechtigte Weltbürger (Kosmopoliten) ansehen sollen.

Wie löblich auch die Zwecke dieser Gesellschaft waren, so ging sie doch einen Irrweg, sofern sie ausdrücklich dem Christenthum vorbeiging und sich später auch mehr oder weniger den antichristlichen Parteien anschloß. Bei ihren brüderlichen und sittlichen Tendenzen hätte sie sich wohl mit der christlichen Mission vereinbaren können. Es war eine Täuschung, wenn sie sich einbildete, alle andern Religionen hätten eben so viele Berechtigung, wie die christliche, oder man könne eine ideale Menschheit schon hier auf Erden verwirklichen, ohne Hülfe des Christenthums und trotz des Messiasspruches: Mein Reich ist nicht von dieser Welt!

Das Ideal der Freimaurer trat nicht zu Tage, die Gesellschaft blieb geheim. Aber die Völker lagen zum Theil noch immer in den alten Banden, die erst in Nordamerika zersprengt waren. Die Renaissance hatte in Frankreich den altrömischen Despotismus mit der altrömischen Sittenlosigkeit und Religionsverachtung zurückgeführt. Hier hatte das romanische Element mit noch weit mehr Energie, als in Italien unter dem Einfluß der heidnischen Renaissance, das christlich-germanische Weltprinzip zurückgedrängt, sich aber auch in seiner Verworfenheit dermaßen prostituirt, daß das mißhandelte französische Volk das Beispiel der Nordamerikaner nachahmte und sich gewaltsam von seinen Ketten befreite. Aber unter Führern, welche nur im Geist der Renaissance aufgezogen waren, und erbittert über die schändliche Verdorbenheit des höhern französischen Klerus, der alle Laster des Hofes und der Aristokratie theilte, konnte das französische Volk das christlich-germanische Fundament nicht mehr finden, und lief dem falschen Ideale der altrömischen und altgriechischen Republiken nach. In der Republik, die es schuf, wurden alle christlich-germanischen Elemente ausgeschlossen, nach antikem Muster ein neues Heidenthum, ein Götzendienst der Natur, der sog. Vernunft und der republikanischen Tugenden eingeführt, sogar alle Namen der Länder und Provinzen, wie der republikanischen Aemter antikisirt. Da wurde aus der Schweiz Helvetien, aus der Republik Genua Ligurien, aus den österreichischen Niederlanden Belgien, aus Holland Batavien. Man sah wieder Volkstribunen, Senatoren, Consuln. Sogar die Tracht, die Möbel, wurden nach dem antiken Geschmack verändert. Die Pariser Damen gingen halbnackt im Costüm der alten Griechinnen und Römerinnen.

Man prahlte nun auch viel mit altrömischer Bürgertugend. Aber nur dem armen Robespierre war es Ernst damit. Dieser als Ungeheuer verschrieene Mann war so ehrlich und so dumm, den Tigern und Affen in Frankreich die strenge Sittlichkeit der nordamerikanischen Bürger zuzumuthen und den republikanischen Pflichten höhern Werth beizulegen, als den Rechten. Man war bald mit ihm fertig und die Republik artete in einen Räuberstaat aus, in welchem alles stahl und betrog und nur Reichthum und Genuß suchte, bis Napoleons Säbelherrschaft ihm ein Ende machte. Es war wieder ein falsches Ideal gewesen, dem die Menschen nachgetrachtet hatten, und die Enttäuschung war diesmal so grob und entsetzlich gewesen, daß das französische Volk Gott dankte, einen strengen Herrn gefunden zu haben, der wieder Ordnung hielt. Man war so naiv, in Napoleon selbst wieder das Ideal eines völkerbeglückenden Regenten sehen zu wollen und ihn bei Lebzeiten zu vergöttern.

Seitdem ist man mit der Aufstellung von politischen Idealen ein wenig vorsichtiger geworden; der Liberalismus, zu welcher Macht er auch gelangte, hat wie das verbrannte Kind das Feuer gemieden und zumal, seitdem auch die allzu glückliche Republik in Nordamerika immer mehr ihrem sittlichen Ernst entsagte und in Verwilderung gerieth, mit achtbarer Mäßigung und Selbstbeschränkung das republikanische Ziel gemieden und sich um die constitutionelle Monarchie bemüht, in welcher er zwar kein eigentliches Ideal mehr, aber doch den richtigen Mittelweg zu erkennen glaubte. Er befand und befindet sich dabei sehr wohl, denn die Monarchie hat sich ganz in seine Arme geworfen oder kokettirt wenigstens mit ihm und auch das Capital hat sich auf seine Seite gestellt. Die mißtrauische Kirche wird wogen ihrer Ohnmacht verachtet und die Demokratie im Zaum gehalten. Es ist den Demokraten allerdings schwer, sich noch einmal die höhern Classen zu unterwerfen, wie einst in der französischen Revolution, grade weil die Erinnerungen an jene Greuelzeit einen Abscheu vor der radikalen Wühlerei erwecken. Auch haben sich viele vorragende Demokraten durch die Gemeinheit ihres Charakters oder ihrer Formen verächtlich gemacht und auch ihre Presse ist zu verbissen, um die öffentliche Meinung zu gewinnen, selbst da, wo die Sache, welche sie vertritt, gerecht ist. Trotz alledem wird sich früher oder später jenes mißachtete Recht geltend machen.

Inzwischen hat der durch das Capital schwer niedergedrückte Arbeiterstand sich neue Ideale geschaffen, denen er nachtrachtet und deren Verwirklichung er von der Zukunft hofft. Diese Ideale unterscheiden sich von den früheren kosmopolitischen und republikanischen Idealen nur durch die besondere Betonung der Gleichberechtigung zu allen irdischen Genüssen und Ehren durch gleichmäßige Verpflichtung zur Arbeit. Alle neuen socialistischen und communistischen Ideale verleihen jedem Menschen gleiche Rechte unter der Bedingung gleicher Pflichten und verstehen unter Recht den Genuß, unter Pflicht die Arbeit. Das Prinzip, nach welchem der Genuß der Rechte nur Verdienst der Arbeit, die Lust nur der Lohn für übernommene Mühe seyn soll, ist correct; aber die Communisten haben es auf eine Weise durchführen wollen, welche nicht natürlich und vernünftig ist und gerade die Freiheit, die man sucht, aufhebt. Sie machen aus den Menschen eigentlich eine Viehheerde oder Negerplantage, welche nach dem Maaße, wie sie arbeitet, gefüttert wird. Alle Menschen sollen eine einzige Weltrepublik bilden, die ganze Erde mit allem, was auf ihr wächst, zum Nutzen, zur Nahrung und zum Vergnügen dient, soll Gemeingut seyn. Aber jeder soll arbeiten und vom Gemeingut nur so viel Nutznießung erhalten, als er für seine Arbeit verdient, so daß der Faule verhungern muß. Um aristokratischen Vorrechten, welche das größte Talent zur Arbeit ansprechen könnte, vorzubeugen, soll jeder Mensch ohne Ausnahme, auch der Präsident der Weltrepublik, täglich ein Paar Stunden Handarbeit vornehmen müssen. Wenn nun auch dieses communistische Ideal den Zukunftsmenschen die Befriedigung der abwechselndsten Genüsse und die Entfernung aller Sorgen der Armuth verspricht, zum Beispiel Weibergemeinschaft, Erziehung der Kinder auf Kosten des Staats, freien Eintritt zu allen Schauspielen und Kunstgenüssen ꝛc., so würde die Erde doch nur einem ungeheuern Arbeitshause gleichen und der Zwang unerträglich seyn.

Während die Leute unsinnig unerreichbaren Idealen nachjagen und die Augen nach den Wolken gerichtet haben, sehen sie das Gute und Erreichbare nicht, was unmittelbar vor ihren Füßen liegt. Niemals war für uns Deutsche eine Zeit günstiger, die lange verlorene Einheit wieder zu erlangen. Wir dürfen nur wollen, so haben wir das Ziel erreicht, der Nation eine glänzende Zukunft, Wohlstand und Ehre gesichert. Es fehlt aber viel, daß das alle Deutschen begriffen. Nicht nur eine ungeheure Menge von Particularisten und Philistern will sich vom Großvaterstuhl der Gewohnheit nicht erheben, sondern auch eine Menge Idealisten helfen zur Freude des Auslands dem deutschen Einigungswerk immer neue Hindernisse in den Weg legen. Die Idealisten des Ultramontanismus und der demokratischen Republik. Die einen träumen, sie würden Deutschland dem Papstthum wieder erobern können, die andern wollen Deutschland in die allgemeine Weltrepublik zerschmelzen. Eins ist so unmöglich als das andere, beides widerspricht sich und doch gehen beide Parteien Arm in Arm, nur um zu verhindern, daß das Erreichbare und Vernünftige erreicht werde.

10.
Vom Cultus des Genius.

Seit der Renaissance oder Wiedereinführung des antik-heidnischen Geschmacks und der antik-heidnischen Gesinnung in die christliche Welt, ist auch wieder der antik-heidnische Cultus des Genius oder die Vergötterung von Menschen aufgekommen. Im heidnischen Alterthum verehrte man Naturgötter, nachher auch sittliche Mächte als Personifikationen der wichtigsten Tugenden, des Vaterlandes, des Ruhms ꝛc. Sodann vergötterte man auch sog. Heroen, Menschen, die sich durch ihre Thaten zum Range von Halbgöttern erhoben hatten. In der spätern verderbten Zeit des Despotismus und der tiefsten sittlichen Corruption fing man an, gewisse Menschen schon bei Lebzeiten zu vergöttern; ihnen Götterbilder und Tempel zu errichten und vor ihren Altären zu beten und zu opfern. Dies widerfuhr allen Kaisern und Königen nebst deren Gemahlinnen, Usurpatoren, glücklichen Feldherrn, auch bloßen Lieblingen der Großen, Athleten, Hetären ꝛc. So wurde Antinous, der Lustknabe des Kaisers Hadrian, zum Gott erhoben und im ganzen römischen Reiche verehrt, daher uns noch eine Menge Statuen und Büsten von ihm erhalten sind.

Diese Vergötterung der Fürsten und ihrer Lieblinge kam nun auch seit der Renaissance im christlichen Abendlande auf, in Italien zunächst, dann in Frankreich. Dichter, Künstler und Gelehrte wetteiferten, zunächst die Fürsten, ihre gnädigen Herrn, dann deren Damen und Günstlinge mit ewigen Lorbeern zu schmücken und unter die Gottheiten des heidnischen Olymp aufzunehmen. So wurde Ludwig XIV. in seinem Schlafzimmer zu Versailles als blitzender Jupiter an die Wand gemalt. Als man gegen die Fürsten zu revolutioniren anfing, hörten diese Vergötterungen auf, aber andere traten an ihre Stelle, die der Freiheitshelden, der republikanischen Doctrinäre, sogar der niedrigsten Sansculotten, wenn sie sich nur durch Frechheit hervorthaten. So Marat, dessen Asche die Ehre des Pantheon erhielt. So ist es nun geblieben, die politischen Parteien treiben heute noch Cultus mit ihren Lieblingen. Man denke nur an Garibaldi. Die größte Zahl der Vergötterten haben immer die Parlamente geliefert. Diese Berühmtheiten eines Tages oder doch nur weniger Jahre kommen und verschwinden wieder, verdrängt durch andere. Fünfhundert große Männer der Paulskirche sahen die Schaulinden Frankfurts; es war unmöglich, alle ihre unsterblichen Namen in der Geschwindigkeit zu behalten. Man konnte sie nur in Bausch und Bogen in Unsterbliche mit Bart und in Unsterbliche ohne Bart eintheilen. Jetzt sind sie alle bis auf ein Halbdutzend Namen vergessen.

In ruhigen Zeiten, wo die Tagespolitik nicht die Götzen des Tages aus ihrem Rauch und Dampf ausspeit, haben Dichter, Künstler und Gelehrte den Fürsten so ziemlich den Rang abgelaufen. Man feiert viel mehr Männer der Wissenschaft und Kunst, als der Höfe. Das wäre nun wohl ein gutes Zeichen, wenn nicht auch bei dieser Vergötterungssucht verwerfliche Motive vorkämen. Vor allem die Eitelkeit. Die

Metropole der Intelligenz muß alleweil einen großen, ja
größten Mann haben, einen Hegel, einen Humboldt. Auch
andere Hauptstädte und Universitäten halten viel auf ein
solches Privilegium. Die Meisten, welche Zweckessen, Denk-
mäler und Stiftungen zu Ehren eines gefeierten Tages-
götzen arrangiren, denken dabei nur an sich selbst. Sie wollen mit ihren Beiträgen prahlen, Festreden halten, einander ansingen und angesungen werden, sich bei den Zweckessen
gütlich thun. Zweitens dient ihnen der Cultus des Genius
zu Demonstrationen gegen eine ihnen verhaßte Partei oder
gegen die Regierungen. Man kann bemerken, dem ganzen
modernen Geniuscult liegt Abneigung gegen das Christenthum zu Grunde. Man begeht zwar auch noch Feste christlicher Heiligen, aber nur, weil es so herkömmlich ist und
ohne irgend ein Interesse für den, dem das christliche Fest
gewidmet ist und den man oft sogar bis auf den Namen
vergessen hat. Die modernen Geniusfeste schicken dagegen
den gefeierten Namen immer voraus und legen den größten
Werth darauf, die Personalien des Gefeierten ins glänzendste
Licht zu setzen.

 Man ist nicht heikel. Man vergöttert auch die unwürdigsten Personen, wenn sie nur grade Mode sind und das
Interesse auf sich ziehen. Die Münchener Fliegenden Blätter
brachten einmal ein Doppelbild. Oben wurde Franz Liszt
am Clavier von schönen Damen mit Bouquets und Lorbeer-
kränzen und schweren Beuteln voll Gold beehrt, unten sah
man in einer Schneelandschaft das Steinkreuz Friedrich
Lists und einen Raben daneben. So dankt Deutschland
seinen großen Männern. In Paris ist der Glückswechsel
der Berühmtheiten des Tages am rapidesten. Mademoiselle
Georges, die schönste und berühmteste Schauspielerin von

Paris, welcher durch ihre vornehmen Gönner Millionen zugeflossen waren, fristete ihr Leben zuletzt am Eingang der Oper hockend mit Aufbewahrung von Stöcken und Regenschirmen.

Es ist gewiß consequent, wenn der Zeitgeist die christlichen Heiligen verleugnet und ganz andere Heilige für die Anbetung aufstellt. Aber es liegt doch ein Widerspruch darin, daß die Fortschrittsmänner auf der einen Seite das höchste Gewicht auf die Gleichheit Aller legen und dann doch auf der andern wieder fähig sind, bei den Festen, die sie ihren Leithämmeln geben, und vor den Denkmälern, die sie ihnen errichten, in so tiefen Servilismus hinein zu gerathen.

11.
Vom pädagogischen Schwindel.

Der falsche Idealismus culminirte in der Schwärmerei für die Kinder und ihre Erziehung. Hatte man einmal Menschheitsideale aufgestellt, so lag auch nichts näher als den Versuch zu machen, ob nicht das Kindesalter am geeignetsten seyn müßte, sich zum Idealen heranbilden zu lassen, so lange es noch keine vorgefaßten Meinungen und üble Gewohnheiten habe, noch ganz unschuldig, für alles empfänglich und im Gemüth und Geist, wie im Körper voll Elasticität sey. Rousseau, an der Fähigkeit wie an dem guten Willen der erwachsenen Menschheit verzweifelnd, empfahl die Jugend möglichst zu isoliren, damit sie von den Untugenden der Erwachsenen weniger sehe, und sie dann nach einem wohl überlegten Plane für die Freiheit und ihren richtigen Gebrauch und für alle möglichen Tugenden zu erziehen. Die Menschheit, welche Gott gemacht hat, war nun einmal verdorben. Da der Mensch allein aber keine andere hervorbringen kann, so meinte Rousseau, es bleibe immer noch die Möglichkeit übrig, durch consequente Erziehung der Jugend wirklich eine neue, andersartige, bessere Menschheit heranzubilden.

Seine Ideen fanden großen Anklang und trugen nicht wenig dazu bei, auch das politische Revolutionsfieber im vorigen Jahrhundert zu erhitzen. Die Kirche war moralisch tief gesunken, weltlicher Despotismus beherrschte alles, drückte das Edle nieder, erhob das Gemeine, und wo seine Kralle nicht blutige Schmerzen aufriß, besudelte sie alles, was sie berührte. Die geknechtete Menschheit verlor die Geduld, wollte sich endlich ihrer Fesseln entledigen und zerriß sie auch wirklich, in der amerikanischen und französischen Revolution. Man fühlte aber, es sey am Bruch der Ketten nicht genug. Die Menschheit sey zu lange und zu arg mißhandelt worden, sie müsse ganz aus der Haut fahren und sich von innen heraus verjüngen, wenn sie wieder zu gesunden Kräften kommen wolle.

Wenn Thron und Altar gestürzt wurden, alle Stände nivellirt waren und der republikanische Demos sich einrichtete, wie ihm beliebte, so mißlangen doch die wohlgemeintesten politischen Experimente nur zu oft, weil die erwachsene Generation noch zu unwissend oder schon zu verderbt war. Den Schwärmern für die Menschheit lag nun alles daran, allmälig durch Erziehung der Jugend eine bessere Generation heranzuziehen. Unter allen, welche nach Rousseau Versuche dazu machten, erlangte der Schweizer Pestalozzi den größten Ruhm und insofern auch den ausgedehntesten Erfolg, als sein Erziehungssystem von der preußischen Regierung nach der schrecklichen Katastrophe von Jena adoptirt wurde. Der gute Wille war, das gesunkene Volk zu heben, die heranwachsende Generation mit neuer Kraft des Körpers und des Geistes zu erfüllen. Pestalozzi selbst hatte mehr nur den Geist bilden wollen, Jahn machte auch die Rechte des Körpers als Gründer der Turnplätze geltend. Man errichtete neue Schullehrerseminarien, um auch die Volksschulen auf dem Lande mit dem neuen Geiste zu durchdringen. Es wurde auch viel geleistet, aber man übertrieb den Eifer und kam in eine schiefe Richtung.

Nachdem die fromme Begeisterung der Freiheitskriege durch die Reaction der russisch-österreichischen Politik, welcher die preußische Regierung zu viel nachgab, absichtlich geschmäht, verächtlich gemacht, beziehungsweise sogar ausdrücklich verboten worden war, suchte das Ministerium Altenstein der preußischen Jugend und dem preußischen Volk allerdings einen neuen Geist einzugießen, aber nur in schroffster Negation sowohl gegen das Christenthum, als gegen das germanische Gemeingefühl. Die Kirche sollte nur noch Magd des Staates seyn, nur der plaiteste Rationalismus und Hegels Philosophie, die den Menschen allein vergötterte. In der Metropole der Intelligenz sollte der Glanz der profanen Wissenschaft das bleiche Mondlicht des Christenthums vollends verschwinden machen, der Kosmos des großen Humboldt an die Stelle der Bibel treten. Unter solchen Einflüssen und Begünstigungen nun erhielt Diesterweg das Monopol des Volksunterrichts als Generaldirektor aller Volksschullehrerseminarien. Dieser Mann wollte die Schule ausdrücklich auf ein unchristliches, ja antichristliches Prinzip gründen. Sein Programm lesen wir in seinem pädagogischen Jahrbuch von 1855 S. 80: „Der Mensch ist ein organisches Wesen und entwickelt sich von innen heraus, er will freie allseitige Entwicklung, vollkommene Ausbildung aller seiner Kräfte und freie Ausübung derselben." Dieses Recht, fährt er fort, wird mit jedem Menschen geboren und mit dem Recht auch die Fähigkeit, die nur von außen her gehemmt wird durch falsche Erziehung, durch Unterdrückung der natürlichen Begabung und des natürlichen Triebes oder durch Ablenkung derselben nach einem falschen Ziele hin.

Darnach ist die Aufgabe der Schule und zwar zunächst der Volksschule, bei allen Kindern alle in ihnen liegende Vermögen und nach allen Richtungen hin zur freien Entwicklung kommen zu lassen. Die Schule soll Menschen, vollkommene Menschen bilden, die alle in ihnen liegende Gaben und Kräfte kennen und heiter, frei, unumschränkt zur Ausübung bringen. Dazu nun ist erforderlich:

1) Die Schule muß vollkommen unabhängig seyn von den Eltern, dem Beruf und Stande. Die Schule muß, unbekümmert um die Eltern, jedes Kind zum höchsten Menschheitsideal heranbilden, oder vielmehr in freier Selbstbestimmung das Kind sich selbst herausbilden lassen.

2) Die Schule muß vollkommen unabhängig seyn vom Staate. Es kommt dem Staate nicht zu, irgend eine Forderung an die Schule zu stellen, wodurch jene freie Selbstbestimmung und Evolution des Reinmenschlichen gehemmt oder einseitig geleitet werden könnte.

3) Die Schule muß vollkommen unabhängig seyn von der Kirche. Denn das Kind darf nicht zu irgend einem Glauben genöthigt oder verleitet werden, es muß erst selbst prüfen, die Freiheit seines Denkens darf ihm durch keinerlei Autorität beschränkt werden.

4) Der Schullehrerstand muß demgemäß gleichfalls von den Eltern, wie vom Staat, wie von der Kirche vollkommen

unabhängig dastehen, sui juris, zu nichts verpflichtet, als aus jedem Kinde die von Natur in ihm liegenden Vollkommenheiten sich frei entwickeln zu lassen. Eltern, Staat, Kirche müssen die Kinder ganz unbedingt der Schule hingeben, die sie dann dem Leben wieder als Menschheitsideale ausliefert.

Dabei setzt Diesterweg voraus, jedes Kind sey von Natur gut und habe die Fähigkeit, vollkommen zu werden. Die Eltern, der Staat und die Kirche allein seyen Schuld, wenn die Kinder verdorben werden. Die Voraussetzung der Religion, es sey von Anbeginn ein böser Trieb auch im Kinde, verwirft er als ruchlosen Wahn. Im pädagogischen Jahrbuch von 1857 S. 132 wird das weiter ausgeführt. Jedes Kind ist unschuldig, frei von Erbsünde, göttlich. Von Zucht und Strafe dürfe bei ihm nicht die Rede seyn. Es trage in sich den Keim aller Vollkommenheit und es komme nur darauf an, diese in ihrer natürlichen Entwicklung nicht aufzuhalten. Nichts solle man in das Kind hinein lehren wollen, sondern nur aus ihm herausspinnen. Das Kind finde das Wahre mit größerer Sicherheit, als der Lehrer selbst. Es sey zur Selbstbestimmung von der Natur befähigt und mithin auch berechtigt. Nie solle man es in seiner Selbstbestimmung hemmen.

Wie hoch auch Diesterweg die „göttliche" Kindheit stellt, so ist er doch selbst ein Tyrann derselben. Denn mit seiner Maxime, den Kindern die Selbstbestimmung einzureden, tödtet er nothwendig alles, was an ihnen wahrhaft kindlich, unbefangen und natürlich ist, um sie frühzeitig altklug zu machen. Und da sie nichts denken können, was er ihnen nicht vorgedacht hätte, wird auch sein pädagogischer Eifer nicht der Freiheit des kindlichen Geistes zu Gute kommen, sondern lediglich wieder nur eine Abrichtung seyn. Wir sind solchen jungen Affen, zum Diesterwegianismus abgerichtet, schon öfter im Leben begegnet. Es waren nicht freie selbständige Denker, sondern wie eine Uhr aufgezogene Automaten, die immer dasselbe Sprüchlein sagen. Ueberhaupt darf man die weltbeglückende Pädagogik, die seit Pestalozzi's Zeiten wirksam ist, endlich fragen: was habt ihr denn ausgerichtet? wo sind denn die vortrefflichen Menschen, die zu erziehen ihr immer versprochen habt? Man gab euch Raum, Zeit, Macht, die Regierungen unterstützten euch. Ihr konntet mit aller Muße euer Werk zu Stande bringen. Aber die von euch erzogenen Menschen sind gerade so gemeine Mittelmäßigkeiten geworden, wie andre auch, und nur einige haben sich durch Phantasterei oder gemeinschädliche Wühlerei einen traurigen Ruf erworben.

Es ist eine ungeheuerliche, eine wahnsinnige Voraussetzung, wenn man sich einbildet, die vielen tausend Knaben, aus denen in Gottes weiter Welt nun doch nichts anders werden kann und wird, als gewöhnliche Beamte, Kaufleute, Handwerker ıc., zu einer freien Geisteshöhe und zu jenem Umfang und zu jener Tiefe des Wissens steigern zu können, die immer nur das angeborene Erbtheil seltener Genies bleiben und bleiben müssen. Eben so ungeheuerlich aber ist die Zumuthung an die Lehrer, wie sie im Durchschnitt sind und nicht anders seyn können, sie sollen Geister wecken und bilden, sie, die selbst keinen Geist besitzen und nur fähig sind, Erlerntes wieder andern zu lehren.

Wozu denn der schreckliche Hochmuth auf Geist? Man sey doch ehrlich und wahrhaft. Man bescheide sich, der Jugend das zu lehren, was zu dem Lebensberufe, den Jeder ergreift, absolut unentbehrlich zu wissen ist. Man wird dann nicht so viel und vielerlei, aber das, was man lehrt, recht lehren. Man wird den Schüler nicht mit einem Lehrstoff quälen, den er doch nie und nimmer verdauen kann, und mit Zumuthungen an eine höhere Bildung, wofür er nun einmal von Geburt an nicht organisirt ist. Der Schüler wird dann etwas Tüchtiges fürs Leben mit frohem Muthe lernen und zu seinem Berufe mit besserer Vorbereitung übergehen, als wenn man ihn Jahrelang mit der höheren und allgemeinen Bildung und mit der Erweckung und Entwicklung der Denkkraft gemartert hat. Wer die Logik nicht mit der Muttermilch eingesogen hat, dem wird sie keine Schule einrichtern. Aber auch die Lehrer würden viel Tüchtigeres leisten, und zufriedener seyn, wenn man ihnen ihre Ehre als Meister und Abrichter der Lehrlinge in einem bestimmten Fache gönnte, und wenn sie selbst darin ihren Stolz fänden, anstatt daß man von ihnen philosophische Tiefe des Denkens und Universalität des Wissens verlangt und voraussetzt, jeder solle eine Art von Idealmensch seyn, um aus den Hansen, Jörgen, Micheln und Petern, die ihm in die Schule geschickt werden, wieder mit der feinsten psychologischen Berechnung und dem genialsten Tacte Menschheitsideale zu erziehen.

Das Schlimmste bei Diesterweg und seinen weitverbreiteten Anhängern ist der Kirchenhaß, den sie in die Volksschulen einzupflanzen bemüht sind. „Die Natur", sagt Diesterweg", ist das älteste unverfälschte, unverfälschbare Testament des Schöpfers.". Den Katechismus will er aus allen Schulen verbannt wissen. Alle Schwächen der Geistlichkeit, alle Schäden der Kirche werden hervorgesucht und aufgedeckt, um zu beweisen, daß die Menschen keiner Kirche, keiner Bibel, sondern nur noch Humboldts Kosmos bedürfen.

Nachdem von der preußischen Regierung der pädagogische Schwindel vernünftigerweise wieder gedämpft worden ist, soweit sie unmittelbar Einfluß üben konnte, hat sich derselbe Schwindel doch im übrigen Deutschland und in der Schweiz fortgepflanzt und hofft immer noch auf Sieg. Jährliche Lehrerversammlungen, die sich unlängst auch auf Oesterreich ausgedehnt haben, unterhalten den Schwindel. Auf den Schullehrerseminaren herrscht die Richtung Diesterwegs immer noch vor und nur wenige sind christianisirt worden.

Auch die Fröbelschen Kindergärten nähren den Schwindel. Es ist zwar löblich, für kleine Kinder zu sorgen, denen ihre Eltern nicht die nöthige Aufmerksamkeit schenken können oder wollen; allein man hätte das leisten können, ohne es zu einer Prinzipienfrage der Pädagogik zu machen und die falsche Voraussetzung Diesterwegs damit bestätigen zu wollen. Auch hier hat man wieder die natürliche Ordnung der Dinge auf den Kopf gestellt und indem man die angeblich durch das Christenthum unterdrückte und corrumpirte allen Menschenkindern angeborene Güte und Weisheit sich frei entwickeln lassen will, faßt man die Kinder als die eigentlichen Lehrer und Meister, die Alten aber nur als die Schüler auf.

Die stärksten Bollwerke des Diesterweg'schen Systems sind die Schullehrerseminare, denn aus ihnen (von einigen wenigen specifisch christlichen abgesehen) rekrutirt sich Jahr aus Jahr ein der sog. Volkslehrerstand mit Ansprüchen, denen die Wirklichkeit niemals entsprechen kann, welcher sich daher in einer unnatürlichen Lage befindet, unzufrieden seyn muß und daher auch Unzufriedenheit verbreitet, wie seine Agitation in den Jahren 1848 und 1849 hinlänglich bewiesen hat.

Wir geben Realschulen, Gewerbeschulen bis in die kleinen Städte hinab zu, aber für den Bauernstand verlangen wir außer dem Religionsunterricht des Pfarrers nur Lesen, Schreiben und Rechnen in der einfachen Weise, wie diese Dinge schon gelehrt wurden, ehe es Schullehrerseminare gab. Die Seminare sind erst im laufenden Jahrhundert entstanden, als ein Ausfluß der Pestalozzi-Schwärmerei. Sie beruhen auf der durchaus falschen philosophischen Voraussetzung, das gemeine Volk könne und müsse zum Humanitätsideal erzogen werden. Die in den Seminaren gebildeten Herrn Volkslehrer wurden dem Landvolk oktroyirt, aufgezwungen und sind eine Unnatur, eine Ueberflüssigkeit geblieben bis auf diesen Tag. Sie können sich in die bescheidene Stellung des alten Dorfschulmeisters, in die geringe Besoldung, in das ihnen verächtlich scheinende Nebenamt, das dem alten Dorfschulmeister seine Existenz sicherte, in die Gemeinschaft mit den Bauern selbst nicht mehr finden, weil sie in den Seminaren zu den Ansprüchen höherer Bildung erzogen worden sind. Sie sind nicht mehr Bauern, sondern Herren. Sie machen die Ansprüche gebildeter Beamten, sie beneiden den Pfarrer und glauben ihn, wenn sie Diesterwegsche Weisheit eingesogen haben, zu übersehen. Da ihre äußere, namentlich ihre ökonomische Stellung ihren hohen Ansprüchen nicht genügt, befinden sie sich in einer immerwährenden Agitation, verlangen vom Staat immer mehr Rechte, immer höhere Besoldungen und werfen sich, wenn die Zeitumstände es erlauben, in die politische Opposition. Der Staat hat sich bereits die Frage gestellt, ob die Befriedigung ihrer Wünsche und Forderungen im Verhältniß stehe zu dem, was von ihnen gefordert wird? Der Staat hat sich endlich besonnen, es sey gar nicht nöthig, so viel von ihnen zu fordern, als wozu sie in den Seminaren abgerichtet worden sind, es genüge für die Dorfschule auch ein viel geringeres Maaß von Lehrstoff und Methodik, als deren sie sich rühmen, und wenn man weniger von ihnen fordere, so hätten auch sie ihre Forderungen herunterzustimmen. Aber die aus diesen Gründen in einigen deutschen Staaten verfügten Einschränkungen im Seminarunterricht sind bis jetzt nur als eine Halbheit anzusehen. So lange die Seminare selbst nicht aufgehoben werden, ist es absolut unmöglich, hier den Corporations- und Oppositionsgeist, den Standesanspruch und die Standeshoffahrt auszurotten. Trotz aller Verordnungen wird auf den Seminaren doch der falsche Idealismus, die trügerische Hoffnung eines in unnatürlicher Stellung befindlichen Standes genährt werden. Der Seminarist kann mit Recht zum Staate sagen: Entweder vollende meine Bildung, laß mich satt werden an der Wissenschaft, von der du mich einmal hast kosten lassen, und laß mich dann auch satt werden an der Besoldung, oder — hebe die Seminarien überhaupt auf und nöthige mich dadurch, einen andern Lebensberuf zu ergreifen, bei dem ich bestehen kann, der mich nicht zur ewigen Tantalusqual verdammt.

Es wurde sogar schon vorgeschlagen, die Schullehrerseminare zum Range von Universitäten zu erheben, aber was sollte man auf den Dörfern mit den gelehrten Herren anfangen, von denen jeder an Gelehrsamkeit einem Universitätsprofessor würde gleichgestellt seyn wollen. Diesterweg selbst verlangte, in jeder Dorfschule solle sich eine Bibliothek, eine Landkartensammlung, eine Sammlung naturgeschichtlicher Abbildungen, eine mineralogische Sammlung, ein Herbarium, ein physikalisches Kabinet mit Instrumenten, ein chemisches Laboratorium und eine Sternwarte befinden. Woher das Geld nehmen? und was sollen die Bauerkinder mit all dem Wissen anfangen?

Schon der treffliche Riehl in München hat darauf aufmerksam gemacht, wie unrecht und unweise der Staat handelt, der die jungen Seminaristen lehren läßt, was sie auf dem Dorfe gar nicht brauchen, ihnen die Anmaßung von Professoren und Akademikern einflößen läßt und ihnen doch keinen entsprechenden Wirkungskreis, noch eine entsprechende Besoldung gewähren kann. Es wird somit nur ein neues Proletariat geschaffen, welches Riehl sehr glücklich mit dem literarischen vergleicht, welches bei allgemeiner, aber nur oberflächlicher Bildung übertriebene Ansprüche an die Mitwelt macht, sie nicht befriedigt sieht und daher agitiren und revolutioniren hilft. Riehl zweifelt, ob das Unkraut je wieder zu vertilgen seyn wird. „Man wird", sagt er, „gar lange wieder schulmeistern müssen, bis die ätzenden, auflösenbenden Einflüsse, welche durch das Lehrerproletariat unter das Bauernvolk gebracht wurden, völlig hinweg geschulmeistert sind, oder richtiger, man wird das jetzt niemals mehr fertig bringen."

Was für ein Unsinn es ist, allgemeine und zwar vollkommenste Bildung für alle zu verlangen, wie es Strube und Diesterweg verlangt haben, muß jedermann begreifen, wenn man sich als möglich denkt, jener pädagogische Traum könnte jemals verwirklicht werden. Gesetzt, es gelänge und jedes Kind könnte in alle Wissenschaften und Künste eingeführt werden, welches schreckliche Verhängniß, wenn wirklich alle talentvoll wären, und wenn es vor lauter großen und hochgebildeten Geistern keinen mehr gäbe, der den Acker bestellen, Stiefeln machen und putzen wollte! Welche Thorheit aber, eine solche Befähigung vorauszusetzen und die ganze

Erziehung darnach einzurichten; da doch nichts gewisser ist als die Thatsache, daß nach Gottes weiser Veranstaltung, so lange die Welt steht, die geistigen Fähigkeiten und Neigungen in gleichem Verhältniß stehen mit der den Menschen zu ihrer eigenen Erhaltung auferlegten und unumgänglichen Arbeit. An diesem Verhältniß wird die Pädagogik mit all' ihrer schwärmerischen Begeisterung und die Demokratie mit ihren Gleichheitsdekreten nicht das Mindeste ändern, denn es ist ein ewiges Naturgesetz. So gewiß die Mehrheit der Menschen erforderlich ist, um nur die materiellen Stoffe herbeizuschaffen, die zur Wohnung, Nahrung und Kleidung nöthig sind, so gewiß wird dieselbe Mehrheit auch immer mehr materielle als geistige Bedürfnisse und Neigungen haben und ihr irdisches Glück ganz wo anders suchen, als in geistigen Errungenschaften der Schulbildung. Da dem nun unumstößlich so ist, kann es auch die Aufgabe derer, durch deren Weisheit Staat, Kirche und Gesellschaft gelenkt wird, immer nur seyn und bleiben, durch Pflege wie des Nationalwohlstands, so des Glaubens, der Zucht und Sitte und der bewährten Nationaltugenden die physischen und moralischen Eigenschaften des Volks in Anspruch zu nehmen, nicht aber einseitig und vorherrschend die Intelligenz ausbilden zu wollen.

12.
Vom Weltschmerz.

Der sog. Weltschmerz, an welchem so viele Denker und Dichter der Neuzeit leiden, wurzelt im Unglauben, wenn der Mensch die Unmöglichkeit des Aids toi, der Selbsterlösung eingesehen hat, und sich doch in keiner Weise vor Gott demüthigen will. Man muß freilich unterscheiden.

Viele armselige Leute kokettiren heutzutage nur mit dem Weltschmerz, wie gewisse Damen mit ihrer Bläsie. Es gibt aber auch aufrichtige Melancholiker, die der Menschheit ganzer Jammer anfaßt, weil sie zu trotzig sind, um sich Gott anzuvertrauen und auf Gott zu hoffen.

Trotz ist ein Hauptmotiv des Weltschmerzes und wenn auch eine Sünde, doch eine sog. noble. Am besten lernt man sie kennen aus dem Manfred des Lord Byron. Hier blitzt etwas von der Entrüstung des Prometheus durch, zu diesem aber verhielt sich doch Zeus ganz anders, wie der Gott der Christen zu Lord Byron. Es ziemt sich nicht mehr, als gebildeter Geist, der die Menschen kennt und der im Lichte der christlichen Offenbarung geboren ist, dem Vater aufzubürden, was nur Schuld gottloser Söhne ist, und eine Weltordnung unvernünftig zu finden, in welcher gar keine Unvernunft ist mit Ausnahme derjenigen, welche die Menschen erst hinein getragen haben. Wer mit Gott grollt, vergißt, daß der Sohn dem Vater niemals grollen soll, vergißt seine eigene höhere Würde in der des Vaters und gesellt sich, wenn er noch so stolz und nobel sich geberdet, doch zu den Feinden Gottes auf jener unreinen Schattenseite, welche die Heimat alles geistig Ungeheuerlichen und Ungezieferlichen ist.

Das zweite Motiv des Weltschmerzes wurzelt im einfachen Haß gegen Gott. Dieser Haß ist am besten charakterisirt in der bekannten Sage vom ewigen Juden. Es ist der Haß der Ohnmacht und ein so gutmüthiger Zug liegt im menschlichen Gemüthe, daß man geneigt wird, um der Ohnmacht willen dem Hasse zu verzeihen. Es ist ein tief poetischer Gedanke, den Judenhaß gegen den wahren Messias grade auf diese Art zu bestrafen. Wie süß, welche freundliche Gewöhnung auch das Leben ist, wie ungern die meisten Menschen sterben, so läßt sich doch keine schrecklichere Qual denken, als wider Willen immerfort leben müssen. Darin sollte für jeden sterbenden Christen eine große Beruhigung liegen, und wenn wir nicht irren, war in früheren Zeiten gläubiger Einfalt und frommer Hingebung in den Willen Gottes den Leuten das Sterben auch leichter als jetzt, wo sie so selten mehr an ihre Bestimmung für das Jenseits denken und ganz ins Diesseits verliebt sind.

Es ist uns nur ein einziger Philosoph vorgekommen, der die seltsame Meinung hat, die gegenwärtige Schöpfung sey die einzige von ewig her und werde ewig fortdauern. Das ist Doctor Czolbe (Neue Darstellung des Sensualismus 1855). Jeder andere würde wohl vor dem gräßlichen Einerlei dieser ewigen Fortdauer der Erde und ihrer Bewohner erschrecken, denn die Bedingung ihrer Fortdauer könnte nur ein langweiliges, eigentlich gräßliches Einerlei werden, weil sie sonst einander nothwendig umbringen würden. Aber niemand außer der genannte Doctor, denkt an ein so langes Einerlei der Zukunft. Die Weltgeschichte bewegt sich in Revolutionen, großen Wechseln; Staaten und Völker kommen und verschwinden; alles hat Eile, die Tendenz zum Ende hin. Jeder einzelne Mensch stirbt und alle werden sterben. Keiner wird übrig bleiben, die Erde selber muß ein Ende nehmen, denn sie hat einen Anfang gehabt.

Der Weltschmerz in den gebildeten Classen der Neuzeit hat gewöhnlich nur einen persönlichen Grund. Der Heißhunger des bösen, unsittlichen Triebes kann nicht befriedigt werden, obgleich er immer neu gereizt wird. Das charakterisirt vornehmlich die sentimentale Donjuanerie so vieler unserer modernen Dichter. Eine Geliebte ist ihnen nicht genug, sie wollen das ganze schöne Geschlecht zu ihrer Disposition haben und es fehlt ihnen doch alles, um der indische Gott Krischna seyn zu können. Oder sie haben ihr Herz verzärtelt und können nicht begreifen, warum dieses kostbare Herz nicht in einer Monstranz von aller Welt angebetet wird. Anstatt nun einzig sich selber anzuklagen, klagen sie Gott und die Welt an und halten sich zu gut für diese Welt. Daß sie nicht alle ihre unsittlichen, oft sogar unnatürlichen Begierden stillen können, oder zu entnervt sind, um sie noch stillen zu können, erfüllt sie mit einer Melancholie, mit der sie dann so viel als möglich in schönen Versen kokettiren. In Deutschland hat zuerst Göthes Werther diese moralischen Schwächlinge in die Mode gebracht, nicht um vor ihnen zu warnen, sondern um sie zu canonisiren, wie denn Göthe überhaupt in seinen so überschwenglich gepriesenen Dichtungen dem deutschen Volk eine Menge süße Gifte gemischt hat.

Einen echten Weltschmerz empfand der Heiland selbst, als er über Jerusalem weinte. Wen sollte nicht heute noch diese Wehmuth erfüllen, wenn er sieht, was die Menschen treiben. Wer muß nicht zuweilen mit dem Dichter ausrufen: „Der Menschheit ganzer Jammer faßt mich an."

Diese verdienen dieses Mitleid und würden es sehr übelnehmen, wenn man es ihnen sagte. Das sind die Koriphäen des Zeitbewußtseyns, die eitlen Ruhmes sich erfreuen, und die überstolzen Reichen.

Hier sey noch einer seltsamen Hypothese Swedenborgs gedacht. Dieser nordische Seher wollte nämlich wissen, der freie Wille des Menschen sey so unbedingt, daß er auch jenseits nicht eingeschränkt werden könne. Wer sterbe, dem stehe die andere Welt offen und er könne hingehen, wohin er wolle. Niemand hindere den Sünder, in den Himmel einzugehen; aber er bleibe von selber nicht dort, es gefalle ihm im Himmel nicht, es gehe ihm da viel zu fein und nobel zu. Wie ein grober und besoffener Bauer, der in eine vornehme Gesellschaft von Herrn und Damen gerathe, fühle er sich genirt und geärgert und mache, daß er wieder fortkomme. Dann suche er die schlechte Gesellschaft wieder auf, in der er sich auf Erden am wohlsten befunden habe und bleibe ewig ein gemeiner Geselle. Das wäre allerdings, wenn Swedenborg recht hätte, noch ärger als die qualvollste Hölle. Aber Swedenborg hat nicht recht, denn seine Hypothese würde das göttliche Gericht ganz ausschließen. Man dämmert nicht in der Sünde fort, sondern man muß dem Richter stehen, und keinem Sünder bleibt erspart, dessen schreckliches Auge auf sich gerichtet sehen zu müssen.

13.

Von der sogenannten Mündigkeit des Volkes.

Die moderne Wissenschaft, die liberale Presse, die Grundrechte, die nacheinander von so vielen Parlamenten proclamirt worden sind, kurz die vorragenden Organe des Zeitgeists, haben das Volk für mündig erklärt. Nicht nur wird dem Volk im Allgemeinen der wichtigste Antheil an der Gesetzgebung durch seine Vertreter zuerkannt, sondern die Gesetze gewähren auch jedem einzelnen Bürger jede im öffentlichen Leben nur denkbare Freiheit und lassen ihm das Recht offen zu allen möglichen Carrieren. Du bist, heißt es, nicht nur Wähler, sondern auch wählbar; du kannst Mitglied des Abgeordnetenhauses, du kannst sogar Präsident der Republik werden; es steht dir frei, zu werden, was du willst, namentlich auch ein Millionär. Aber, heißt es weiter: brauche diese deine Rechte, hilf dir damit fort, du selbst, und wenn du nicht fortkommst, so ist es deine Schuld.

Die Voraussetzung ist, der Staat habe keine andere Pflicht, als jeden gewähren zu lassen. Er nimmt ihn als Steuerpflichtigen und als Rekruten in Anspruch; im Uebrigen aber läßt er ihn gehen und erlaubt ihm, sein Glück zu machen, wie er immer will. Ganz ebenso, wie die pädagogischen Schwärmer, statuirt auch der Staat eine allgemeine Gleichheit der Fähigkeiten und nimmt keine Rücksicht auf deren Mangel. Wer sich gegen die Staatsordnung vergeht, wird eingesperrt. Wer nicht arbeiten kann, wird ins Armenhaus oder Spital geschickt. Wie aber das Verbrechen vermieden, dem Elend vorgebeugt werden kann, darum kümmert sich der moderne Staat nicht. Die Verfassung legt ihm eine rechtliche Pflicht auf, aber keine moralische, und so meint er, gehen ihn auch nur die Rechtsverhältnisse der Staatsbürger, aber nicht die sittlichen an.

Der christliche wie auch der vorchristliche Staat, der sog. patriarchalische, setzte im Gegentheil voraus, die Mehrheit der Individuen sey unfähig, daher unmündig und dieser könne man nicht mit Gewährung von Rechten dienen, von denen sie keinen Gebrauch zu machen wisse, sondern man müsse sich ihrer erbarmen, wie sich der Vater eines hilflosen oder kranken Kindes erbarmt. Zudem wurde vorausgesetzt, der Staatshaushalt müsse dem der Familie entsprechen, mit väterlicher Zucht auf der einen, und kindlicher Pietät auf der andern Seite, so daß es sich nicht bloß um befehlen und gehorchen, sondern auch um Freiwilligkeit, um ein gegenseitiges Benehmen nach sittlichen Gesetzen, sittlichem Gefühl und Herkommen handeln müsse. Nach diesem Prinzip waren schon die heidnischen Priesterstaaten organisirt, sorgte die Kasteneintheilung im alten Aegypten und in Indien für die Familien und Individuen, indem sie sie einer Genossenschaft zutheilte. Man hat in neuerer Zeit solche Kasten, Genossenschaften und Corporationen leidenschaftlich angeklagt und verworfen, aber sie hatten doch das Gute, daß sich die Genossenschaft um ihre Mitglieder bekümmerte, für sie sorgte, ihnen ihre Existenz sicherte, während jetzt jeder Einzelne zwar Mißlied der großen Staatsgesellschaft ist, niemand aber für ihn sorgt, niemand sich um ihn bekümmert, wenn er unfähig ist, sich selber fort zu helfen.

In den früheren Zeiten, ehe der moderne Staat sich ausbildete, war für die Massen ungleich besser gesorgt. Sie hatten eine liebende und reiche Mutter an der Kirche und sie waren in ständischen Gliederungen und Corporationen auf eine so natürliche und zweckmäßige Weise vertheilt, daß jede Familie durch die andern innerhalb einer Corporation gehalten und getragen wurde. Jeder Standesgenosse mußte gewisse Pflichten üben, genoß aber dafür auch Rechte, die ihm unmittelbar in seinem Privatleben und in seiner Oekonomie zu statten kamen. Wenn er erkrankte oder unverschuldet verarmte, so halfen ihm die Standesgenossen. Für die verhältnißmäßig geringe Zahl Verstoßener, Heimatloser und Fremder sorgte die Kirche. Man ging überhaupt wie im Mittelalter, so auch schon im heidnischen Alterthum von der Voraussetzung aus, die ungeheure Mehrheit der Menschen sey der Leitung und Hülfe bedürftig; wenn man jeden sich selbst, seiner freien Selbstbestimmung überlassen wolle, so würde die große Mehrheit keinen, oder nur einen schlechten Gebrauch davon zu machen wissen. Die immer überwiegende Zahl der Einfältigen und Schwachen würde von einer

Minderheit von arglistigen oder gewaltthätigen Menschen mißbraucht werden. Schon im grauen Alterthum bezweckte also die Weisheit der Gesetzgeber eine väterliche Sorge für die Massen, eine richtige Bertheilung der Arbeit, Sicherung der ökonomischen Existenz, damit auch die minder Befähigten, deren immer die Mehrheit ist, wenigstens nicht Noth litten, endlich Schutz der Einfältigen und Schwachen gegen Verführung und Gewalt.

Der moderne Staat geht von der grade entgegengesetzten Ansicht aus. Unterscheiden wir auch den despotischen Staat, der die Unterthanen nur als Mittel für seine Zwecke braucht und sich um das Wohl der einzelnen Familien und Individuen nicht bekümmert, von dem demokratischen Staate, dessen Ideal man jetzt zu verwirklichen strebt, so geht doch auch der letztere von der Voraussetzung aus, er habe für die einzelnen Familien und Personen nicht zu sorgen, sondern Jeder möge für sich selbst sorgen. Er gewährt dem Individuum die volle und ganze Freiheit der Selbstbestimmung. Er glaubt dadurch nicht bloß einem Jeglichen sein angebornes Menschenrecht zu wahren, sondern er rühmt sich auch, gerecht zu seyn, indem er bei freier Concurrenz den belohnt, der es andern voraus thut, und durch den allgemeinen Wetteifer alle Kräfte anzuspannen und die Intelligenz im Volke zu vermehren. Allein der Erfolg hat überall bewiesen, daß die Voraussetzung nicht richtig ist. Auf einer Seite häuft sich ungeheurer Reichthum bei Wenigen an, auf der andern Seite greift die Armuth in den Massen immer mehr um sich. Die überwiegende Mehrheit der Menschen wird von der Speculation Weniger ausgebeutet, das kleine Kapital durch das große erdrückt. Bei allem guten Willen und Fleiß können Tausende nur kümmerlich das Leben fristen, weil sie ausschließlich abhängig sind von habgierigen Kapitalisten und Arbeitgebern, die sich von ihrem Schweiße mästen. Die Arbeit dieser Tausende kommt ihnen selbst nicht zu gute, aber auch nicht einmal der Gemeinde und nur in geringem Maaße dem Staate. Denn Gemeinde und Staat würden mehr dabei gewinnen, wenn die zahlreichen Arbeiterfamilien, wie die ehemals in Innungen gegliederten kleinen Handwerker, zufriedne, haushäbliche, ehrbare Familien von mäßigem Wohlstande wären, gesunde, kräftige und conservative Corporationen, nicht wie jetzt verhungertes Proletariat. — Der Vollbesitz der bürgerlichen Freiheit, die Gewährleistung des unbedingten Fortschritts, das Recht der Selbstbestimmung, die freie Wahl des Berufs, die Gewerbefreiheit und alle ähnliche große Errungenschaften der Neuzeit nützen dem Armen nichts und sind ihm nicht so viel werth als ein Stück Brod. Die große Mehrheit der mittelmäßigen und geringen Talente, der Einfältigen und Schwachen und derer, die schon von Haus aus arm sind, würde diese ihre unnütze und nur verderbliche Freiheit gern dahin geben, wenn sie nur wieder den Schutz eines patriarchalischen Regierungssystems, der Kirche und ständischer Corporationen finden könnte.

Die Natur der Menschen ändert sich nicht und die demokratische Voraussetzung von der gleichen Befähigung der Menschen ist eine irrthümliche, wird daher im Verlauf der Zeiten nicht Stich halten. Wenn es keiner Regierung und keiner Kirche mehr möglich seyn sollte, väterliche und mütterliche Pflichten gegen die Völker auszuüben, weil sich die Völker haben überreden lassen, sie seyen ihrer ganzen Masse nach mündig, so werden doch die bedrängten Familien im

Inſtinct der Selbſterhaltung die zerſtörten Corporationen in neuen Aſſociationen wieder herzuſtellen und ſich durch gegenſeitigen Beiſtand vor dem Untergange zu ſchützen ſuchen.

Schon in den älteſten Zeiten forderte man vom Geſetzgeber und vom Regierer väterliches Wohlwollen und Weisheit, daher reifes Alter, reife Erfahrung. In dieſem Sinn ehrte man weiſe Geſetzgeber oder Religionsſtifter und die prieſterlichen oder ariſtokratiſchen Körperſchaften, welche die Fortdauer ſeiner Inſtitutionen überwachten. Das war doch jedenfalls vernünftiger, als wenn heutzutage durch demokratiſche Wühlerei junge, unerfahrene, von einer ſchwindelhaften Theorie eingenommene oder dem Commando ihrer politiſchen Leithämmel blind unterthänige Mitglieder in die geſetzgebenden Körper gewählt werden und durch Mehrheitsbeſchlüſſe unſinnige Geſetze ſchaffen, die dem Volk zum Schaden gereichen, oder wenn ein Deſpot wie Joſeph II. wohlmeinend, aber ohne alle Menſchenkenntniß und Erfahrung, das Volk, deſſen wahre Bedürfniſſe er gar nicht kennt, mit Gewalt glücklich machen will.

Der Zeitgeiſt verlangt jetzt, die Regierung und Geſetzgebung ſolle ſich nur auf gewiſſe Punkte beſchränken und in allen andern den Individuen volle Freiheit laſſen. Nach dem Grundſatz volenti non fit injuria iſt es Jedermann erlaubt, ſich von Spekulanten betrügen, zu unſinnigen Ausgaben verführen, mit ſchlechten Fabrikaten und Surrogaten täuſchen zu laſſen, und folgerichtig iſt es auch dem Spekulanten erlaubt zu verführen, zu betrügen, zu täuſchen. Das iſt ja eben die Freiheit. Wie könnte es auch eine Freiheit geben, wenn die Polizei mich hindern wollte, ſo lange im Wirthshaus zu ſitzen, zu trinken, zu ſchreien, allen meinen

Verdienst zu verlüdern und dazu noch Schulden zu machen, wenn es mir beliebt? Das ist meine Sache, die Freiheit muß ich haben. Werde ich wegen Schulden eingeklagt und muß sitzen, so ist das wieder meine Sache und geht Niemand etwas an. Wenn ich durch Lüderlichkeit meine Gesundheit ruiniren will, so ist das meine Sache, die Freiheit muß ich haben. Wenn eine Magd putzsüchtig ist, Sonntags in Seide und Schmuck einhergehen will, jede neue Mode gleich mitmacht, darf sie Niemand daran hindern. Reicht ihr Lohn nicht aus, so bestiehlt sie die Herrschaft oder gibt sich der Prostitution hin. Das geht Niemand etwas an, die Freiheit muß sie haben. Wo wäre denn sonst Freiheit in der Welt? Wird sie als Diebin erlappt und muß sitzen, das ist ihre Sache. Nur Freiheit!

Sind aber solche Unglückliche, die einen solchen Gebrauch von ihrer Freiheit machen, nicht als unmündig zu betrachten? und waren die alten Gesetzgeber nicht berechtigt, ja verpflichtet, Luxusverbote, vorzüglich für die ärmere und dienende Classe ergehen zu lassen? War es nicht weise, die Unmündigen selber zu schützen vor den unausbleiblichen schlimmen Folgen ihrer Thorheit? Wurde dadurch wirklich ein reelles Menschenrecht gekränkt? ein freiheitstolzes Volk erniedrigt? Waren die Bürger der vormaligen deutschen Reichsstädte, auf ihre Freiheit und ihre Macht stolz zu seyn dadurch weniger berechtigt, daß sie streng auf Zucht und Sitte hielten und dem Handwerksgesellen, der Magd, der Meisterin, dem Meister selbst nicht gestatteten, sich in Sammt und Seide, Gold und Perlen zu kleiden und jede kostspielige Modenarrheit mitzumachen? Strenge Sitten und Luxusgesetze sind jedem Staat angemessen. Sie sind die gesunde Diät der Staaten, was die freien und stolzen Spartaner so gut anerkannten, wie die alten Aegypter. Die Rücksicht, welche der Staat, die Regierung, die Gesetzgebung, sey sie eine priesterliche oder monarchische oder republikanische, unter allen Umständen und zu allen Zeiten denen schuldig ist, die sie regiert, ist genau die nämliche, die der Hausvater seiner Familie und seinen Hausgenossen schuldet. Wie der Bestand des Hauses und der Familie in Frage gestellt ist, wenn dem einzelnen Gliede derselben volle Freiheit und der volle Mißbrauch derselben gestattet ist, so kann auch das größere Gemeinwesen und der Staat nicht fortbestehen, wenn die Freiheit, die er jedem seiner Angehörigen gewährt, nicht mehr von der Vernunft überwacht ist. Der Luxus führt unausbleiblich zu schlechter Oekonomie, zu Lüderlichkeit, Untreue, Eingreifen in die Rechte Anderer und steckt an, verbreitet die Corruption in der Gesellschaft, ist also als eine Staatskrankheit zu betrachten, und fordert die Staatsgewalt auf, die Pflichten des Arztes zu übernehmen. Wie der Körper nicht dazu da ist, daß in ihm jeder Parasit, jeder Eingeweidewurm, jede Krätzmilbe ihre volle Freiheit genieße, so ist auch die Gesellschaft nicht dazu da, um der Tummelplatz zu seyn, in welchem jedes beliebige Individuum unbeschränkte Freiheit genießen soll, seine Tollheit auszutoben.

14.
Von der modernen Rechtsquelle.

Göttliches und menschliches Recht fließen aus einer Quelle und werden ewig daraus fließen. Aber nur in der Idee. In der Wirklichkeit haben die Menschen diesen Urquell verlassen. Nach der ewigen Idee des Rechts ist es ein Gebot Gottes, daher auch vernünftig und den Menschen zu ihrem Heil gesetzt und wenn auch göttliches und menschliches Gebot unterschieden wird, so kann doch das erstere dem letzteren niemals widersprechen.

Am richtigsten wurde die ewige Rechtsquelle im christlich-germanischen Mittelalter erkannt. Das Ideal des Rechts ist von den Menschen noch niemals in einem reineren Spiegel aufgefaßt worden als in der Theokratie des Mittelalters. Sie leitete alles Recht von Gott ab, welcher mit der Ausübung desselben zwei irdische Träger belehnte, mit der Uebung des geistlichen Rechts den Papst, mit der des weltlichen Rechts den Kaiser. Weder Papst noch Kaiser waren sui juris, sondern jeder nur der Beauftragte, der Lehensträger Gottes und richtete im Namen Gottes nach den in der heil. Schrift enthaltenen Geboten Gottes. Bei dieser Rechtsübung war der Papst controlirt durch das Concilium, der Kaiser durch den Reichstag. In dem weiten Umfange der Kirche und des Reichs wurden wieder für die einzelnen Provinzen vom Papste die Erzbischöfe und Bischöfe, vom Kaiser die Herzöge und Grafen mit der Rechtsübung belehnt. Alles im Namen Gottes, gemäß den Geboten Gottes, zu Ehren Gottes.

Im Verlauf der Zeiten wurde zuerst das Ansehen des Kaisers bestritten. An den Grenzen des Reichs entstanden kleinere Reiche, deren Könige sich vom Kaiser unabhängig erhielten oder machten. Als nun schwache Kaiser regierten, trachteten auch Herzöge und Grafen des Reichs selber, sich vom Kaiser mehr und mehr unabhängig zu machen, und wurden darin von den Nachbarkönigen, selber auch vom Papst unterstützt. Denn einige Päpste maaßten sich an, um Einheit in die Oberleitung aller irdischen Dinge zu bringen, wenn auch nicht das Kaiserthum mit dem Papstthum zu vereinigen, doch den Kaiser nicht mehr als ihnen neben-

geordneten Lehnsträger Gottes, sondern nur noch als einen
ihnen untergeordneten Lehnsträger des Papstes gelten lassen
zu wollen. Dieser häßliche Kampf endete mit der Nieder-
lage nicht nur der kaiserlichen, sondern nachher auch der
päpstlichen Gewalt. Denn kaum hatten die deutschen Reichsfürsten mit Hülfe der Nachbarkönige und des Papstes das
kaiserliche Ansehen geschwächt, als sie auch schon wieder mit
Hülfe der Nachbarkönige das päpstliche Ansehen schwächten,
so daß es wie das kaiserliche zwar dem Namen nach fortbestand, aber die Fürsten nicht mehr hindern konnte, nach
Willkür zu verfahren. Die französischen Könige gingen dabei den deutschen Reichsfürsten mit ihrem Beispiel voran.

Obgleich sich nun sämmtliche Könige und Fürsten immer
noch von Gottes Gnaden nannten, war das nur noch
eine leere Formel. Sie regierten nach eigner Willkür. Sie
selbst machten ihren Willen zur einzigen Rechtsquelle. Sie
waren schon oder wurden erst souverain, nicht mehr Lehnsträger, sondern vollkommen selbstständige Herrn, durch nichts
mehr legitimirt als durch den Besitz der Krone.

Die einzige Schranke, die sie noch nicht wegräumen
konnten, war die Controle der Landstände, die auf altem
Herkommen beruhte. Diese Stände waren nicht Volksvertreter im heutigen Sinn, sondern eine erbliche Aristokratie
von Lehnsträgern, welche unmittelbar unter dem Landes-
herrn die ersten Erbämter verwalteten und den größten Landbesitz inne hatten. Zu ihnen gesellten sich auch die geistlichen Lehnsträger, Bischöfe und Aebte und Vertreter der
angesehensten Städte. Es waren also Notabeln, die Großen
des Reichs, eine Aristokratie von Virilstimmen, nicht aus
periodischen Volkswahlen hervorgegangen. Inzwischen machte
sich doch auch schon in ihnen eine Macht geltend, die von

unten herkam und sich gegen den Druck von oben stemmte, und das konnte nicht ausbleiben, weil die Leiter der Belehnungen von oben her bereits unter der obersten Sprosse abgebrochen war. Die Theokratie bestand nicht mehr, der Glaube an sie war aufgegeben, die Gottes-Gnadenformel deckte die Lücke nicht mehr zu. Man wußte, daß man es nur noch mit der Willkür eines weltlichen Fürsten zu thun hatte, der in seiner Krone allein die Quelle des Rechts erkannte. Von diesem Augenblick an waren auch die bisher Untergebenen nicht mehr verpflichtet, alles, was ihnen von oben her geboten würde, als Gottesgebot anzusehen, und schränkten durch ihren Beirath oder Widerstand die souveraine Willkür ein.

Nach langem Kampf und Wechsel befestigten sich die Parlamente und gewannen nicht selten die Oberhand über den Souverain. Zuletzt suchte man die Ausgleichung in den drei Factoren (dem monarchischen, aristokratischen und demokratischen) der constitutionellen Monarchie und hatte nunmehr dreierlei Rechtsquellen, aus denen das legislatorische Wasser zusammengeschüttet wurde. Daher die zwei und dreifarbigen oder schillernden Gesetze der Neuzeit und deren unaufhörliche Abänderungen. Das Recht schwankt um so mehr, als nicht nur der dritte Factor der Gesetzgebung aus periodischen Wahlen hervorgeht, auf die der wechselnde Wind des Tages, der zufälligen Zeitumstände und der sog. öffentlichen Meinung beständig einwirkt, sondern auch der erste Factor sich nach den Umständen richten muß. Alles Recht geht daher nur aus einem zufälligen Compromiß der drei Factoren unter dem jedesmaligen Druck der Umstände, Leidenschaften und Meinungen hervor und hängt namentlich oft nur von zufälligen Majoritäten ab, weil der dritte

Factor, von der Preſſe und hinter ihm ſtehenden Parteien im Volk unterſtützt, von den beiden erſten Factoren berückſichtigt werden muß.

Dieſe zufälligen Majoritäten bilden als Rechtsquelle der Neuzeit den grellſten Gegenſatz gegen das göttliche Geſetz, gegen die einzige und ewige Rechtsquelle der chriſtlichen Vorzeit, denn ſie ſind lediglich der Ausdruck einer vorüberfliegenden Wolkenjagd, in der alles nur Wind und Nebel iſt und was man heute fixirt zu haben glaubt, morgen wieder weggeweht oder ganz anders geſtaltet wird. Es iſt ein unaufhörliches Herumbalgen der Parteien, die ſich wie Schlangen oder Rauchringe einer Locomotive ineinander ſchlingen, eine die andere verdrängend und immer ſchwärzer von unten emporſtoßend. Denn die ganze Geſchichte der Parlamente hat bewieſen, daß wenn das Recht von unten her aus Wahlen entſpringen ſoll, es immer mehr ſich verunreinigt und verdunkelt. In allen Revolutionen nahm der Widerſtand der Volksvertreter gegen die verſchuldete Krone regelmäßig denſelben Verlauf. Die erſten Volksführer waren rechtſchaffene Conſtitutionelle, welche das von der Krone begangene Unrecht beſeitigen und das Recht herſtellen wollten. Bald aber wurden ſie verdrängt von Fanatikern oder Ehrgeizigen, welche den erſten und zweiten Factor aus dem Staat hinauswarfen und mit dem dritten allein eine Republik gründeten. Aber auch dieſe wurden wieder verdrängt durch den roheſten und ſchmutzigſten Pöbel, der den Staat in ſolche Anarchie ſtürzte, daß nur noch ein glücklicher General mit unerbittlicher Säbelherrſchaft dem Greuel des verthierten Pöbels ein Ende machen konnte.

Das Volk bleibt ſich in bewegten Zeiten niemals gleich. In ruhigen Zeiten wird es durch den gebildeten und wohlhabenden Mittelstand repräsentirt, der auf Anstand hält, gemäßigt denkt, sich vor allem seines ruhigen Besitzes erfreut und durch seine Wahlen honette Männer ins Parlament bringt. Wie aber die Zeiten unruhig werden, sucht Parteileidenschaft die Wahlen zu beherrschen. Man schüchtert die gemäßigten Bürger ein oder erringt den niedern Classen Wahlrechte, welche sie früher noch nicht besaßen, und bringt dadurch Männer ins Parlament, die statt mit Licht nur mit Feuer umgehen. Die Wahlumtriebe sind ein beschämendes Zeugniß für fast alle Völker. Sie beweisen nämlich, wie leicht es den schlechtesten Charakteren und mittelmäßigen Intelligenzen wird, durch bloße Frechheit sich zu Leithämmeln des Pöbels aufzuwerfen und die conservativen Bürger in Angst zu jagen und zu terrorisiren.

Es braucht dazu nicht einmal einer Revolution, wir erleben es auch schon in gewöhnlichen Zeiten, seitdem das Sichwählenlassen und politische Kraketen Modesache und Erwerbsquelle geworden ist. Daher auch in friedlichen Zeiten immer neue Abänderungen der Gesetze im revolutionären Sinne, Erniedrigungen dessen, was hoch, und Hinaufschrauben dessen, was niedrig bleiben sollte. Beeinträchtigung des Adels und Klerus, der bürgerlichen Genossenschaften, des conservativen Bauernstandes zu Gunsten der nomadisirenden und vagabundirenden Volkselemente. Verkümmerung des Gewinns von solider Arbeit durch Begünstigung des kaufmännischen und industriellen Schwindels, des Raubbaues und raschesten Besitzwechsels, des Güterschachers, der Speculation mit fremder Arbeit, das Exploitiren fleißiger Christen durch abgefeimte Juden. Dazu die systematische Zurücksetzung der Altbürger gegen die Eindringlinge, der Dienstherrn gegen die Dienstboten, der Lehrer gegen die Schüler, sogar der Eltern gegen die Kinder. Von einer natur- und sittenwidrigen Emancipation der Weiber war in früheren Zeiten niemals die Rede; jetzt kommt sie wiederholt an die Tagesordnung.

Die moderne Rechtstheorie hat der ganzen alten Gesellschaft, wie sie unter der Herrschaft des christlich-germanischen Prinzipes bestanden hat, den Krieg erklärt, nicht nur im öffentlichen, sondern auch im Privatleben. Wie sie die Gliederung des Volks in natürliche Stände bereits nicht mehr duldet, so will sie auch noch die Gliederung der Familie, die natürlichste von der Welt, auseinanderreißen. Daher die Civilehe, die leichte Ehescheidung, die immer größer werdende Toleranz gegen den Concubinat, die Angriffe der Communisten gegen die Ehe überhaupt, das Trachten nach Emancipation des Fleisches. Noch ist der Abfall vom christlich-germanischen Prinzipe nicht so weit gediehen, daß diese Bestrebungen, die Familie aufzulösen, schon hätten durchdringen können, aber der Anfang dazu ist gemacht und wenn die moderne Rechtstheorie, die dem Individuum absolute Freiheit vindicirt, wie bisher das Terrain ihrer Eroberungen beständig erweitert, so wird auch die ehefeindliche Unsittlichkeit zuletzt noch gesetzkräftig werden.

. Die ältere Justiz schützte nicht blos die Regierung gegen etwaige Mißachtung oder Aufruhr und nicht blos das öffentliche und Privateigenthum gegen Diebstahl, die Person gegen Verbal- und Realinjurien ꝛc., sondern sie nahm auch Bedacht, die Ehrenhaftigkeit des Mannes, die Keuschheit des Weibes, den Adel der Race zu erhalten. Sie strafte den Dieb nicht wegen des Geldeswerthes dessen, was er gestohlen hatte, sondern wegen seiner Ehrlosigkeit. Wer so niederträchtig handeln konnte, war nicht mehr werth in einer achtbaren Gemeinde zu leben, er wurde wie ein Schmutzflecken weggetilgt. Mit derselben Strenge wurde jedes Keuschheitsvergehen geahndet, nicht wegen der Alimentationskosten, sondern wegen der Schande, welche die Lüderlichkeit ihrer Genossen der Familie und Gemeinde zuzog. Das Gesetz wahrte den Adel der Race. Eben deshalb war es auch strenger gegen jede Entheiligung der Religion und Verachtung der göttlichen Autorität; strenger in der Wahrung einer öffentlichen guten Sitte, in der Bestrafung des nur Eitelkeit, Verschwendung und Laster begünstigenden Luxus; strenger in der Bestrafung der Fälschung, der lüderlichen Pfuscherei, des Schwindels in Gewerb und Handel, womit das Publikum betrogen wird. Die ältere Justiz sicherte den ehrbaren Hausvätern ihr natürliches Vorrecht vor den Weibern, der Jugend, dem Gesinde und Gesindel. Jetzt steht jeder Lump und Vagabunde auf gleicher Höhe mit dem achtbarsten Bürger, jeder Bube mit dem Meister, jede Hure mit der würdigsten Matrone.

Nach dem älteren christlich germanischen Prinzipe ging die Pflicht dem Recht vorher. Die Erfüllung einer Pflicht war die Bedingung jedweden Rechtes. Nach der christlichen Grundansicht besitzt der Mensch alles, was er hat und was er kann, nur durch die Gnade Gottes, seines himmlischen Vaters, und hat das Recht, sein irdisches Gut zu genießen und seine verhältnißmäßige Macht auszuüben nur als ein von Gott damit für die irdische Zeit Belehnter, wogegen er die Pflicht übernimmt, sich des Besitzes und der Macht würdig zu zeigen und bei Verwaltung seines Gutes und bei Ausübung seiner Macht immer Gott vor Augen zu haben. Es ist außerordentlich interessant, daß die deutsche Nation ihre Wahlverwandtschaft mit dem Christenthum schon lange, bevor sie dasselbe kennen lernte und als sie noch tief im Heidenthum befangen war, in ihrer Grundanschauung von Pflicht und Recht beurkundete. Noch leben im germanischen Volk von den Gebirgen Norwegens bis zu den Alpen zahlreiche aus dem Heidenthum stammende Sagen von der strengen Gerechtigkeit, die in der Natur walte. Nach altem Heidenglauben waren Erde und Meer schon lange vor den Menschen von Dämonen oder Genien der Elemente, Riesen, Zwergen, Elben und Nixen bewohnt und gehörten diesen allein zu. Als nun die Menschen kamen und sich die Herrschaft über Erde und Meer anmaßten, trafen sie nach dem heidnischen Volksglauben ein rechtliches Abkommen mit den früheren Besitzern nicht blos durch Opfer, die sie ihnen brachten, sondern auch durch das Gelöbniß, die Güter der Erde und des Meeres würdig zu gebrauchen. Würden sie das nicht thun, so sey der Kaufvertrag gebrochen, die Elemente erhielten ihr altes Recht wieder und dürften die unwürdigen Menschen vertreiben, ihren Anbau zerstören. Daher in allen deutschen Alpengegenden die Sagen von wilden Steinhalden und Gletschern, die da entstanden seyen, wo einst reiche Matten gegrünt hätten; weil aber die üppigen Sennen mit dem frommen Vieh, mit der Milch, dem Käse und dem Brote bübischen Mißbrauch getrieben hätten, sey ihr schönes Besitzthum plötzlich verschwunden und unter einem Bergsturz begraben worden. Ganz ebenso die vielen Volkssagen von fruchtbaren Inseln und reichen Ortschaften an der Nord- und Ostsee, die wegen Mißbrauch des Wohlstandes im Meer versunken seyen. Man darf an solche alte Dinge erinnern, um die zu beschämen, die sich heutzutage Christen und hochgebildet nennen und doch für das heilige

Recht so viel weniger Sinn haben, als es jene blinden Heiden hatten.

Was geschieht in neuerer Zeit, um Jugend und Volk die Pflichten einzuschärfen, ohne deren Erfüllung es kein Recht gibt? Gottes Gebote und die alte gute Sitte werden verlacht. Die Gesetze schützen das Eigenthum gegen Raub, aber nicht die Unschuld gegen Verführung und moralische Befleckung. Die schlechte Presse, das schlechte Beispiel lüderlicher Gesellen, die sich überall vordrängen, das Renommiren in den Wirthshäusern übt mächtigen Einfluß auf die heranreifende, unerfahrene Jugend. Wer im niedern Stande geboren in die Welt eintritt, lernt, wenn er nicht schon von schlechten Eltern verdorben ist, unter seinen neuen Kameraden immer zuerst saufen, spielen, schamlose Uebertretung des sechsten Gebotes, Gotteslästerung, Verhöhnung der Moral, und das alles unter dem Namen der Emancipation, des Freiwerdens von allen Vorurtheilen und Dummheiten. Die jungen Leute sollen sich wohl gar entrüsten, daß fromme Eltern und der Pfarrer sie früher belogen und betrogen hätten. Die demokratischen Parteien bedienen sich der frechsten Wirthshausrenommisten im Arbeiterstande als Agenten, um diesen Stand aufzuwühlen, und colportiren durch sie, nicht nur revolutionäre, sondern auch irreligiöse Schriften. Ein mir bekannter Arzt fand eine Uebersetzung von Renan im Spitale.

15.
Von der Preßfreiheit.

Unter allen Freiheiten, welche die Neuzeit für das ganze Menschengeschlecht reclamirt, ist die Preßfreiheit eine der vornehmsten. Das Wort, das durch Schrift, noch mehr das durch den Druck vervielfältigte, übt eine ungeheure Macht aus und in den Besitz dieser Macht zu gelangen, trachtet daher jeder, der die Menschen beherrschen, oder sich von einer verhaßten Herrschaft befreien will. Die Mittheilung, sagt man, sey ein Recht, das man sich nie verkümmern lassen dürfe, ein angebornes Recht aller Menschen. Andere aber machen die Erfahrung geltend, daß sie auch mißbraucht werden könne.

Unstreitig steht auch hier dem Recht eine Pflicht zur Seite. Weil aber der dermalige Zeitgeist nur von Rechten und nichts von Pflichten wissen will, so verlangt er unbedingte Preßfreiheit oder gestattet eine Bestrafung des Mißbrauchs erst, wenn derselbe vollendet ist, und eigentlich nicht um des Rechts willen, sondern aus Parteiinteresse. Die herrschende Partei behält sich nämlich immer das Recht vor, sich an der Presse der Gegenpartei zu rächen. Will man dagegen ein ganz und gar gerechtes, unparteiisches Preßgesetz haben, welches jeden Mißbrauch verhindert oder bestraft, ohne den rechten Gebrauch einzuschränken, so kommt man in Verlegenheit. Die herrschende Partei ist entweder als Partei eo ipso nicht unparteiisch, oder wird doch gewiß nicht dafür gehalten. Die Staatsgewalten, welche früher die Censur übten, thaten es in ihrem politischen Nutzen und straften oder verhüteten nur, was ihrem politischen Interesse schädlich war, duldeten aber alles, was gegen die Religion oder auch zur Untergrabung reiner und strenger Sitten geschrieben wurde, und sahen es sogar gern, wenn die Opposition sich von der politischen Seite hinweg gegen jene wendete.

Da nun aber die Presse durch Ueberredung zum Bösen, Lästerung des Guten, Verführung, Lüge ꝛc. die Leser belehren und großes Unheil stiften kann, erscheint eine Verhütung dieses Mißbrauchs sehr vernünftig. Schon der große Plato meinte, die Menschen wären vielleicht besser und glücklicher, wenn die Schrift nie erfunden worden wäre. Wie oft in den aufgeregten Zeiten begegneten mir liberale Philister, die eben eine stürmische Adresse um Preßfreiheit unterzeichnet oder in einer Bürgerversammlung pathetisch für sie declamirt hatten und doch außer sich vor Wuth geriethen, als sie zum erstenmal ihren Namen im Blatte der Gegenpartei gedruckt lasen und sich in hämischer Weise geschmäht und vor dem Publikum lächerlich gemacht sahen.

Wir dürfen wohl gestehen, daß die gegenwärtige Generation, die Censur zu ertragen, nicht mehr geneigt, aber die Preßfreiheit zu ertragen, noch nicht fähig ist.

Wie die Preßfreiheit gegenwärtig vom herrschenden Zeitgeist aufgefaßt wird, gehört sie zum System aller übrigen Freiheiten, ist eine natürliche Consequenz derselben und so allgemein und bedingungslos wie alle andern. Von einer Pflicht gegen Gott und die Menschen ist überall nicht die Rede. Nur vom Recht. Der Grundgedanke ist: Alle dürfen Alles. Die Mittheilung aber, welche durch die Schrift oder Presse vermittelt wird, geht jetzt nicht mehr von oben, sondern von unten aus. Früher empfing die Menge die Belehrung von oben, von der Kirche, von der Staatsgewalt, von den Universitäten, vorragenden Gelehrten, Denkern und Dichtern. Die Menge selbst verhielt sich ruhig dazu. Jetzt ist das Verhältniß schon beinahe umgekehrt. Die Menge selbst ist es, welche schreibt oder schreiben läßt. Die Abonnenten bestimmen den Autor, Mehrheiten beherrschen mit ihren Vorurtheilen und Parteiinteressen die ihnen dienstbare Presse. Selbst die akademischen Größen lassen sich, um noch etwas zu gelten, zu den Vorurtheilen der liberalen Philister, ja sogar des demokratischen Pöbels herab, mittelst sog. populärer Lehrbücher. Die einst den Höfen schmeichelten, huldigen jetzt dem sog. Volke, d. h. der Fortschrittspartei.

Im Dienste der herrschenden Parteien hat die Literatur sich zerblättert. Sie muß den Parteigenossen täglich etwas Neues bringen, sie beständig in Athem erhalten. Sie muß sich daher großentheils in Tagespresse, in Zeitungen zerblättern. Eine Zeitung concurrirt mit der andern. Sie müssen sich daher überbieten, dem Publikum interessant zu bleiben. Daher, um täglich etwas Neues zu bringen, die täglichen Lügen, die Zeitungsenten, die verfälschten Telegramme. Daher auch die Bosheit, Grobheit, die beleidigenden Persönlichkeiten, der Scandal. Man bemerkt, daß die Linie des Anständigen, welche die großen Blätter noch einhalten, von den kleinern immer ungenirter überschritten wird, besonders, wo die politische Aufregung zunimmt. So hat die Wiener Judenpresse schon mit allen Unverschämtheiten der Yankeepresse gewetteifert. Ja sie hat sich solcher Dinge erfrecht, die nicht einmal in Nordamerika möglich wären. Am heiligen Christtag las man in einem Wiener Judenblatte die schändlichste Verhöhnung des Christkindes. Dagegen hat Nordamerika etwas zu bieten, was bis jetzt in Europa unerhört ist. Man las im Spätherbste 1868 in Correspondenzen aus Nordamerika, daß in einer Stadt daselbst alle Lehrbücher aus der Schule entfernt und durch Zeitungen ersetzt worden seyen, weil die jungen Republikaner nichts Besseres lernen können, als sich frühzeitig in der Behandlung öffentlicher und politischer Fragen zu üben.

In Deutschland speculiren noch die Buchhändler auf ein passives Publikum, dem sie schlecht fabricirte Bücher anempfehlen und aufdrängen, die irgend einer Neigung und Vorliebe des Publikums, oder der Mode schmeicheln, und zwar wird dabei auf alle Schattirungen des Publikums Rücksicht genommen. Als Maßstab für diese Industrie können die Stunden der Andacht dienen, die in verschiedenen Ausgaben für Protestanten, Katholiken und Juden abgeändert, allen Confessionen in wohlassortirtem Waarenlager feilgeboten wurden. Die Industrie hat keinen Glauben und kein Gewissen. Sie fabricirt die Bücher nur für die Käufer und nur um des Gewinns willen, den sie vom Kaufpreise zieht. Protestanten, sogar Juden machen in katholischer Literatur. Katholiken machen in Religionsspöttereien. Die buchhändlerische Industrie beherrscht den deutschen Markt und hat einen weit größern Spielraum, als der französische, englische und nordamerikanische. In Deutschland nämlich gibt es noch ein großes Publikum, welches noch nach alter Weise literarische Autoritäten verehren will. Daneben ein Publikum, welches vorzugsweise von den politischen oder kirchlichen Parteien beherrscht ist, wie in Frankreich. Aber das eigentliche Yankeepublikum, dessen Keime in der Fortschrittspartei liegen, ist noch nicht genug fertig. Das ist das Publikum der Abonnenten, die den Autor oder Redakteur nicht mehr als eine selbstständige Größe, sondern als ihren bezahlten Knecht betrachten, nicht mehr über sich, sondern unter sich sehen.

So weit ist es nun in Deutschland noch nicht gekommen, aber wir sind auf dem Wege dazu. Jedenfalls erkennt das größere Publikum keine Autorität von oben her mehr an, sondern verehrt nur noch Götzen des Tages, der Mode, der Partei. Unbekümmert darum, daß droben noch die ewigen Gestirne strahlen, folgen seine Augen einzig noch dem Glanze des Schaums, den ewig wechselnde Wellen von unten her aufwerfen. Alles gesunde Urtheil fehlt. Wenn ein Name nur Mode geworden ist, so jauchzt man ihm zu, wie unwürdig auch sein Träger seyn mag. Mit dem nämlichen Blödsinn, wie man sich die häßlichste und unzweckmäßigste Kleidermode aneignet und bewundert, wenn sie nur die neueste ist.

Da nun die Presse täglich eine ungeheure Macht wenigstens über das s. g. gebildete und halbgebildete Publikum ausübt und kein gesundes Urtheil sie controlirt, noch eine Autorität in ihr gilt, die nicht beständig schwankte und vom Parteiurtheil oder der Mode des Tages abhinge, so sieht man auch nicht ab, wo das alles zuletzt hinaus will und was die allgebärende Gäa der Presse noch für Ungeheuerlichkeiten hervorbringen wird. Die Masse der Bücher ist nicht mehr zu übersehen. In Deutschland allein wird sie jährlich durch eine Myriade neuer Bücher vermehrt. Da muß der Horizont des lesenden Publikums sich in dem Maaße einengen, wie der Ocean der Literatur sich ausdehnt, und immer mehr auf die Lectüre der brillichen Tagespresse sich beschränken. Eine Orientirung im Großen ist auch dem nicht mehr möglich, der sein ganzes Leben der Literatur allein widmet.

16.
Von der Todesstrafe.

Man ist in der Verhätschelung und Beschmeichelung des Menschen so weit gekommen, daß man ihm blos deswegen, weil er Mensch ist, eine unantastbare Majestät zuerkennt und nicht mehr gestatten will, ihn körperlich zu züchtigen, oder gar an ihm die Todesstrafe zu vollziehen, wenn er auch noch so arg gefrevelt und sich auf die eclatanteste Weise des Rechts, ein Mensch zu seyn und mit andern Menschen zu leben, unwürdig gemacht hat. Man hat die Humanität dermaßen übertrieben, daß man an die Menschenwürde gar keine sittliche Bedingung mehr knüpft. Wenn er sich auch wie ein Tiger, wie ein Schwein aufführt, so genießt er doch in seiner Menschenhaut die Ehre des Menschen. „Es ist das erste Menschenrecht, zu leben", sagt der gute Mittermaier, einer unserer größten Juristen, „der Güter höchstes ist das Leben. Die Menschen haben kein Recht, einem Mitmenschen dieses köstlichste Gut zu rauben. Besonders sollte es den Christen einleuchten, daß sie nicht befugt sind, einen Mitmenschen zum Tode zu verdammen, weil ihre übereilte Justiz damit in die göttliche Justiz eingreifen würde. Denn nur Gott, der den Menschen geschaffen hat, darf ihm auch sein Ende bestimmen." Andere haben gesagt, die Sünde sey überhaupt nur eine Krankheit oder eine Verirrung des Verstandes, der Verbrecher gehöre also vor den Arzt und nicht vor den Richter. Wieder Andere haben gemeint, weil Gott die ewige Liebe sey, könne er auch nur verzeihen; der Mensch aber solle nicht strenger urtheilen wollen als Gott, folglich auch keine Todesstrafe verfügen. Da man nun doch aber den Verbrecher unschädlich machen müsse, damit er seine Verbrechen nicht wiederhole oder Andere ihm nicht nachahmen, so dürfe man ihn einsperren und müsse ihn in diesem Zustand zu bessern suchen. Weiter habe kein Mensch über einen andern ein Recht, also auch nicht der Staat, der im Namen aller Staatsgenossen handelt.

Diese Ansicht hat in den letzten Jahrzehnten eine überraschende Ausbreitung gefunden. Eine Menge von Schriften verwerfen die Todesstrafe, wie auch die körperlichen

Züchtigungen aus Humanitätsgründen. Fast in allen Parlamenten Europas sind gegen die Todesstrafe Reden gehalten und in mehreren ist sie wirklich abgeschafft worden. Vor wenigen Jahren erklärte sich auch der große deutsche Juristentag gegen die Todesstrafe und in der liberalen Philisterwelt von ganz Europa und ihrer tausendstimmigen Tagespresse wird die gänzliche Abschaffung der Todesstrafe gegenwärtig nur noch als eine Frage der Zeit behandelt und man verachtet ihre Vertheidiger schon zu sehr, um nur noch von ihnen Notiz zu nehmen.

Diese Marotte der Zeit hängt wieder genau mit dem Grundzuge des jetzt herrschenden Zeitgeistes zusammen, ist eine natürliche Consequenz desselben und konnte nicht ausbleiben. Sie folgte nothwendig aus dem großen Abfall von Gott und aus der mehr oder weniger durchdachten, doch allgemein durchfühlten und bei den Massen oft sogar naiv und unbewußt in Uebung gekommenen Selbstvergötterung. Es ist wahr, die ersten Stimmen gegen die Todesstrafe wurden nach der Restauration im liberalen Lager laut, als dasselbe in der größten Bedrängniß war. Man wollte den Hinrichtungen politischer Gegner Einhalt thun. Man fand es unmenschlich, daß Ehrenmänner blos wegen ihrer politischen Meinungen hingerichtet oder mit den schwersten gemeinen Verbrechern als Galeerensclaven zusammengekettet werden sollten. Als aber der Liberalismus die Oberhand erhalten hatte, wurde die Humanität alsbald von den Demokraten weiter ausgedehnt und durfte nicht bei den politischen Ehrenmännern stehen bleiben. Die demokratische Gleichheit machte sich geltend. Allen Menschen wurde die gleiche Würde zugeschrieben.

Die Juristen blieben nicht hinter dem Zeitgeist zurück. Sie haben das nie gethan. Als im 17. Jahrhundert der grassester Aberglaube Mode war, wetteiferten die Juristen, demselben ihre Dienste anzubieten. Es ist bekannt, daß die Juristenfacultäten im Eifer des Hexenwahns die theologischen noch übertrafen. Die gräßlichsten Hexenprocesse fallen fast ausschließlich den Juristenfacultäten zur Last. Als diese scheußliche Mode längst aufgehört hatte und die liberale aufkam, boten die Juristen auch wieder dieser eifrig ihre Dienste an und so kam es, daß der deutsche Juristentag im 19. Jahrhundert sich für das Gegentheil von dem begeisterte, wofür sich die Juristen vor zweihundert Jahren begeistert hatten. Damals konnten sie nicht genug Folterwerkzeuge erfinden, um die Unschuld zu martern; jetzt sollte auch dem ruchlosesten Verbrecher kein Haar mehr gekrümmt werden dürfen. Es ist wirklich recht interessant, jetzt in einer Menge von juridischen Werken, Broschüren und Zeitungsartikeln zu lesen, wie viele Juristen alle erdenkliche Sorgfalt für den Verbrecher haben und um dessen kostbares Leben zu schonen, alles aufbieten, während ihnen das Verbrechen ganz gleichgültig ist, sie mit dem Mißhandelten, Bestohlenen, Verwundeten, Geschändeten, Ermordeten nicht das geringste Mitleid haben und sie nur auf raffinirte Entschuldigungsgründe des Verbrechens sinnen.

Wie unnatürlich das alles ist, die liberale Welt merkt es nicht, denn die Unnatur ist ihr zur andern Natur geworden und sie existirt nur noch in Widersprüchen. Ich äußerte mich darüber im Sturmjahr 1849 (in meinem Literaturblatt Nr. 21): „In derselben Zeit, in welcher die rothen Republikaner stürmisch die Abschaffung der Todesstrafe verlangen und der Gesammtheit nicht mehr das Recht zugestehen, etwa einen Strube zum Tode zu verurtheilen, erfreuen sie sich des Lynchgesetzes, durch welches Lichnowsky und Auerswald fielen, und brauchen das Wort „latourisiren" sprichwörtlich mit lachender Schadenfreude. Indem sie dem Staat verwehren wollen, noch die Todesstrafe auszusprechen, sprechen sie selbst sie als Individuen ohne alle Rücksicht aus und jubeln Heinzen zu, der zum Morde en masse aufforbert, so unersättlich in Blutburst, wie einst Marat.

Doch sind es neben den Rothen und Wilden auch sehr weiße und zahme Leute, welche die Todesstrafe von Staatswegen wollen abgeschafft wissen. Wunderbar! Je bestialischer, je dämonischer die Menschen geworden sind, um so lebhafter glauben sich die Liberalen von der gutmüthigen und sanften Race überzeugt zu haben, die menschliche Natur sey durchaus vortrefflich und die Bildung schon so allgemein gediehen, daß die letzten Flecken, welche dieser menschlichen Natur durch das finstere Mittelalter angekünstelt worden seyen, demnächst vollends würden abgewaschen werden. Ihr Optimismus sieht das goldene Zeitalter einer allgemeinen Unschuld, bedingt durch allgemeine Freiheit, ganz nahe. Nachdem im vorigen Jahrhundert die sentimentale Erziehungskunst aus den Kindern lauter Engel machte, alle Strafen aus der Schule verbannte und lediglich durch Liebe und Lob mit ihnen zum Ziel kommen wollte, hat in unserm Jahrhundert die sentimentale Jurisprudenz den Wahn wieder aufgenommen und, während er in Bezug auf die Kinder noch verzeihlich war, ihn auf die Bevölkerung der Zuchthäuser angewendet. Der Verbrecher, heißt es da, ist ein Mensch, ein unglücklicher Mensch. Man muß ihn schonen, trösten, erheben, wieder zum Bewußtseyn seiner Menschenwürde bringen. Seine Sache ist die der Menschlichkeit.

Also muß man, wenn ihm der Prozeß gemacht wird, unbekümmert um die Leiden derer, die er gemordet, gemartert, bestohlen, betrogen ꝛc., für ihn, den Verbrecher, Partei ergreifen. Man muß sorgen, daß ihm nichts geschehe, daß ihm kein Haar gekrümmt werde, daß ihn weder eine Todes-, noch Prügelstrafe treffen könne, daß er besser gebettet und gespeist werde, als unzählige rechtschaffene Proletarier. Man muß ihn gleichsam in Baumwolle wickeln, ihn liebkosen, und mit der Vorliebe, die man ihm schenkt, sich brüsten. Man muß die Stimmung, die natürlicherweise bei einem Morde dem Ermordeten günstig und dem Mörder ungünstig ist, unnatürlicherweise umkehren, daß kein Mensch sich um den Ermordeten bekümmert, aber alles staunt und entzückt dem Mörder als dem mit bunten Bändern geschmückten Schooßkind der sentimentalen Jurisprudenz nachläuft. Man muß die Hinterbliebenen, die Jammernden, die Kläger und vor allem den Staatsanwalt mit Hohn und Schmach überhäufen und nur den Advokaten, der den Verbrecher rechtfertigt, mit Lorbeern bekränzen.

Diese Sentimentalität gibt sich zuweilen sogar für christlich aus, sofern man das Christenthum ausschließlich für die Religion der Liebe gehalten wissen will und gänzlich vergißt, daß der Liebe die Gerechtigkeit beigesellt ist und daß die christliche Liebe gar nicht begriffen werden kann, außer in der vollen Anerkennung der Gerechtigkeit, denn

Die ewige Gerechtigkeit zu sühnen
Starb an dem Holze Gottes Sohn.

Nichts ist so lächerlich, als wenn sich eine sonst nichts weniger als christliche Jurisprudenz den Mantel der Liebe umhängt und sogar pietistische und quietistische Ausdrücke wählt, um den Wolf ins Schafskleid zu vermummen. Welt

entfernt, aus dem Christenthum irgend ein Argument für
sich schöpfen zu können, stehen die Gegner der Todesstrafe
vielmehr auf einem entschieden unchristlichen Standpunkt
und die ganze Bewegung gegen die Todesstrafe hängt mit
der gleichzeitigen gegen das Christenthum zusammen, wenn
sich auch nicht jeder Betheiligte dessen bewußt ist.

So lange die Woge der Negation noch im Steigen ist,
dürfte alles, was man etwa zur Vertheidigung der Todesstrafe sagt, umsonst seyn. So lange, abgesehen von der
religiösen, auch die Staatsautorität selber wie in einem
Erdbeben wankt, läßt sich mit denen, welche sie vollends
stürzen wollen, nicht disputiren. Gerade weil das Schwert
der Gerechtigkeit dem Staat so großes Ansehen verleiht, will
man es ihm entreißen, denn man haßt den Staat. Trium-
phirte die Revolution und hätte sie ihre neue Staatsgewalt
gegründet, so würde sie trotz aller Argumente, deren sie sich
gegen den heute noch bestehenden Staat bedient, das Schwert
der Gerechtigkeit selbst in die Hände nehmen. Denn dieses
Schwert ist das unzertrennliche Attribut jeder Regierung.
Kann eine dieses Schwert nicht mehr führen, so ist sie verloren und muß einer andern Platz machen, die es wieder
zu führen versteht."

Das Christenthum lehrt, es kann keine Gnade geben
ohne Gerechtigkeit, jede That findet ihre Vergeltung. Die
Vernunft und der gesunde Instinkt im Volk sagt dasselbe.
Die Freiheit ist eine zu köstliche Gabe, als daß nicht auf
ihren rechten Gebrauch oder Mißbrauch der höchste sittliche
Werth gelegt werden müßte. Dieser Ernst der Gerechtigkeit, welche die h. Schrift und die Vernunft lehren, ist auch
die Basis jeder vernünftigen Staatsgewalt. Ihr ist es aber
nicht blos um die Vollziehung der Gerechtigkeit, sondern

auch um die Abschreckung zu thun. Wenn sie straft, geschieht es nicht blos, um Recht zu üben, sondern auch, um ein warnendes Exempel zu statuiren. Das alles findet man jetzt zu hart, zu grausam. Man will der Staatsgewalt nur noch das Recht zugestehen, einen Verbrecher durch Einsperrung in Zukunft unschädlich zu machen und ihn im Zustande der Gefangenschaft zu belehren und zu bessern. Das ist löblich, damit erreicht man aber nicht den Zweck. Nur wenige Verbrecher sind der Belehrung und Bekehrung zugänglich, die meisten bleiben verstockt oder heucheln nur, zumal wenn sie sich dadurch die Strafe erleichtern oder abkürzen können.

Die moderne Aufklärung hat fast alle andern Strafarten abhanden kommen lassen, dagegen die Gefängnißstrafen in unerhörtem Maaße ausgedehnt. Das viele und lange Einsperren ist eine Unnatur und Uebertreibung aus falscher Humanität unter dem Einfluß einer falschen Philosophie, welche den Menschen lächerlich verhätschelt und im bösesten Buben immer noch die Menschenwürde geehrt wissen will. In der modernen Humanität, die den frechsten Gauner bekomplimentirt, waltet genau die nämliche Unvernunft, wie in dem gräßlichen Pöbelhaß, der nichts Großherziges und geistig Vornehmes ertragen kann und einem Sokrates den Giftbecher reicht. In der Maske der Humanität richtet der sich aufblähende Unverstand nicht weniger Unheil an, als mit dem offnen Gesicht, aus dem die Brutalität grinst.

Das natürliche Gefühl im Volk verlangt andere Strafen, als die Einsperrung. Es ist gegen die Einsperrung bei geringeren Vergehen, weil es den Straffälligen nicht seinem Beruf und seiner Arbeit entziehen will, und in schweren Fällen, weil ihm das bloße Einsperren eine zu gelinde Strafe scheint. Dem ruchlosesten vorbedachten Mörder, Brandstifter, Nothzüchter ꝛc. gehört der Tod, auf böse Bubenstreiche gehören Prügel, auf niederträchtigen Betrug gehört der Pranger. In vielen Fällen, besonders wo die Habgier dem Gemeinwesen Abbruch gethan, sind hohe Geldstrafen praktisch. Dagegen ist es unvernünftig, politische Verbrecher, deren Straffälligkeit vielleicht aus dem ehrenhaftesten Charakter entsprungen ist, mit gemeinen Dieben zusammenzusperren. Es sind keine gemeinen Verbrecher, sondern nur Feinde der Staatsgewalt, die man daher auch nur wie Kriegsgefangene anständig behandeln oder erschießen lassen soll. Es gibt aber auch noch andere Verbrecher heroischer Art, auf die einsperren und bessern wollen nicht anwendbar sind. Es ist nicht inhuman, einen politischen Feind, einen edlen Schwärmer für eine zeitweilig verbotene Sache, z. B. einen Polen, der gegen das russische Joch ankämpft, einen Verbrecher aus Ehrgeiz, aus Liebe ꝛc. zu erschießen oder zu enthaupten, aber es ist inhuman, ihn in ein Zuchthaus zu schicken, kahl zu scheeren und Strümpfe stricken zu lassen.

Wenn mit den Todesstrafen, körperlichen Züchtigungen, Ehren- und Geldstrafen kein Mißbrauch getrieben wird, so sind sie offenbar in einer großen Menge von Fällen, in denen sie nach der neuern Praxis durch Gefängnißstrafen ersetzt werden, diesen letztern bei weitem vorzuziehen. Einer schleicht sich bei seinem langjährigen Wohlthäter ein und erschlägt den ergrauten Mann, um ihn bestehlen zu können. Man setzt ihn auf Lebenszeit ins Gefängniß. Wäre es nicht vernünftiger, einem solchen Niederträchtigen den Kopf vor die Füße zu legen? Ein Lehrbursche, auf das Gesetz trotzend, das ihn körperlich zu züchtigen nicht gestattet, insultirt seinen

Lehrherrn; er wird auf einen Monat oder ein paar eingesperrt. Wäre es nicht vernünftiger, ihm Fünfundzwanzig aufzuzählen und ihn dann sein gewohntes Tagewerk ruhig und bescheiden fortsetzen zu lassen? Ein böser Bube bestiehlt die Gärten, ruinirt die mühsamsten Anpflanzungen. Man sperrt ihn auf mehrere Wochen ein. Wäre es nicht vernünftiger, ihm einen derben Schilling zu verabreichen? Ein Wirth, ein Weinhändler ic. vergiftet das Getränk, ein Bäcker bestiehlt die Armuth durch falsches Gewicht ic., man sperrt sie ein, Niemand erfährt etwas davon. Wäre es nicht weit vernünftiger, alle dem Gemeinwesen so gefährliche Betrüger an den Pranger zu stellen?

Wem sollen denn die Zeitstrafen nutzen? Etwa dem Publikum? Das Publikum erfährt nichts weder von der Verhaftung noch von der Entlassung, und die Regierungsblätter, worin dergleichen steht, werden nicht vom Publikum gelesen. Hin und wieder liest man in den Zeitungen, es seyen im Staate so und so viele tausend Individuen verhaftet. Man erschrickt über die Zahl, aber da man von den Verbrechen nur in der nächsten Nähe, wenn sie geschehen, etwas erfährt, und von den Verurtheilungen, die in der Regel erst ein oder mehrere Jahre später erfolgen, nichts, so ist man gegen die ganze Classe der Gefangenen gleichgültig, als ob es sich von einem fremden Volke handle. Von einer Warnung, von einem Eindruck der Strafen auf das Publikum ist vollends gar keine Rede.

Oder soll dieser Luxus der Zeitstrafen dem Staate dienen? Der Staat hat nur ungeheure Unkosten davon. Wenn man jetzt wegen jeder Buberei, die man ehedem mit ein paar Hieben zweckdienlich abfertigte, Individuen Monate und Jahre lang logiren, beköstigen und beschäftigen muß, können die Gefängnisse freilich nie leer werden und für die Menge der Verhaftungen kaum ausreichen. Oder gewinnt die Autorität des Staates dadurch, und wäre deßfalls das Opfer nicht zu scheuen? Im Gegentheil. Alle schlechten Subjekte werden übermüthig und verlieren den Respekt, wenn sie wissen, sie werden auch beim gröbsten Frevel nicht mehr körperlich gezüchtigt. Sie trotzen dem Richter ins Angesicht. Sie ermuntern sich wechselsweise zu Schurkenstreichen und lachen über die vermeintliche Strafe. Von Haus aus Tagdiebe sind sie für den Zeitverlust vollkommen gleichgültig und im Gefängniß behandelt und beköstigt man sie ja zärtlicher, als außerhalb. Wenn der freche Geist, den dieses Sicherheitsgefühl und diese Verspottung der Gesetze rohen Menschen einpflanzt, noch einige Zeit in der bisherigen Progression um sich greift, wird der Staat Gelegenheit haben, den Fehler einzusehen, den er aus unzeitiger Sentimentalität begangen hat.

Soll endlich die Zeitstrafe dem betheiligten Verbrecher selber nützen? Gewiß kann sie das, wenn sie im rechten Fall und im rechten Maaß angewendet wird. Aber überall Zeitstrafen und nichts als Zeitstrafen sind eine reine Unvernunft. Sie sind zu hart für den leichten Verbrecher aus Leidenschaft, den sie in seinem Gewerbe stören und dessen Familie sie unverschuldet in den Ruin ziehen. Sie sind zu gelind für den schweren Verbrecher, der den Tod verdient hätte. Sie sind zweckmäßig für die Besserung, wenn sie aber zu lange ausgedehnt werden, nutzt die Besserung nichts, weil der Gebesserte doch nicht ins Leben zurücktreten kann, und die natürliche Folge ist Verstockung.

Der Luxus der Zeitstrafen scheint uns aber hauptsächlich deshalb verwerflich, weil er aus einer Politik herfließt, die entweder nicht das Herz hat, der Wahrheit offen ins Gesicht zu sehen, oder die es ihrem Interesse gemäß erachtet, die Wahrheit wenigstens dem Publikum zu verbergen. Man will keine Todesstrafe mehr, weil ein Eclat damit verbunden ist. Man will keinen Pranger mehr, weil die Sache einen unangenehmen Eindruck macht. Man will keine Prügel mehr, weil das Schreien dem Ohr weh thut. Man sperrt alles ein, was eine Störung veranlaßt hat, damit es verschwinde, und man verfährt dabei still und geheim, weil viel Lärm und Aufhebens davon nur von Neuem stören würde. Verbrechen dürfen immerhin begangen werden, es ist ganz gleichgültig, wenn man es nur nicht erfährt oder gleich wieder vergißt. Ob sie Entschuldigung verdienen oder nicht, ob sie ein Werk des Irrthums, der Leidenschaft, der Unerfahrenheit oder ruchloser Bosheit sind, gleichviel; es kommt blos darauf an, sie vergessen zu machen, und deswegen werden sie alle gleich mit Einsperrung, d. h. mit Beseitigung bestraft.

Wir kommen auf die christliche Grundanschauung zurück, welche die allein vernünftige ist. Die biblische Lehre von der Todesstrafe erhellt aufs deutlichste aus den Vorgängen am Kreuz. Drei haben den Tod verdient, zwei leiden ihn wirklich, der Dritte wird ungerechter Weise vom Volk freigesprochen. Statt seiner leidet ihn ein Unschuldiger, aber er leidet ihn freiwillig, um damit die Schuld der ganzen Menschheit zu sühnen. In allen vier Fällen verlangte die heil. Schrift unumgänglich den Tod, dem nur Barrabas durch Schuld eines ungerechten Volksgerichts entrinnen durfte. Wie aber dieser Elende mit seiner unverdienten Befreiung dem gekreuzigten Heiland gegenübersteht, so wieder der unbußfertige Schächer dem bußfertigen, der zeitlich und ewig Verdammte dem, welcher ewig begnadet wird, nachdem die Gerechtigkeit innerhalb der Zeitlichkeit an ihm erfüllt ist. In dieser Doppelcontrastirung um das heil. Kreuz her ist der ganze Inhalt der christlichen Criminalrechtslehre eingeschlossen.

17.
Vom unnatürlichen Hinaufschrauben der Gesellschaft.

Wenn der Zeitgeist keine Ueber- und Unterordnung, sondern nur noch Nebenordnung oder allgemeines Nivellement der Stände gelten läßt, so sollte er vernünftigerweise wenigstens ein natürliches Niveau, die rechte Mitte zwischen zu tief und zu hoch, empfehlen und einhalten wollen. Es ließe sich wohl ein solches einfaches mittleres Bürgerthum denken, von der Vornehmthuerei und Genußsucht eben so weit entfernt, als von pöbelhafter Rohheit und bettelhaftem Elend. Allein was wir erleben, ist ein allgemeines künstliches Hinaufschrauben der niederen Classen und Bildungsgrade zu der Anmaßung und zu dem Schein der Vornehmigkeit. Von den alten Volkstrachten sieht man nur noch spärliche Reste beim Landvolk, in den Städten gar nicht mehr. Alles kleidet sich nach der Pariser Mode und merkwürdigerweise in Deutschland viel mehr als in Frankreich selbst.

Einiges gereicht diesen Eitelkeiten zur Entschuldigung. Früher hatte jeder Stand seine Ehre, war bis auf ganz wenige Ausnahmen bewaffnet und nahm als Stand theil am städtischen Regiment. Kein Handwerker durfte sich schämen, öffentlich in der kleidsamen Tracht seines Standes zu erscheinen. Sie ehrte ihn. Jetzt ist diese Ehre dahin. Wer nicht Uniform oder einen Orden trägt, kann nur durch die Eleganz seiner Modekleidung beurkunden, wie hoch er über dem Pöbel steht. Das beleidigt die niedere Classe.

Sie sucht daher, wenigstens des Sonntags so elegant als möglich gekleidet zu seyn. Es kommt dem Lehrburschen, der Sonntags in einem schwarzen Frack mit glatt gebürstetem Hute und einem lackirten Stöckchen, die Cigarre im Munde spazieren geht und in einem öffentlichen Garten Wein oder Bier trinkt, weniger auf den Genuß, als auf die Befriedigung seines Stolzes an. Ebenso der armen Magd, die mit Hut, Shawl und Sonnenschirm einherschwänzelt wie eine Dame. Der Ehrgeiz, für etwas Besseres angesehen zu werden, ist entschuldbar; wenn aber unnöthiger Luxus damit verbunden ist und der Mensch die Bescheidenheit seines Berufes vergißt, erscheint er gefährlich und jedenfalls unnatürlich.

Das Hinaufschrauben, die Sucht, vornehmer zu scheinen, als man ist, findet sich schon überall. Der Bauer will Oekonom, der Vogt Wirthschaftsrath seyn; der Schneider wenigstens Kleiderkünstler oder Hofschneider oder Kleidermagazin-Inhaber; der Kaufmann Rath und Geheimerrath. Der Schulmeister will Präceptor, der Präceptor Professor, der Professor Hofrath ꝛc. seyn. Auf mehr als einer Universität ist die Gelehrsamkeit schon völlig in die Stufenleiter des Hofdienstes einrangirt und der Professor steigt von einem Jahrzehnt, oder auch wohl Lustrum zum andern regelmäßig zum Hofrath, Geheimenhofrath, Geheimenrath auf. Ja innerhalb des Staatsdienstes selbst avancirt man bereits viel früher im Titel als im Amte selbst. Diese Narrheit ist so allgemein, daß man sie keinem einzelnen Stande mehr zum Vorwurf machen kann. Das Uebel aber ist, daß beinahe Jeder, indem er mehr scheinen will, als er ist, es sich auch mehr kosten lassen muß, worüber viele moralisch und ökonomisch zu Grunde gehen.

In diesem Hinaufschwindeln gehört nun auch der Luxus in den Wirthshäusern, der in den letzten Jahrzehnten auf eine wirklich fabelhafte Art zugenommen hat. Die meisten Reisenden haben heute noch, wie aus ökonomischen, so aus diätetischen und Gewohnheitsgründen das Bedürfniß, auf der Reise wie zu Hause einfach zu leben. Zu diesem Zweck fanden sie früher überall Gasthöfe zweiten und dritten Rangs, wo sie mit Hausmannskost einfach, aber gut und wohlfeil bewirthet wurden und in der Regel einen guten Trank fanden. Diese Gattung von bürgerlichen Gasthöfen hat zum Erschrecken abgenommen. Ueberall sind daraus große Hotels geworden oder auch nur kleine, aber mit den Ansprüchen der großen. Statt eine einfache gute Hausmannskost zu finden, muß man an einer Table b'hôte sitzen und eine Menge nur dem Namen nach ausgezeichneter Speisen zu sich nehmen oder an sich vorbeigehen lassen, und einen sauren oder gefälschten Wein trinken und dafür tüchtig zahlen. In den Zimmern findet man auch mehr unnützen Luxus, den man bezahlen muß, als Bequemlichkeit, die einem zu Gute käme, und nur zu oft muß man das Talglicht, mit dem einem zu Bette geleuchtet wird, als Wachslicht bezahlen.

Das ist nun fehlerhaft, daß die minder bemittelte Honoratiorenclasse, wenn sie nicht wie der Handwerksbursch auf der Streu schlafen will, fast nur noch den Weg der Reichen und Vornehmen zu wandeln gezwungen ist und mit Schmerz in den Beutel greift, um Ausgaben für einen s. g. Reisecomfort zu bestreiten, der ihr im Grunde nicht comfortabel, sondern oft sehr genant ist. Denn bunte Glasfenster über der Hausthür, welche Teppiche auf den Treppen, Parquetboden, Fauteuils, Sophas von Sammt, Spiegel in Goldrahmen, mehrfach angezündete Stearinkerzen und —

eine koloffale Rechnung mit obligaten Trinkgeldern gehören gewiß nicht zu den Dingen, die der arme Beamte, Landpfarrer, Schulmann, der mittlere Gewerbsmann aufſuchen würde, wenn er ſie vermeiden könnte. Man bemerkt in dieſer Beziehung ein ganz unnatürliches und unvernünftiges Hinaufſchrauben des Luxus da, wo er mehr beläſtigt als erfreut und wegen der Koſtſpieligkeit nur mißbehagliche Empfindungen bei dem Reiſenden zurückläßt.

Die ſchlimmſte Ausartung dieſes modernen Luxus iſt die Waarenverfälſchung. Das echte Gold, die echten Edelſteine, welche vornehme Damen an ſich tragen, die echten Frembweine, die echten Havanna-Cigarren, ohne welche reiche Herrn nicht mehr leben können, ſind zu theuer, als daß die ärmere Claſſe ſie kaufen könnte. Nun wird aber die Eitelkeit der letzteren dennoch befriedigt durch Surrogate, durch vergoldete Waare, durch falſche Edelſteine und Perlen, durch gefälſchte Weine und ſchlechte Cigarren unter dem Namen der echten. Genug wenn nur die Etikette da iſt, wenn man ſich nur rühmen kann, man habe ſo gut Champagner oder Burgunder getrunken, wie der Graf X. Sind auch dieſe Surrogate bedeutend wohlfeiler als die echte Waare, ſo bleibt ihr Werth doch immer tief unter dem Preiſe und die Eitelkeit und Renommage wird damit betrogen.

Auch in dieſem modernen Treiben liegt ein innerer Widerſpruch. Indem man eine Vornehmigkeit oder einen Wohlſtand zur Schau trägt, die nur erlogen ſind, drückt man ariſtokratiſche Verachtung gegen den Beruf aus, dem man wirklich angehört. Dieſe Lüge ruinirt den Mann ökonomiſch, indem ſie lediglich eine Zeitlang ſeine Eitelkeit befriedigt. Zugleich liegt darin die vollſte Anerkennung der höheren Stände, die er anderſeits haßt und denen er ihre

Vorzüge beneidet. Der Demokrat, der bei harter Arbeit und schwarzem Brod den Aristokraten bis auf den Tod haßt, kann achtbar seyn, niemals aber einer, der die Menge gegen die Aristokratie aufhetzt und selber gern den Baron spielt.

18.
Von der Auflösung des Bauernstandes.

Der Bauernstand war ehemals der Kern des deutschen Volkes und zwar ein sehr gesunder Kern, den aber der moderne Zeitgeist wie ein böser Wurm annagt. Keller, das beredte Mitglied der französischen Kammer, hat unlängst im kleinen Güterbesitz und dessen Erhaltung auch für das französische Volk die Grundbedingung seines Wohlstandes erkannt und tief bedauert, daß in Frankreich die Landwirthschaft schon seit der Revolution immer mehr in Geldwirthschaft verwandelt worden ist. Das Allod, das Erb und Eigen des freien Mannes, sein Haus, Hof und Feld, welches die ältesten germanischen Gesetze als Familieneigenthum für unantastbar und unveräußerlich erklärten, sicherte den Fortbestand freier, ehrenhafter, gesunder und starker Familien, Nachbarschaften, Gemeinden in ganz Deutschland, und gerade dadurch wurde das deutsche Volk mächtig über alle andern, die keine so glücklichen Familien- und Gemeinverfassungen besaßen, sondern bei denen überreicher Besitz auf der einen und Besitzlosigkeit und Sclaverei auf der andern Seite nur Corruption oder Barbarei befördert hatten.

Man muß es dem deutschen Bauernstande nachrühmen, daß er conservativer geblieben ist als die höheren Glieder im allen Organismus unseres Reiches. Er hat sein Erb und Eigen bewahrt, das Herkommen und die gute Sitte in der Familie, und ist trotz seiner naiven Derbheit, die alle mit der Natur näher verkehrenden Menschen kennzeichnet, doch niemals innerlich kernfaul geworden wie die Fabrikbevölkerung. Gottes Gebote blieben ihm länger als allen andern Ständen heilig und er allein stützte noch die Kirche, sonst wäre sie von den höheren Ständen schon verlassen und abgebrochen.

Aber eben das ist dem Zeitgeist zuwider. Der geschlossene Bauernstand erscheint der Fortschrittspartei viel zu conservativ, dem liberalen Despotismus der Bureaukratie viel zu klerikal. Also wird systematisch und unaufhörlich darauf hingearbeitet, den Bauernstand als solchen in politischer wie in socialer Beziehung aufzulösen. Der Werth seines Grundbesitzes kommt ebenfalls dabei in Betracht. Der Güterschacher, der von städtischen Speculanten und insbesondere von Juden getrieben und durch die liberale Gesetzgebung legitimirt ist, hat sein Augenmerk vorzüglich auf dieses Objekt, also auf die Beraubung des Bauernstandes gerichtet. Man hat den Zehnten, man hat die Feudallasten abgelöst, allen Naturalleistungen des Landvolks ein Ende gemacht, es aber dafür zu Geldleistungen verpflichtet und, da der Bauer nicht immer baares Geld bei der Hand hat, ihn wie den gelbarmen Staat selbst an den Juden verwiesen. Man hat ihn gezwungen, die Dorfgemeinden armen Eindringlingen, allerlei Gesindel zu öffnen, das ihm nun wie Ungeziefer zur Last liegt. Man hat mit dem Besitzwechsel und dem Zerschlagen der Bauerngüter die Prozeßsucht genährt, kurz auf alle Weise die Einfalt und Unerfahrenheit des ehrbaren Bauernstandes ausgenutzt, um ihn auszusaugen, zu überlisten und ihn und seine Familie um ihren Erbbesitz zu prellen. Dabei hat man ihnen gesagt, wie viel glücklicher sie jetzt seyen als früher. Jetzt sage man nicht mehr dummer Bauer, jetzt seyen sie Herren gleich den Städtern, Wähler, Geschworne, ja sogar wählbar in die Ständeversammlung. Jetzt müsse jedermann Sie zu ihnen sagen, jetzt müßten sie die altmodische Bauerntracht ablegen und wie Herrn sich kleiden, sie hätten das Recht dazu.

Zugleich bemüht man sich, die Bauern mit der Genußsucht und dem Luxus der Städte anzusteden. Verschwenderisch werden Wirthschaftsrechte an die Bauern vertheilt. Bauernhäuser, die noch vor fünfzig Jahren die Heimath des Fleißes, der Frömmigkeit und idyllischen Glückes waren, werden Branntweinschenken, Spelunken des Lasters, Spielhöllen.

In den monarchischen Staaten ist das Uebel weniger arg, wo noch der Adel und die patriarchalische Sitte geehrt wird, freilich nur in Oasen mitten in der großen socialen Wüste. Das Uebel steigt überall mit der Herrschaft des Liberalismus und der Demokratie. Wer kennt nicht die Bauernromane des Schweizer Bitzius, diesen treuen Spiegel des Volkslebens? Wie die städtischen Speculanten auf das Landvolk einwirken, davon erzählte auch das anonyme Buch „In den Voralpen" von 1864 einige lehrreiche Beispiele. Der Verfasser beobachtete ein Paar Städter unter dem Landvolk als Apostel des modernen Geistes. „Der eine hat eine Blumenfabrik, in welcher Mädchen um fünfzehn Kreuzer von früh bis spät arbeiten müssen; der andere ist ein Buchbinder, der seinen Namen nicht unterschreiben kann, indeß zehn Arbeiter zu Hause ihm das nöthige Geld erschwitzen müssen, um einen Weinkeller zu halten und Landpartien machen zu können; der dritte kauft Häuser, steigert den Miethzins der Einwohner und verkauft sie mit zwanzig Procent Gewinn wieder an einen Andern; der vierte zertrümmert Landgüter und leiht Geld auf Wechsel, die er um grenzenlose Provisionen so lange prolongirt, als er durch das Vermögen seines Schuldners, den er dann in den Kerker werfen läßt, gedeckt ist. Alle vier sind aus der Stadt und rasende Fortschrittsmänner. Sie reden davon, daß die Welt nicht mehr so dumm sey wie früher. Heut zu Tage, behaupten sie, kann man das Volk von oben nicht mehr so bedrücken. Ja, die Leute lassen sich nicht alles gefallen. Aber es ist noch lange nicht genug geschehen. Mit allen Finsterlingen muß aufgeräumt werden."

Diese Sprache kann man fast überall in den Dorfwirthshäusern hören. Nichtswürdigen Renommisten, die hier orakeln, gelingt es fast immer, wenigstens den schon verarmten oder lüderlich gewordnen Theil des Landvolks und die maulaufsperrende Jugend, die sich leicht imponiren läßt, im s. g. Zeitbewußtseyn zu informiren. Nur die Alten, nur der noch ehrbare und wohlhabende Bauernstand will nichts davon wissen. Ich kenne ein Dorf, wo im Jahr 1849 die männliche Jugend durch Demagogen aus einer benachbarten Stadt zu wüstem Trinken, Schreien und Revolutioniren verführt wurde. Da verabredeten sich die älteren Bauern, umringten in einer dunklen Nacht die Lärmer im Wirthshaus, schleppten sie, die Väter ihre eignen Söhne, zum Hause hinaus und tauchten die ganze Gesellschaft, einen nach dem andern in den kalten Bach unter, der durch das Dorf fließt, ohne ein Wort dabei zu reden. Von nun an war Ruhe im Dorf und kein Städter wagte sich mehr heraus. Aber solche Fälle blieben vereinzelt.

Das Landvolk hätte von selber nie daran gedacht, sich zu verschlimmern und von seinen patriarchalischen Tugenden zu lassen, wenn nicht die unvernünftige Aufklärung der Ge-

setzgeber es zwangsweise und durch künstliche Verführungen
aller Art davon abgebracht hätte; der Bauer war höchst
unzufrieden und fühlte sich unglücklich, als man die Güter-
theilungen, den Güterschacher von Amtswegen begünstigte
und einführte, das alte seit Jahrhunderten geschonte Erbe
zersplitterte und in die Krallen habsüchtiger Juden kommen
ließ. Der Bauer sah unwillig drein, als man ihm „feucht-
öhrige Buben" aus den Seminarien mit ungeheuren Ansprüchen und übel verdauter Halbwisserei als Schulmeister
und Schulgehülfen aufdrängte, die der Jugend Unglauben
lehrten und, mit ihren geringen Besoldungen unzufrieden,
Prediger der Revolution wurden. Der Bauer war unzufrieden, als die Minister der Aufklärung ihm die Einimpfung der Pocken gleichsam bei Todesstrafe zur Pflicht
machten, ohne ihn vor Einimpfung ganz andrer Dinge zu
schützen. Es wäre besser gewesen, man hätte Tausende an
den natürlichen Blattern sterben lassen, als daß man Hun-
derttausenden und Millionen das Gift des Rationalismus
einimpfen ließ. Der Bauer machte sogar immer ein ziemlich unbehagliches und dummes Gesicht dazu, wenn man
ihm im modernen Advokatenstyl radikalen Unsinn vorschwatzte,
angeblich um ihm zu dienen und zu helfen. Er ließ sich
wohl täuschen durch die Versprechungen, man werde es dahin bringen, daß er weniger Steuern zu zahlen habe; aber
von dem ganzen Lexikon der Revolutionspartei verstand er
eigentlich kein Wort. Auch blieb der wahre Bauer, der
noch etwas besaß, den Verführungskünsten des Socialismus
unzugänglich. Es läßt sich durch alle Phasen der modernen
Aufklärung, ging dieselbe nun von den Regierungen oder
von der Opposition aus, nachweisen, daß der deutsche Bauer
nie etwas von ihr hat wissen wollen, daß sie ihm in der

Natur zuwider war und daß er instinctartig ihre Schädlichkeit spürte, auch wenn sie ihn mit Wohlthaten zu überhäufen schien. An jeder Verschlimmerung des Volksgeistes, die wir auf dem Lande zu beklagen haben, sind einzig die Regierungen selbst und die städtischen Agitatoren Schuld.

So insbesondere an der zunehmenden Corruption der Dienstboten. Hätte die Staatsweisheit die alte patriarchalische Zucht bestehen lassen, so würde es den Knechten und Mägden nirgends eingefallen seyn, sich emancipiren oder der Herrschaft gegenüber freche Ansprüche machen zu wollen. Aber die Staatsweisheit war es selbst, die den Dienstboten zuchtlos gemacht hat, indem sie alle jene Gesetze und Gewohnheiten zerstörte, auf denen die alte gute Zucht beruhte. Ich kenne ein ehemals wohlhabendes durch seine Kernmenschen ausgezeichnetes Dorf, in welchem seit Jahrhunderten durch strenge alte Sitte auch der alte Wohlstand erhalten worden war. Da kam die neue Gesetzgebung. Ein junger Mann aus der Stadt verführte ein Mädchen jenes Dorfes und heirathete sie nachher. Bei der Hochzeit wurde ihr der Brautkranz von den andern Mädchen des Dorfes abgerissen, weil sie nach uralter Sitte als eine Gefallene keinen tragen dürfe. Es kam deshalb zu einer Schlägerei. Die Staatsweisheit entschied zu Gunsten der Braut und verwies den Bewohnern jenes Dorfes ihren „dummen Aberglauben" hinsichtlich der Jungfernkrone. Die Betheiligten wurden hart bestraft und bald setzte ein zweites Mädchen ohne Gefahr den unverdienten Brautkranz auf; mit dieser alten Sitte kamen auch andere abhanden, das Dorf wurde liederlich und steht jetzt in eben so schlechtem Ruf, als es früher in gutem Rufe stand. — Alle gute alte Sitte ist von der modernen Aufklärung verspottet und verhöhnt worden. Die ländliche Unschuld ist und wird, wo sie irgend noch vorhanden ist, nicht geachtet, sondern lediglich mißbraucht. Durch die revolutionär gesinnten Schulmeister wird auch die Dorfjugend schon vom zartesten Alter an systematisch verdorben. Diese Schulmeister werden aber von Staatswegen abgerichtet und eingesetzt. Der Rationalismus ist in den Schullehrerseminarien noch immer die Regel, und man lehrt den künftigen Schulmeistern noch immer Zeug, was sie auf dem Lande nicht brauchen können und was sie nur zu ewig nicht zu befriedigenden Ansprüchen reizt. Eine so verzogene Dorfjugend, durch keine alte fromme Sitte mehr vom Laster zurückgehalten, empfängt durch die Staatsweisheit auch noch volle Befreiung von der Prügelstrafe und weiß nun, daß sie treiben kann, was sie will, ohne daß man ihr die Haut anrühren wird. Daher das Tabackrauchen, Trinken und Lüderlichen oft schon vor dem Confirmationsjahr und eine Frechheit der Conversationssprache auf manchen Dörfern, vor der man zurückschaudert. Daher die immer wachsende Zahl der Criminalverbrechen auf dem Lande. Und daher auch die Verdorbenheit so vieler Dienstboten vom Lande schon in dem Zeitpunkt, in welchem sie erst in den Dienst treten.

Sind sie in den Dienst eingetreten, so begünstigt die Staatsweisheit abermals alle ihre Unarten und bösen Gelüste. Die Staatsweisheit allein ist es, die das schöne Familienband innerhalb der geschlossenen Güter zerrissen hat. Wer möchte noch als patriarchalischer Knecht dem Bruder oder Vetter dienen, wenn er gleichberechtigt sein Stück vom Gut sich abschneiden und es verkaufen kann! Der Dienstherr kann also nicht mehr auf Blutsfreundschaft bei den Knechten zählen, er muß Fremde anstellen, denen die Staatsweisheit gestaltet, bei größeren Ansprüchen weit weniger zu leisten. Denn alle Gesetze sind in ihrer vermeintlichen Humanität darauf berechnet, die Autorität des Patrons zu schwächen und dem Kinde, Lehrburschen und Gesellen, Dienstboten und Gehülfen um so viel mehr Rechte zu gewähren, als den Eltern, Meistern und Prinzipalen entzogen werden. Man hat eine unmündige Masse mit politischen und Ehrenrechten aller Art bedacht, von denen sie einen rechten Gebrauch zu machen nicht versteht, so wenig wie vom allgemeinen Wahlrechte. Es würde viel weiser gewesen seyn, im Sinne der ältern Gesetzgebung eine gewisse gemeinschaftlich von der Kirche, vom Staat und von der Tradition in der Gemeinde selbst ausgeübte Vormundschaft beizubehalten. Indem die Regierenden möglichst alles der Vernunft des Volks überließen, haben sie sich häßlich verrechnet und die mancherlei Züchtigungen wohl verdient, die ihnen durch den Mißbrauch der gesetzlichen Emancipationen zu Theil geworden sind.

19.
Von der Auflösung des Bürgerstandes.

Nächst dem Bauernstande bildete der Bürgerstand den Kern des Volks. Er stand um eine Stufe höher als das gemeine Landvolk, die Grundlage seiner Existenz war aber auch bei ihm die Arbeit. Niemals war die Arbeit besser organisirt, als im Bürgerstande des deutschen Mittelalters. Sie hatte etwas Freudiges und etwas Ehrenhaftes. Der Meister selbst arbeitete mit seinen Gesellen und Lehrlingen und konnte nicht Meister werden, ohne durch ein Meisterstück bewiesen zu haben, wie gut er arbeiten könne. Sein

Handwerkszeug war ein Ehrenzeichen. Der Ertrag seiner Arbeit, seine ökonomische Existenz war ihm gesichert als Mitglied seiner Zunft oder Innung, in welcher Einer für Alle und Alle für Einen standen und für jeden mit Weib und Kind auch im Unglück gesorgt war, wenn er nicht gegen Zucht und Sitte und die Ehre der Zunft sich verfehlte. Diese Ehre bestand in der Solidität der Arbeit, denn keine Pfuscherei, keine Fälschung wurde geduldet, und in der Ehrbarkeit, denn die Sitte wurde so streng gewahrt, daß ein unehelich Geborner niemals Meister werden konnte. Die Zunft nahm Theil an der Gesetzgebung und Verwaltung der Städte, an deren Vertheidigung, an der Waffenehre. Jede Zunft hatte ihre heitern Jahresfeste, an welchen sie stolz und in vollem Putz sich zeigte. Die Heiterkeit und Gemüthlichkeit des Lebens wurde durch das patriarchalische Verhältniß genährt, in welchem der Meister zu seinen Gesellen und Lehrlingen stand, die bei ihm wohnten und an seinem Tische aßen.

Das ist jetzt alles anders geworden. Irgend ein Kapitalist, der nichts vom Gewerbe versteht, bezahlt einen Faktor, der es versteht, läßt ihn das Geschäft eröffnen, mit Gesellen und Lehrlingen arbeiten, fährt unterdeß spazieren, schreibt die Rechnungen und streicht den Gewinn ein. Alles Patriarchalische ist verschwunden, die Arbeiter essen und schlafen, wo sie wollen, zur Miethe. Nicht der Familientisch des Meisters vereinigt sie, sondern sie kneipen in den Wirthshäusern herum. Der kleine Handwerker kann kaum mehr existiren, denn die Zünfte sind aufgehoben, er hat keinen Halt, keinen Schutz mehr in der Genossenschaft. Die Gesellen gehorchen ihm nicht mehr und steigern ihn im Lohn. Fremdes Volk, besonders Juden öffnen Magazine mit Pfuscherarbeit, die wohlfeiler ist und ihm die Kunden raubt. Die Concurrenz des größeren Kapitals läßt ihn nicht mehr aufkommen, er muß Lohnarbeiter des reichen Fabrikanten werden. Die Noth zieht in seine Familie ein und die Ehrbarkeit aus, wenn das Einkommen nicht hinreicht, den weiblichen Familiengliedern das Mitmachen der Mode zu ermöglichen.

Die ehemalige Zunft von zahlreichen ehrbaren und wenigstens mäßig wohlhabenden Meistern verwandelt sich in eine kleine Zahl reicher Fabrikanten und in eine Mehrheit von heruntergekommenen Handwerkern, die mit der gesicherten ökonomischen Existenz meist auch den sittlichen Werth verlieren und endlich im Proletariat der Fabrikarbeit verschwinden.

Unter den reichen Fabrikanten, wie unter den reichen Börsenmännern, gibt es ohne Zweifel sehr ehrenwerthe Charaktere und auch solche, die sich um das gemeine Wohl bemühen. Aber sie sind nicht die Regel. Diese modernen Reichen aus dem Bürgerstande haben im Allgemeinen die Fehler des alten Adels an sich ohne dessen Tugenden. Sie thun vornehm, aber sie sind gemein. Sie treiben ungeheuern Luxus, ihre Bälle wetteifern mit den Hofbällen; aber das eigentlich Noble wird vermißt. Sie prahlen mit ihrem Gelde viel plumper, als je der stilsfähige Adel mit seinen Ahnen. Sie lieben den Sport, gehen auf die Jagd, reiten und fahren in den elegantesten Equipagen, aber es steht ihnen nicht. Der Kutscher sieht nicht selten nobler aus als der Herr aus. Sie protegiren Sänger, Tänzer, Gaukler, gelegentlich auch Poeten, wenn sie gerade Mode sind, aber alles mit der geschmacklosen Affektation und Ostentation, wie die Glückspilze in der verderbtesten römischen Kaiserzeit, wie sie uns Juvenal, Martial und Petronius geschildert haben. Für echte Kunst oder gar für Wissenschaft thun sie nichts, trotz ihrem vielen Gelde. In großen sehr einträglichen Gewerben hat das Kapital den intimsten Bund mit der Infamie eingegangen, die zur Zeit der ehrbaren zünftigen Gewerbe gebrandmarkt war als Pfuscherwerk. Das sind die massenhaften Verfälschungen gerade solcher Fabrikate, die das größte Publikum von Abnehmern finden und durch die der Fabrikant am schnellsten reich zu werden pflegt.

Der Bürgerstand wurde, so lange noch Klerus und Adel das Uebergewicht im Staate hatten, im Kampf gegen diese Mächte liberal und es bildete sich eine liberale Doctrin aus, welche die Rechte des Bürgerstandes geistvoll verfochten und zuletzt gesiegt hat. Kaum war die Bourgeoisie aber ihrerseits an's Ruder gekommen, so ging auch wieder sie in der Beraubung und Unterdrückung der Kirche und Aristokratie zu weit und dehnte ihre Habgier und Tyrannei bald auch auf den vierten Stand, den der armen Arbeiter, aus. Die Regierungen selbst söhnten sich mit der mächtig gewordenen liberalen Bourgeoisie aus und machten ihr immer größere Concessionen, um ihre Opposition zu beschwichtigen. Die modernen Verfassungen begünstigten durchgängig ein Wahlsystem nicht nach Köpfen, sondern nach dem Census, so daß eine Minderheil von reichen Bürgern die Wahlen beeinflußten und in den zweiten Kammern die Mehrheit erhielten. Als Gesetzgeber bedachten sie sich mit allen neuen Gesetzen nun immer zunächst, selbst auf Kosten theils des Klerus und Adels, theils der ärmeren Classen. In unverhältnißmäßiger und ungerechter Weise wurde den Reichen die Steuerlast erleichtert, den Armen erschwert.

Das Ideal der liberalen Bourgeoisie wurde der Parlamentarismus unter dem Bürgerkönig Ludwig Philipp. Die ganz von der liberalen Kammermehrheit abhängige Regierung bildete damals schon mit den einflußreichsten Kammermitgliedern eine Consorteria, ein Complott zur Bereicherung der Mitwissenden auf Kosten des Staats und der Nation. Sie allein besorgten die Staatsanleihen, verfügten über die Eisenbahnen und andere Regalien, über die Anstellungen, über die Lieferungen ꝛc. und machten die Gesetze, welche die Kapitalisten zum Nachtheil aller andern Classen allein begünstigen, vor allen die Börse und die hohe Industrie. Zweimal wagten unter Ludwig Philipp die armen Seidenarbeiter in Lyon, weil sie bei dem allzu niedrig gesetzten Arbeitslohn nahe am Verhungern waren, die Arbeit einzustellen. Ludwig Philipp und sein berühmter Minister Kasimir Perier ergriffen sogleich Partei für die reichen Kapitalisten, überschwemmten Lyon mit Truppen und ließen die unglücklichen Arbeiter zu Hunderten niederschleßen.

Es hat nicht an Menschenfreunden gefehlt, welche in genauen statistischen Tabellen die ungeheure Verwahrlosung der arbeitenden Classen durch die reiche Bourgeoisie, durch das Capital nachgewiesen haben. So hat Pfau in seiner Schrift über die sociale Frage im Jahr 1866 von dem fabrikreichen Mühlhausen im Elsaß berichtet, daß die Sterblichkeit in der arbeitenden Classe die der Fabrikherrn um mehr als das Doppelte übertreffe. Von hundert Fabrikherrn wurden zweiunddreißig über fünfzig Jahre alt, von hundert Webern aber nur acht, von hundert Spinnern gar nur drei. Andere haben mit derselben statistischen Genauigkeit dargelegt, daß die Kapitalisten, während ihnen unter dem Schutz der Gesetze das Maximum vom Nationalvermögen zufließt, an Steuern verhältnißmäßig nur das Minimum leisten.

Diese Wahrheiten aber will man nicht hören. Die Bureaukratie, obgleich selbst oft ein wenig hungerleidend, ist doch stolz auf die Industrie, die unter ihrem Schutze gedeiht. Die liberalen Kammern schwärmen für die Industrie. Der Wohlstand eines Landes wird nur noch nach der Zahl seiner Dampfkessel und Kamine berechnet. Aber daran denkt man nicht, daß die Race verdirbt. Man macht die Menschen zu Sclaven der Industrie und diese Sclaverei ist die härteste, die es jemals gegeben hat. Dabei rühmt man sich, die letzte Spur ländlicher Hörigkeit vertilgt und alle Menschen frei und gleich gemacht zu haben. Wenn man dem Fabrikarbeiter, der mit Weib und Kindern hungert, den Wahlzettel in die Hand drückt, wird er davon satt? Die vielgerühmten Rechte und Freiheiten, welche der moderne Kammerliberalismus dem Volke in überschwänglicher Fülle zuerkennt, haben in Deutschland wie in Frankreich überall nur das Kapital privilegirt. Sie gingen von der reichen Bourgeoisie, den Kapitalisten aus und von den Advocaten, die im Solde derselben schwelgten. Das ganze Bürgerkönigthum in Frankreich, in welchem dieser Liberalismus culminirte, war eine Lüge, mit der man das arme Volk betrog. Jedem gewährte die völlig freie Concurrenz das gleiche Recht, aber nur der Reiche konnte davon Gebrauch machen, dem Armen half es nichts.

In neuerer Zeit hat das Kapital in Deutschland seinen unermüdlichsten Advocaten an Schulze-Delitzsch gefunden. Derselbe muthet den Kapitalisten nicht zu, den Arbeitern ein Opfer zu bringen. Sie sollen fort und fort ungeschmäleri ihre Beutel füllen und die Arbeiter sich mit ihrem geringen Lohne begnügen. Die letzteren aber sollen sich selber helfen durch Sparen und durch Bildung. Die Ermahnung zum Sparen ist wohl angebracht gegenüber von solchen Arbeitern, welche bei größerer Geschicklichkeit in feinerer Fabrikation täglich mehr verdienen, aber den Verdienst auch wieder durch die Gurgel jagen; dieselbe Mahnung zu sparen ist aber ein Hohn gegenüber armen Spinnern, Webern, Bergleuten, welche nur wenig verdienen und mit ihren Familien täglich vor dem Hungertode stehen. Und die Bildung? Gott im Himmel! Die Leute hungern und ihr wollt sie mit Bildung füttern. Ihr schreibt Journale für sie, ihr haltet ihnen Vorlesungen über Shakespeare, über Schiller, über Uhland und seine Bedeutung als Dichter, über Lessing und seinen christusfeindlichen Nathan, sogar über Ben Johnson und Macaulay ꝛc. Ist das nicht Hohn? Gesetzt auch, es wäre möglich, den Arbeitern in Nebenstunden den ganzen süßen Brei moderner ästhetischer und literarischer Bildung einzulöffeln, er könnte sie ja nicht sättigen. Die armen Leute brauchen Brod.

Arbeiter schon reiferen Alters können nicht mehr lernen, wozu man allenfalls die Jugend abrichten könnte, und würden, wenn man ihnen etwas praktisch Brauchbares lehrte, sogleich die Fabrik verlassen und ihren Beruf mit einem besseren vertauschen.

Das Hauptübel ist, daß die s. g. Bildung, die man den Arbeitern unentgeldlich anbietet, in der Regel nur den Zweck hat, sie anzuwerben zu Werkzeugen der liberalen Partei bei Wahlen ꝛc. Hierin läuft ihnen aber die demokratische Partei den Rang ab, welche viel drastischere Mittel anwendet, um dem Arbeitervolk Hoffnungen zu erwecken, welche nach dem Rezept Lasalles weit über die armseligen Tröstungen der liberalen Bourgeoisie hinausgehen. Beide Parteien aber, die Demokraten wie die Liberalen, huldigen dem antichristlichen Zeitbewußtseyn. Die Demokraten kolportiren unter den Arbeitern Schriften und Uebersetzungen Renans und der Materialisten und rauben ihnen systematisch den Trost der Religion, um ihre Unzufriedenheit bis zur revolutionären Fieberhitze zu steigern.

Kolping hat sich das große Verdienst erworben, allen diesen bösartigen Agitationen durch Gründung religiös gesinnter katholischer Gesellenvereine entgegenzuwirken, und dieses Beispiel ist auch von frommen Protestanten mehrseitig nachgeahmt worden. Andrerseits hat auch der s. g. deutsche Handwerkertag, der das Interesse des kleinen Gewerbes der Tyrannei des Kapitals gegenüber vertritt, an den Segen erinnert, der auf den älteren gewerblichen Genossenschaften ruhte. Aber die große liberale und demokratische Strömung der Zeit und die Verführung der Arbeiter zur Genußsucht und revolutionären Hoffnungen hat jene edlen Bestrebungen noch nicht so weit aufkommen und gedeihen lassen, daß man erwarten könnte, sie würden in nächster Zeit den Sieg erringen.

20.
Von den liberalen Philistern.

Die Signatur des deutschen Philisters bleibt immer die classisch geschulte Spießbürgerlichkeit, welche übrig blieb, als nach Auflösung und Trennung der Kirche und des Reichs der deutsche Bürgerstand seine Selbstständigkeit verlor, aber durch desto größern Stolz auf den Kleinstaat, dem er angehörte, und durch die Aufklärung getröstet wurde. Der Name ist auf den Universitäten in Gebrauch gekommen, um den ängstlich berechnenden Spleßbürger gegenüber der frischen freien und muthwilligen Jugend zu kennzeichnen. Als zur Zeit der Fremdherrschaft unter Napoleon die romantische Schule in Deutschland eine neue religiöse und patriotische Begeisterung weckte, faßte sie den Philister als den bürgerlichen Repräsentanten des vorigen Jahrhunderts mit seinem classischen Schulzopfe, mit seiner kosmopolitischen Aufklärung, seiner particularistischen und rheinbündischen Vaterlandsvergessenheit auf. So namentlich die Romantiker in Heidelberg im Jahre 1807, Görres und Arnim gegen Voß. Die große Zeit von 1813 aber konnte dem Philisterthum kein Ende bereiten, denn die Metternich'sche Politik sorgte dafür, es dem erwachten Nationalgeist, dem christlich deutschen Programm der Burschenschaft mit neuen Stützen als unübersteiglichen Damm entgegenzustellen. Kleinstaaterei und Philisterei behielten die Oberhand und deckten sich gegen jeden Vorwurf mit der Aufklärung, an deren Faden sie fortspannen, und welche sie als die köstlichste Errungenschaft der Neuzeit mit erkünstelter Begeisterung trieben und mittelst der Schulmeisterei auch dem Landvolk mitzutheilen beflissen waren. Die Politik des Auslands, Oesterreichs und der Mittelstaaten, weder für das Christenthum, noch für die deutsche Nationaleinheit eine Begeisterung aufkommen zu lassen, eine Politik, bei der nach der Restauration leider auch Preußen sich betheiligte, fand ihre vollste Zustimmung und Unterstützung beim deutschen Philisterium, so daß die eifrigen Christen, die sich in das Nivellement der Aufklärung und des Cäsaropapismus nicht ergeben wollten, wie auf katholischer Seite der Kölner Erzbischof und seine Getreuen und auf protestantischer die Lutheraner in Schlesien, als Staatsverbrecher behandelt werden konnten und nicht einmal auf Popularität rechnen durften.

Am Faden der Aufklärung weiter spinnend wurde aber der deutsche Philister allmälig liberal und zwar in dem Maaße, in welchem die alten Bourbons in Frankreich den verachteten Klerus wieder zu erheben suchten, England die Katholiken emancipirte, Oesterreich vom Josephinismus mehr zur Concordatspolitik überging und in Preußen seit 1840 die Verfolgung der Kirche aufhörte. Der deutsche Philister würde sich der Nachahmung des französischen Liberalismus nicht so besinnungslos hingegeben haben, wenn er nicht kopfscheu geworden wäre durch die mancherlei Symptome einer beginnenden christlichen Reaction gegen die bisherige seichte Aufklärerei. Wie feig der Philister nun auch immer den Regierungen gegenüber gewesen war, so tapfer bisher immer gegen die Kirche, und als nun unter Ludwig Philipp der Liberalismus in Frankreich zur Herrschaft gelangte, erhöhte das auch die Zuversicht des deutschen Philisters. Bald fing er an zu lärmen und zu renommiren, da er es ohne Gefahr thun zu dürfen glaubte. Machte doch das Verfassungswesen allmälig in Deutschland immer mehr Fortschritte und damit das Kammergeschwätz, ging ein großer Theil der Bureaukratie selber zum Liberalismus über und gaben diesem die Regierungen immer mehr nach.

Indem die sog. Fortschrittspartei in den Kammern und in der Presse immer mehr Boden und auch Zeit gewann, sich zu organisiren, bemeisterte sie sich des Philisteriums hauptsächlich mittelst der Vereine. Als Mitglied eines politischen oder auch nur halb politischen Vereins, wie die der Schützen, Turner, Sänger, fühlte der Philister sich unendlich glücklich und stolz. Bogumil Golz sagt in seinen Feigenblättern von 1864 sehr wahr: „Vor Zeiten gab es nur für die Schaafheerden sogenannte Leithammel, und heute überlassen sich die gebildetsten Honoratioren den Leitartikelschreibern, den publizistischen Leithammeln, und fühlen sich in ihrer lastrirten Persönlichkeit (nämlich im unpersönlichen rein objectiven Geiste) so lustig und leicht, wie sich nie zuvor ein altmodischer Mensch mit dem Bewußtseyn seiner vollen, auf sich selbst gestellten Manneskraft gefühlt hat. Ach, es geht nichts über die Erleichterung, sein altmodisches Eingeweide mit allem, was drum und dran baumelt, z. B. mit Glaube, Liebe, Romantik, Idealismus und Humor losgeworden zu seyn! Was brauchte sonst ein Mann alles, um ein Mann und ein vollständiger Mensch, um eine Person, ein Charakter zu seyn; und wie wohlfeil hat er es heute, sobald sein Geist gehämmelt, d. h. schematisirt, uniformirt, zur Vereinsmünze ausgeprägt, mit einem Wort: zum socialen Dummkopf gemacht worden ist. Es geht nichts in der Weltgeschichte über diesen geistigen Communismus, über diese Erfindung, über diese russische Uniformität der Seelen, über dieses auf die Geister in Anwendung gebrachte Exercierreglement. — Verglichen mit ihm, ist die Soldatendisciplin, das Commisleben und die Commisbildung eine romantische, freie Naturwucherung! Das Fühlen war schon lange abgeschafft; das eigne Denken besorgt der Verein. Der Vereinsgestempelte hat nichts weiter zu thun, als zuzuhören, zu unterzeichnen, zu zahlen, zu turnen, zu singen, in Massen zu fahren, zu essen, zu trinken, zu toasten, die Parolen zu lernen, die vorgeschriebenen Zeitungen zu lesen und alles in Gedanken anzuspeien, was nicht zu dem Verein gehört."

In der überschwänglichen Selbstüberschätzung des Philisters mischen sich verschiedene Gefühle. Bald reißt sie ihn fort, sich für einen Helden zu halten, wenn er die fortschrittlichen Phrasen alle anhört und bei Zweckessen selber in solchen Phrasen redet; bald wird er gerührt. Er glaubt nämlich, wenn er ein wenig angetrunken ist, er arbeite am großen Bau der Menschheit, an der wunderbaren Verwandlung der Menschheit in die Gottheit durch das aide toi. Durch das ganze Philisterium geht ein sentimentaler Zug, wie er seit Rousseau durch die Freimaurerei, durch die gesammte schöne Literatur, durch die Schwärmerei für die junge Republik in Amerika und für Freiheit und Gleichheit in Frankreich hindurchgegangen ist, und wie er sich noch in jüngster Zeit in den pädagogischen Schwärmereien Diesterwegs und der Fröbel'schen Kindergärten wiederholt hat. Der selbstgerechte Philister kann, wie prosaisch er auch sonst seyn mag, doch unendlich gerührt werden, wenn er in sich selbst die Gottheit spürt, an die zu glauben, wie man ihm einredet, die erste Menschenpflicht seyn soll. Das verleiht dann seiner Photographie jenes bürgermeisterliche Air unendlicher Selbstschätzung, wie es jetzt gäng und gäbe ist. Daneben aber macht sich die weniger hoffärtige und nur lebenslustige Gemeinheit der jüngeren Generation breit, die am liebsten an Gott gar nicht denkt, sich an Pflichten gar nicht erinnern lassen will, in den Tag hineinlebt und dabei schlechte Witze macht, in jedem frommen Christen einen Mucker oder Jesuiten sieht und dem kleinen Juden Heine die Affenmiene ablernt, mit der man die Kirche angrinsen soll. In unzähligen Gesellschaften, in die man auf deutschem Boden kommt, wird man solche alte Philister und junge Libertins zu Haufen beisammen sitzen sehen, und unter ihnen ist es dann freilich leicht, Parteigenossen gegen alles Kirchliche zu finden. Wo es aber hinführen wird, darum kümmert sich der Philister nicht. Welche Dämonen unter dem Felsengrund der Kirche gebändigt liegen und wie sie alle wieder erwachen und mächtig würden, wenn jener Felsen bräche, davon ahnen sie nichts. Das politische Bramarbasiren der Philister hat keine Bedeutung, denn man weiß schon, wie sie sich verkriechen, wenn es zum Ernst kommt. Aber ihr Religionshaß ist nachhaltiger, weil eingewurzelt und aufrichtig. Im gebildeten deutschen Publikum und bei einem sehr großen Theil der Bureaukratie ist eine Abneigung gegen alles specifisch Christliche (in protestantischen wie katholischen Formen) fast allgemein und das Vorurtheil, man könne auch ohne Kirche mit bloßer Humanität und Moral auskommen, herrscht durchgängig vor. Im Namen des Protestantismus eifert man sich in einen glühenden Haß gegen die katholische Kirche hinein. Im Namen der Bildung glaubt man ebenso das specifisch Christliche im Protestantismus selbst perhorresciren zu müssen. Es ist das nicht nur die üble Gewohnheit einer im Rationalismus aufgewachsenen Generation, die aus Bequemlichkeit nicht tiefer über die Sache nachdenken will. Viele sind so verständig, einzusehen, der gemeine Mann bedürfe noch der Kirche, wenn er nicht gänzlich verwildern solle, und nur die gebildeten Klassen seyen berechtigt, sich von allem Kirchlichen zu emancipiren. Andere aber wollen immer die Hoffnung noch nicht aufgeben, auch den gemeinen Mann durch Volksunterricht noch bis auf die Höhe des gebildeten Publikums schrauben zu können. Die Stimmung kommt den destructiven Tendenzen ungemein zu statten und ist der Revolution bisher noch in jeder Ruheperiode förderlicher als alles andere gewesen. Mit offener oder geheimer Zustimmung des gebildeten Publikums wird nämlich der Unglaube fort und fort in den tiefern Schichten der Gesellschaft verbreitet, theils durch den Volksunterricht (wurzelnd in den meist vom unchristlichen Geist durchdrungenen Schullehrerseminarien), theils durch die Presse, besonders durch die nichtswürdigsten Lokalblätter. Die Zahl derer, die nichts mehr glauben, wächst im Volk und namentlich in der Jugend immer ungeheuerlicher an, und ihr Unglaube äußert sich, wie es nicht anders möglich ist, in den rohesten und brutalsten Formen. Was katholische und protestantische Gläubige dagegen wirken, wird vom Philisterium nicht weniger als von der destructiven Partei verdächtigt. Wirkt die Kirche allein, ohne Zustimmung des Staats, so glaubt man die fürchterlichste Hierarchie im Anzug. Wird die Kirche vom Staate unterstützt, so schreit das ganze Philisterium unisono mit der Demokratie über Reaction und Gewissenszwang. Unter diesen Umständen erklärt sich, wie nicht nur in der vormärzlichen Zeit Dr. Strauß, Ruge, Bruno Bauer das Christenthum bereits in Abgang betretiren, sondern auch noch in der nachmärzlichen Zeit Männer wie Diesterweg ꝛc. ihre Utopien nochmals zur Schau stellen konnten. Das Philisterium, welches solchen Richtungen fort und fort seinen Beifall schenkt, weiß selber nicht, was es thut, denn es will selber keine Revolution und arbeitet ihr doch in die Hände. Es gleicht der armseligen Grasmücke, die vor dem riesenhaften Kuckuksknd in ihrem Neste beständig zittert und es doch in dummer Liebe groß und immer größer füttert.

Von einem höheren Gesichtspunkt erscheint dieses Treiben ganz trostlos und wie ein Wahnsinn. Man wird dabei an die Schilderungen erinnert, welche uns die Propheten vom Volke Gottes hinterlassen haben. Dieselbe Verstocktheit und Blindheit, derselbe Trotz, dieselbe Bequemlichkeit, dieselbe sich klug dünkende Thorheit, derselbe falsche Eifer kehrt in unsern Tagen wieder. Ueberall dient man fremden Götzen und hofirt falschen Propheten. Daß eine große Zukunft bevorstehe, glaubt Jeder, und man sucht den Messias, nur nicht da, wo er ist. Man rechnet sich die Sünde als Tugend, die Gottlosigkeit als Religion an. Die Sünden gegen den heiligen Geist waren noch in keiner Zeit der Weltgeschichte so frech, als in der heutigen. Noch aber hat jede Gottlosigkeit der Völker ihre furchtbare Strafe gefunden, und wird sie wieder finden. Der Taumelkelch der Völker birgt in seiner Hefe den bittern Tod. Man wird sehen, wie man ohne Gott und ohne Kirche auskommt, wenn die Revolution ihre letzten plutonischen Hebungen unter den Füßen der selbstgerechten Philister beginnen wird.

21.
Von der beginnenden Auflösung der Familie.

Der moderne Zeitgeist verlangt principiell die Emancipation des Individuums von jeglichem Bande, von jeglicher Schranke. Es soll nicht mehr gebunden seyn an Gott und seine Gebote; darum wird Gott selbst und die Autorität der Bibel geleugnet, auch kein Kirchengebot mehr als verbindlich erachtet. Auch der Staat soll sich mit einem Minimum von Pflichten, die er ihm auflegt, begnügen und jedenfalls nicht über dieses verfügen dürfen, außer durch

Vermittlung der von allen Individuen gewählten Gesetzgebung. Ebensowenig soll die Gemeinde das Individuum einschränken dürfen und die Corporationen, die Genossenschaften sind ohnehin verschwunden. Es bleibt nur noch übrig, das Individuum auch noch von den Familienbanden loszumachen.

Noch halten diese Bande als die letzten den größern Theil der Menschheit mit einer gewissen Gewohnheitszählgkeit fest, während eine Minderheit sich schon von ihnen losgerissen hat und die Veranlassungen zum Losreißen sich auf allen Seiten vermehren. Vor allem werden diese Bande nicht mehr im Ernst für heilig gehalten, wie man überhaupt nichts mehr für heilig hält, was den Menschen im gegebenen Falle genirt. Wer sich gewöhnt hat, unbedingte Freiheit im Staat und in der Gemeinde anzusprechen, läßt sich auch nicht mehr gern durch eine zarte Rücksicht auf Frau und Kinder binden und wenn man ihm von Heiligkeit seiner Verpflichtung vorredet und moralischen Zwang anthun will, so wird er nur noch widerspenstiger. Luxus und Genußsucht, das schlechte Beispiel der Theater und Romane tragen zur Verführung bei. Ehebrüche, leichtsinniges Verlassen von Weib und Kind und heimliche Flucht nach Amerika sind etwas ganz Gewöhnliches unter den Männern; desgleichen Ehebrüche, Prostitution, sogar käufliche mit Wissen des Mannes unter den Frauen. Deßhalb hat die Gesetzgebung selbst und zwar ganz im Geist der Zeit es vorgezogen, anstatt dem Verbrechen zu steuern, es nicht mehr in einem so hohen Grade wie früher als Verbrechen anzusehen, um wenigstens den Schein zu retten und damit die Sache nicht mehr so viel Aufsehen mache. Durch die äußerste Erleichterung der Ehescheidung kommt man nun allerdings in manchen Fällen dem Ehebruch zuvor, vergißt aber, daß man damit das ganze Institut der Ehe offiziell entheiligt und discredibilirt. Das Gesetz erlaubt Dinge, die in christlichen Ländern bisher unerhört waren, wenn auch Aehnliches in den verworfensten Zeiten des altrömischen Kaiserthums vorgekommen ist. Man möge darüber das Werk von Parent-Duchatelet über die Prostitution in Paris nachlesen. Einen Beitrag dazu liefern auch die s. g. Louisheirathen in Berlin.

Doch wir wollen uns auf die Corruption in den großen Städten nicht einlassen, die von jeher ein schwarzer Fleck in der Weltgeschichte war und bleiben wird. Auch die Corruption der höheren Stände, die von jeher aus dem Uebermuth des Wohlseyns entsprang und die im höhern oder geringern Grade immer wiederkehrt, lassen wir als unvermeidliches Uebel bei Seite liegen und fassen nur die große Masse der mittlern Classen ins Auge, die der Corruption weniger zugänglich waren, ehe der moderne Zeitgeist der Verführung alle Thore öffnete. Das Schlimmste dabei ist, daß künstliche Nothstände herbeigeführt worden sind, welche die frühere Zufriedenheit der Mittelclassen grausam gestört haben. Wäre man aufrichtig, so würde man es eingestehen und würde darüber klagen. Aber man schämt sich aus Hochmuth und nimmt lieber den Schein der Befriedigung an. In wie vielen Wohnungen der Mittelclassen, der s. g. Honoratioren, ist ein Salon mit schönen Möbeln zu finden und sind die Damen des Hauses kostspielig nach der neuesten Mode gekleidet, wird mittelmäßig Musik getrieben, wird unnützer Tand gestickt und gehäkelt, während die Familie, um diesen Aufwand zu bestreiten, sich oft kaum satt zu essen wagt. Die Anstellungen im Staate gewähren nur eine kleine Jahreseinnahme, während alle Lebensbedürfnisse theurer werden und der Anstand verlangt, daß man alle Moden mitmache. Das kleine Gewerbe, die kleine Kaufmannschaft können je länger je weniger die Concurrenz aushalten. Daher die massenhafte Auswanderung junger Männer aus den Mittelclassen in die großen Städte des Auslands oder nach Amerika, wo sie mit ihrem Fleiß mehr zu verdienen hoffen. Die im Vaterland zurückbleibenden jungen Männer müssen lange in einem Amte dienen, ehe sie eine Familie ernähren können. Ebenso können viele junge Geschäftsmänner nicht heirathen, wenn sie nicht eine reiche Frau finden. Diese werden aber immer seltener. Daher bleiben so erstaunlich viele Mädchen und vorzugsweise aus dem gebildeten Mittelstande sitzen und bekommen keinen Mann. Den Mädchen selbst geschieht dadurch ein Unrecht, denn sie verfehlen ihren natürlichen Beruf, während Umgang, Bildung, Lectüre und Kunst ihre Sinne reizen. Den jungen Männern geschieht ein Unrecht, die ihr Geschlecht nicht fortpflanzen oder zu spät heirathen, oder sich der Lüderlichkeit ergeben, weil sie die Mittel nicht hatten, zur rechten Zeit zu heirathen. Der Nation selbst geschieht dadurch Unrecht, denn durch die Kinderlosigkeit starker und gesunder Männer, starker und gesunder Mädchen von schöner Race, von besserer Erziehung und Bildung geht der Nation ein höchst werthvoller Bestandtheil verloren, während ihr durch die zahlreichen Kinder des Proletariats, der entnervten Fabrikbevölkerung und der Juden ein ungleich minder werthvoller Bestandtheil zuwächst. Auch durch die Geldheirathen wird die Race selten verschönert, die Sitte veredelt. Nicht zu reden von der Ueberzahl unehelicher Kinder, die so häufig von Geburt an für die Corruption bestimmt scheinen, weil derselbe Nothstand, oder dieselbe Gewissenlosigkeit, welche ihre Eltern zur Ehelosigkeit verdammte, sie auch hindert, für die Bastarde zu sorgen.

Würde man die Statistik der europäischen Länder in Bezug auf diese Fragen vergleichen, so würde man auf überraschende Ergebnisse stoßen. Eine Dame, die sich für den Stammbaum ihrer Familie besonders interessirt, wies mir vor ungefähr zehn Jahren einmal nach, daß in ihrer allerdings durch ganz Deutschland in einer gräflichen und freiherrlichen Branche ausgebreiteten Familie, damals nicht weniger als 72 Comtessen und Baronessen lebten, die aus Mangel an Vermögen keine Männer gefunden hätten. Staatsrath von Rümelin wies vor wenigen Jahren in den würtembergischen Jahrbüchern nach, daß in dem kleinen Königreich Würtemberg 90,000 heiratsfähige Mädchen mehr als heiratsfähige junge Männer existirten. Das ist unter den vielen Unnatürlichkeiten unseres socialen Lebens eine der größten und doch fährt der rasselnde Triumphwagen der Staatsweisheit des liberalen und des industriellen Fortschritts achtlos und unbarmherzig über so viele gebrochene Herzen hin.

Die Verheiratheten mit ihren Familien bleiben von den Raubgriffen des Zeitgeistes nicht verschont, denn er will ihnen den eigenen Herd und die Heimat entreißen. Es liegt in der Zeit, die Bevölkerung nicht mehr in ihren festen heimatlichen Erbsitzen zu leiten, sondern fortzutreiben und in immer größern Dimensionen zu einer Art von Nomadenleben zu verurtheilen. Dazu wird nicht etwa blos die Armuth gezwungen, die Unruhe hat sich auch der Wohlhabenden bemächtigt. Vor fünfzig Jahren war das Umherziehen, der Wohnungswechsel, die Kasernirung vieler Familien in einem großen, zu diesem Zweck auf Speculation gebauten Hause, noch bei weitem seltener als jetzt. Damals galt noch das Sprüchwort: eigner Herd ist goldeswerth. Der Mensch hatte noch eine Heimat, das Kind ein Vaterhaus. Jetzt wohnt fast alles zur Miethe, und Häuserbesitz ist nur noch eine Sache der Speculation, weil der unaufhörliche Zufluß der Bevölkerung vom Lande her in den Städten den Häuserwerth erhöht. Das ganze Familienleben war vor fünfzig Jahren einfacher als heute, in Bezug auf die Kinderzucht noch etwas strenger, in Bezug auf unbefangenen gesellschaftlichen Verkehr aber bei weitem liberaler. Insbesondere war für die weiblichen Mitglieder der Familie ungleich besser gesorgt. Zwar hatte das leidige Clavierklimpern damals schon angefangen, war aber noch lange nicht so allgemein verbreitet wie jetzt und zog die Mädchen noch nicht von nützlicher Hausarbeit ab. Arme Kinder brauchten noch nicht in Kleinkinderschulen, wohlhabende in Pensionen untergebracht zu werden. Die Eltern hatten noch Zeit und Raum übrig, um ihre Kinder unter den Augen zu behalten. Es ist nicht Noth oder Geschäftsdrang allein, was die Eltern aus dem Hause treibt, es ist Vergnügungssucht. Man will sich zerstreuen, die Saison in Bädern zubringen. Sogar in den weniger bemittelten Classen sind die Hochzeitsreisen Mode geworden. Diese leidigen Hochzeitsreisen drücken am besten die Rücksichtslosigkeit aus, mit welcher der moderne Zeitgeist alles Gemüthliche der Heimat und des Familienfriedens flieht. Der Mensch sollte von den Zugvögeln lernen, wenn es Zeit ist zum Nestbauen und wenn es Zeit ist zum Reisen. Aber das Natürliche gilt nicht mehr.

Die Hauptsache ist, daß noch vor fünfzig Jahren jungen Leuten das Heirathen sehr erleichtert war. Man sah damals nur sehr selten alte Junggesellen und alte Jungfrauen. Jetzt wimmelt es davon. Ein Freund von mir kannte in einer Stadt von 18,000 Einwohnern vor fünfzig Jahren nur zwei notable Junggesellen und im ganzen Kreise seiner Verwandten und Bekannten nur eine alte Jungfer. Man heirathete leichter, weil der Luxus noch nicht so hoch gesteigert war, weil das Einkommen noch für die Ausgaben reichte und weil die jungen Leute leichter Gelegenheit fanden, einander kennen zu lernen. Referent lebte damals vier Jahre lang in einer kleinen Stadt, wo folgende Sitte seit lange eingeführt war. Alle Jünglinge und Jungfrauen des Honoratiorenstandes vereinigten sich Sonntags zu kleinen Landpartien, zum Tanz auf einer Wiese, zum Spielen im Freien, im Winter zu geselliger Unterhaltung in einem Saal, zu einem Ball oder Concert. Davon waren alle Verheiratheten ausdrücklich ausgeschlossen. Man überließ die jungen Leute ganz sich selbst und traute ihrem Schicklichkeitsgefühl. Zugleich kontrolirten die Mitglieder sich gegenseitig und jeder hütete sich, die gemüthliche Harmonie zu stören. Da hatte jeder Jüngling Gelegenheit zu wählen und die Gewählte näher kennen zu lernen. Mit welcher peinlichen Aengstlichkeit werden dagegen jetzt die beiden Geschlechter von einander abgesperrt und erhebt sich Geklatsch, wo irgend ein freundlicher Blick fällt. Oder nehmen die Mädchen eigensinnige Manieren an, weil sie an vielseitigen Umgang nicht gewöhnt werden.

Der Besuch von öffentlichen Gärten in gewähltem Putz ersetzt heutzutage keineswegs, was Jugendgesellschaften, wie die oben erwähnte, und der freiere Zutritt zu den Familien leistete. Man nähert sich nicht mehr unbefangen und im Hauskleide, sondern man spielt eine Rolle, man will imponiren oder locken. Die armen Mädchen in ihren Luxuskleidern, die häufig nicht einmal zu ihrem geringen Vermögen paſſen, gleichen, wenn ſie ſich auch zu lächeln beſſleißigen, doch mehr oder weniger jenen Unglücklichen, die der Sclavenhändler auf dem Bazar gern an den Mann bringen möchte.

In den Städten bildeten die hausbäbllchen Meiſter ſämmtlicher Handwerke den ſehr achtbaren Kern der Bürgerſchaft. Sie waren noch in Innungen vereinigt. Sie hielten noch auf Ehre des Handwerks, auf ſolide Arbeit, auf häusliche Zucht und Sitte. Die Geſellen ſaßen noch an des Meiſters Tiſche. Es waren noch patriarchaliſche gemüthliche Zuſtände. Ein mäßiger Wohlſtand war über die ganze Bürgerſchaft verbreitet. Es gab wenig Nahrungsloſe. Auch der ärmere Meiſter konnte ſich noch fortbringen. Damals durften noch keine fremden Juden mit Kleidermagazinen in die Städte einbrechen und durch Verſchleiß etwas wohlfeilerer, aber auch viel ſchlechterer Waare dem einheimiſchen Gewerbe die Kunden abführen.

Früher tendirte alles einer Heimath, einer bleibenden Stätte zu, jetzt tendirt alles hinaus. Die große Auswanderung nach Amerika übt gleichſam ihren Rückſchlag auf Deutſchland, daß auch bei uns im eigenen Lande immer gewandert, die Wohnung gewechſelt wird, auch die Stände und Berufsarten keine Heimath und keine beſtimmte Grenze mehr haben. Kurz wir nordamerikaniſiren immer mehr.

Am beklagenswertheſten und zugleich für die Zukunft der Völker am verhängnißvollſten iſt der Verluſt der Heimat und die Auflöſung der Familien für die ärmere, insbeſondere für die in den Fabriken arbeitende Claſſe. Dieſe Armen ſind verurtheilt, entweder in Kellern und den engſten und unreinlichſten Winkeln alter Häuſer oder in Arbeiterkaſernen zu wohnen. In den erſtern gehen die Kinder mehr phyſiſch, in den andern mehr moraliſch zu Grunde. Das extremste Elend dieser Art kommt bis jetzt nur in England vor; da jedoch das Fabrikwesen in fabelhafter Progression im übrigen Europa um sich greift, wird bald überall auch das Elend den Grad des englischen erreichen. Wo hat das kleine Handwerk, wo hat der Fabrikarbeiterstand seine Heimath? Leon Faucher erzählt in seinem Werk über die socialen Zustände Englands von einer Wohnung in London, die in einem der schmutzigsten Winkel der Stadt (in White Chapel) gelegen aus einem engen Zimmer bestand. Hier schliefen in einem Bett Vater und Mutter, ein schwindsüchtiger Sohn von zwanzig, ein scrophulöses Mädchen von siebzehn Jahren und noch ein kleines Kind. In demselben Zimmer arbeiteten den Tag über noch drei Schneidergesellen. Ein anderes kleines Zimmer war von mehreren Familien zugleich bewohnt. Ganz Aehnliches kommt auch in Deutschland vor. Ich selbst besuchte einmal einen armen jungen Mann, welcher krank geworden war. Ich fand ihn in einem alten baufälligen Hause in einer dunklen und engen Gasse, in einem kleinen Zimmer, welches fast ganz mit einem uralten, aber nichts weniger als glänzenden Himmelbett ausgefüllt war. Darin lag der arme todkranke Jüngling und jede Nacht legten sich seine alte Mutter und sein unfreundlicher Stiefvater zu ihm in dasselbe Bett, denn die Familie hatte keinen weitern Raum. In wenigen Tagen wurde der Stiefvater von dem lästigen Sohn befreit, dessen dankbaren Blick, als ich ihn unmittelbar vor dem Tode noch einmal besuchte, ich niemals vergessen werde.

Nun denke man sich die große Zahl der kleinen unmündigen Kinder, die in der ungesunden Luft solcher engen Wohnungen aufwachsen, häufig unter Eltern, die das Elend gottlos gemacht hat. Faucher berichtet aus der Statistik

Londons, daß daselbst binnen acht Jahren 2700 syphilitische Kinder in drei der größten Krankenhäuser aufgenommen worden seyen. Die Sterblichkeit der Kinder in den Fabrikstädten hat von Jahrzehnt zu Jahrzehnt zugenommen, wie wenigstens in England statistisch beurkundet ist, und man darf sagen zum Glück, denn in diesen Kreisen ist Sterben besser als Leben. Benedey berichtet uns im dritten Band seines Werks über England, in der großen Fabrikstadt Manchester seyen binnen neun Tagen elf Kinder durch Vernachlässigung theils verbrannt, theils ertrunken. Der schon genannte Faucher berichtet von Wolverhampton: „In den Steinkohlengruben fangen die Kinder oft mit dem vierten oder fünften Jahre an zu arbeiten. Man stellt sie als Trapper an. Hinter einem Pförtchen oder hinter einer Fallthür lauernd ist ihr Amt sie zu öffnen, um die Steinkohlenwagen hindurch zu lassen und die Thür sogleich wieder zu schließen. Wenn das Kind das Schließen vergißt, so erhitzt sich das Gas, welches der Steinkohle entströmt und kann eine Explosion verursachen. Das Kind steigt um 3 oder 4 Uhr Morgens in den Schacht, um ihn erst um 5 oder 6 Uhr Abends wieder zu verlassen. Die ganze Woche bleibt es in Dunkelheit und Feuchtigkeit allein." Noch weit mehr andere Kinder, die in den Fabriken oder Bergwerken nicht verwendet werden können, müssen zu Hause bleiben, während Vater, Mutter und ältere Geschwister den ganzen Tag über in der Fabrik zubringen. Man schläfert sie ein; früher that man das mit Branntwein, jetzt mit Opium. Benedey sagt: „Uebermaaß der Arbeit, schlechte Kost und Hunger, schlechte Kleidung und Wohnung, besonders die schlechte Luft in den Werkstätten, der Dunst der Maschinen, dann der Branntwein, womit die Eltern, wenn sie zur Arbeit gehen, unterdeß ihre Kinder daheim — einschläfern, haben in einer ungeheuern Ausdehnung die englische Bevölkerung degenerirt und entnervt, die Gestalt verkleinert und mit scrophulösen Uebeln und Schwindsucht heimgesucht, die Entsittlichung hat dabei den furchtbarsten Grad erreicht."

Der Vater arbeitet in dieser, die Mutter in einer andern Fabrik, sehen sich den ganzen Tag nicht und kommen des Nachts zusammen, häufig trunken, zanken sich und trennen sich, was man sprichwörtlich neglect of family nennt. Immer noch besser als Mißhandlung und Mord vor den Augen der Kinder, was auch vorkommt. In vielen Fabriken werden blos Weiber gebraucht, je fünfzig unter einem männlichen Aufseher. Diese bilden ihm eine Art Serail, da Erhöhung des Lohns und Beförderung von seiner Gunst abhängt. Während Frau, Schwägerin, erwachsene Töchter in der Fabrik arbeiten, muß nicht selten der Mann, wenn er schwächlich ist und weniger verdienen kann, daheim die kleinen Kinder warten, kochen, waschen ꝛc., bis Abends die Amazonen ins Haus zurückkehren.

In den Fabriken selbst werden auch ursprünglich Gesunde allmälig siech und noch viel mehr moralisch verdorben. Faucher sagt von Manchester, die Arbeitshitze in den Werkstätten wirke wie die Sonne unter den Tropen. „Das Zusammenhäufen so vieler Männer, Frauen und Kinder ohne ein anderes Band als die Arbeit läßt Leidenschaften aufkeimen und gedeihen, die man nicht versucht zu bändigen und die zuletzt ungehemmten Lauf finden. Die Vermischung der Geschlechter und die heiße Atmosphäre der Fabriken wirken auf den menschlichen Organismus wie die Gluth der Sonne in den südlichen Ländern; die geschlechtliche Reife

tritt ein, ehe Alter und Erziehung das moralische Gefühl
zur Entwicklung bringen können." Aber die Ofenhitze modificirt den Organismus noch anders als die Sonnenhitze.
Sie bringt etwas Dämonisches in den Menschen hinein,
während die Sonnenhitze ihn nur einfach verthiert. Die
Verwilderung der Fabrikarbeiter ist eine andere und schlim-
mere, als die ursprüngliche Wildheit roher Naturvölker.

Man hat das Industriesystem nicht nur überhaupt
übertrieben, sondern auch mit Mitteln durchgesetzt, welche
schlechthin gottlos und unmoralisch und selbst natio-
nalökonomisch nicht zu rechtfertigen sind. Denn während
man die Nation durch Production von Werthen zu bereichern vermeint, bereichert man nur eine Classe von Glückspilzen und ruinirt die Masse der Nation an Leib und
Seele. Was man auch dem alten Ackerbausystem mit seinem patriarchalischen Landadel vorwerfen mag, das Volk
blieb doch bei diesem System gesund und kräftig. Derselbe
Baum, von dem zuweilen ein Zweig abgeschnitten wurde,
um einen unbotmäßigen oder lüderlichen Knecht zu prügeln,
bot doch ringsum Schatten und Schutz und hinreichende
Früchte, wobei das Landvolk durch viele Jahrhunderte an
Leib und Seele gedieh. Die moderne Fabrik dagegen gleicht
dem fabelhaften Upasbaume, in dessen giftiger Nähe alles
hinwelkt, siecht und stirbt.

Man begreift, daß in den Fabriken natürlich werden
kann, was in der ganzen übrigen Welt unnatürlich wäre.
Das communistische Ideal Fouriers, so unsinnig es denen
erscheint, die etwas besitzen und in einer wohlgeordneten
Familie leben, muß doch den unglücklichen Fabrikarbeitern
als etwas Natürliches und Erwünschtes erscheinen. Sogar
bis auf die Weibergemeinschaft und die Ueberlassung aller

Kinder an den Staat. Denn der arme Vater, der selber für sein Kind nicht mehr sorgen kann, muß vorziehen, es dem Staate anzuvertrauen, anstatt es ganz zu Grunde gehen zu lassen. Der Gatte, der mit dem ihm angetrauten Weibe doch nicht mehr zusammen leben kann, dem sie untreu wird, der er untreu wird, kann das Band der Ehe nur noch als eine lästige Fessel ansehen. Unter solchen Umständen wird das Natürliche in der That zum Unnatürlichen und das Unnatürliche zum Natürlichen.

22.
Von der Volkswirthschaft.

Niemals ist über Nationalvermögen, Nationalökonomie, Volkswirthschaft mehr geredet und geschrieben worden als jetzt, und doch hat man niemals schlechter gewirthschaftet als gerade jetzt.

Seit der Renaissance kamen alle Uebel des alten Heidenthums, von denen die Menschheit durch das Christenthum geheilt worden war, von neuem über die sündige Welt und auch eins der allerschlimmsten Uebel, die Geldwirthschaft. An dieser Geldwirthschaft hauptsächlich ist das altrömische Kaiserthum im Stadium seiner tiefsten Corruption zu Grunde gegangen. Die Habgier der Großen, der Günstlinge, der Reichen hatte die ganze Gesellschaft desorganisirt und in Jauche aufgelöst. Es gab keinen Bürgerstand und keinen Bauernstand mehr. Es gab nur noch eine Minderzahl von unermeßlich reichen Glückspilzen mitten unter den Sclaven. Die Reichen wohnten gewöhnlich in den großen Städten, deren Bevölkerung entweder ihre Sclaven oder ein von ihnen gefütterter und mit Circusspielen unterhaltener Pöbel war, Banditenhaufen, die ihnen zu jeder Gewaltthat dienstfertig waren. Ihren ungeheuern Landbesitz in den Provinzen ließen die Reichen ausschließlich von Sclaven unter der Aufsicht von Freigelassenen bebauen und diese Sclavenbevölkerung war wegen harter Behandlung stets zu Empörungen geneigt, wenn sie nicht in den Stumpfsinn fiel, den die unter ihnen absichtlich geduldete Sittenverderbniß zu erzeugen pflegt. Alle Geschichtschreiber der späteren römischen Kaiserzeit und der Völkerwanderung, heidnische und christliche, stimmen in der grauenhaften Schilderung der sittlichen Fäulniß und Verkommenheit im ganzen damaligen römischen Reiche überein.

Es war daher sehr natürlich, daß die Christen grade im Gegensatz gegen die bisher herrschende heiße Gier nach Reichthum und Sinnengenuß vorzugsweise die Armuth und die Keuschheit priesen und heiligten. Man darf annehmen, daß das Entsetzen vor den Sünden der Reichen und der Ekel der Uebersättigung selbst dazu beitrugen, viele Heiden der christlichen Kirche zuzuführen. Vor allem mußte das Christenthum den unglücklichen, noch nicht ganz verthierten Sclaven ein Trost seyn. Die Verachtung des Geldes war ein charakteristischer Zug bei den ersten Christen und blieb es bei der Klostergeistlichkeit, die einerseits das Gelübde ewiger Armuth ablegte, anderseits, was ihr geschenkt wurde, nur zu Werken der Barmherzigkeit an Armen und Kranken anwandte. Zugleich heiligte das Christenthum auch die Arbeit, die zur heidnischen Zeit nur als erzwungene Pflicht der Sclaven in Verachtung gefallen war. Die Mönche arbeiteten.

Dieser christlichen Tendenz kam der Germanismus zu Hülfe. Sobald die Deutschen das römische Reich eroberten, machten sie den Latifundien der reichen Römer ein Ende, theilten den Boden unter sich in Allode nach uralt deutscher Sitte, d. h. in Güter, die der Familie des ersten Besitzers Erb und Eigen blieben und groß genug waren, um Haus und Hof, Garten, Acker und Walde darauf zu haben und von deren Ertrag mit der Familie anständig leben zu können. Somit wurden die weiten Länder übersäet mit den Höfen freier, gesunder, sittenreiner deutscher Familien. Die römische Bevölkerung verschwand größtentheils in den verheerenden Kriegen durch Hunger und Seuche, der Rest kam in die Knechtschaft der Deutschen. Da nun aber diese Deutschen alle Christen wurden, so befestigten Christenthum und Germanismus gemeinschaftlich ein den Umständen angemessenes, natürliches, praktisches und dauerhaftes System der Volkswirthschaft, gegründet auf den Ackerbau und kleinen Güterbesitz. Das Handwerk war durch Weiber und Knechte, die Kunst durch Mönche vertreten; der Handel war noch wenig ausgedehnt und befaßten sich damit damals schon, wie auch mit dem Geldwechsel, Geldleihen und Wucher, vorzugsweise die Juden. Inzwischen waren die Juden tief verachtet, wurden, wenn sie es mit dem Wucher zu arg trieben, züchtig gemaßregelt und blieben auf eine Thätigkeit im finstern Winkel angewiesen. Die altrömische Geldwirthschaft konnte nicht wieder aufkommen. Weder die Kirche, noch die germanische Gewohnheit duldeten es. Als die Industrie, namentlich nach dem Beispiel der fleißigen und kunstreichen Muhamedaner in Spanien und im heil. Lande, zur Zeit der Kreuzzüge auch in Deutschland mehr in Aufnahme kam, wurde sie noch nicht Beute der Spekulation und Geldwirthschaft, sondern in echt germanischer Weise das Monopol freier bürgerlicher Genossenschaften in der Art, daß das Meisterrecht in der Stadt so viel werth war, als das Allod auf dem Lande, weil es der freien und ehrbaren Familie eine sichere ökonomische Existenz, Waffenehre und politisches Ansehen gewährte. Ein Proletariat gab es damals nicht. Wer arbeiten konnte, kam als Knecht auf dem Lande oder Gesell in der Stadt wohl an. Für die Armen auf dem Lande sorgte der Gutsherr, in der Stadt die Innung, zu der sie gehörten, oder die Kirche.

Das alles hat aufgehört, die Kirche ist ihrer Macht und ihres Besitzthums beraubt, die Genossenschaften sind aufgelöst, die bäuerlichen Erb und Eigen werden immer mehr durch Güterschacher zertrümmert. Die Geldwirthschaft florirt wieder.

Diese schlimme Wendung der Dinge trat gleich unzähligen andern Uebeln am Ende des fünfzehnten Jahrhunderts mit der Renaissance ein. Dieselben Mediceer in Florenz, welche die klassischen Studien und den heidnischen Geschmack einführten, brachten auch die altrömische Geldwirthschaft zuerst wieder auf. Ein Mediceer war der erste Heide und zugleich der erste Mann der Börse. Kaum hatte der Zeitgeist wieder am Golde geleckt, so griff die Ansteckung um sich. Die Geldwirthschaft wanderte von Florenz nach Augsburg und hat seitdem Deutschland nie wieder verlassen.

War im christlichen Mittelalter die Landwirthschaft vielleicht zu einseitig begünstigt und der Mensch zu sehr an die Scholle gefesselt, so waren doch die ökonomischen Existenzen besser gesichert. In unserer Zeit ist auch der Landbesitz nicht mehr gesichert, er wird dem Besitzer mit Leichtigkeit unter den Füßen weggezogen. Alles und jedes Eigenthum ist jetzt beweglich, flüssig geworden, kann in Geld verwandelt werden. Alles ist käuflich und eben deßhalb kann man durch Kauf und Verkauf, wenn man die Umstände und die Einfalt der Menschen benutzt, in kurzer Zeit viel mehr gewinnen, als ehedem sein Lebenlang mit Arbeit. Daher kann sich der Reichthum auf einem Punkt in einer ungeheuren Masse häufen, während er ringsumher gänzlich fehlt. Seitdem alles Vermögen beweglich geworden ist, gleicht es dem Sand in der Wüste, den schon ein schwacher Wind hier wegweht und dort zu Haufen wirft. In London sterben jährlich 300 Menschen aus Armuth den Hungertod, in den Fabrik- und Bergwerksbezirken ist die Sterblichkeit in Folge des Elends in einer früher unbekannten Weise ausgedehnt und ein Trost, weil der Tod die Armen doch vom äußersten Elend erlöst. Auf dem Lande wie in den Städten wächst die Armuth und das Proletariat, und Hunderttausende, die früher eine bescheidene doch gesicherte Existenz hatten, haben jetzt keine mehr und wissen nicht, wie sie denn das nächste Jahr durchbringen, ja oft nicht einmal, wo sie am nächsten Tage Brod hernehmen sollen. Mitten in diesem Meer von Nahrungssorgen sitzen Rothschilde mit Milliarden im Vermögen und können fragen, ob nicht Königreiche feil sind? Sie haben Geld genug, um ein solches, wie ein Landgut zu kaufen. Ein Jude, mit dem ich einmal reiste, versuchte mit sichtlichem Behagen den Geldwerth der ganzen Erde zu tariren.

Die moderne Geldwirthschaft ist zuerst durch leichtsinnige und verschwenderische Monarchen und Minister, nachher auch durch die falsche Doctrin des Liberalismus gefördert und gesetzlich sanktionirt worden. Die Gesetze gewähren denen, welche sich rasch bereichern wollen, alle Mittel dazu, während sie nicht zugleich die Unerfahrenheit und Einfalt und die schüchtern concurrirende Armuth in den Stand setzen oder auch nur belehren, wie sie sich vor Ueberlistung und Uebervortheilung zu schützen habe.

Die Gesetze erlaubten Lotterien und Spielhöllen. Die letztern waren nur selten der Armuth zugänglich und ruinirten in der Regel nur Reiche, die ihr Glück nicht zu schätzen wußten, oder Müßiggänger, die ohne Arbeit schnell reich werden wollen. Die Lotterien wirkten schon verderblicher, weil sie unzählige Arme verlockten, ihren schmalen Verdienst hinzuopfern für die Wenigen, die wirklich etwas gewinnen konnten. Am allerverderblichsten aber haben in neuerer Zeit die gesetzlich geduldeten Actienzeichnungen gewirkt, welche großen Gewinn versprachen, aber nur Verluste brachten und nur die Unternehmer bereicherten, die sich häufig mit ihrem Gewinn aus dem Staube machten. Auch viele Staatsanleihen haben den Charakter dieses Schwindels und öffentlichen Betrugs an sich getragen, indem die Menschen verlockt wurden, die Ersparnisse ihres Fleißes für Staatspapiere dahinzugeben, die doch werthlos werden mußten.

Also hat es die vermeintliche Weisheit der neueren Zeit dahin gebracht, daß die Menschen anstatt ehrlicher Arbeit in einer gesetzlich gesicherten, wenn auch bescheidenen Existenz und Vertrauen zu Gott, das Rennen und Jagen nach einem unverdienten Glück vorziehen, alles stehen und liegen lassen und den natürlichsten Pflichten gegen die Familie entsagen, um jener heidnischen Göttin Fortuna nachzulaufen, von der schon die Helden selber wußten, daß sie nur täusche und betrüge, denn von Tausenden wird kaum Einer wirklich vom Glück beschenkt. Diese Gier nach raschem Gewinn ohne Arbeit demoralisirt die Gesellschaft mehr als alles andere. Der Cultus des goldnen Kalbes unterdrückt den Fleiß, die Genügsamkeit, das Wohlwollen gegen Andere, das Pflichtgefühl. Die vom Christenthum gebotene Liebe des Nächsten wird in ihr Gegentheil verkehrt.

Gewissenlos vor allem ist die Concurrenz derer, welche Lebensmittel bereiten und verkaufen, dieselben aber aus Gewinnsucht verfälschen und sehr häufig Stoffe hinzuthun, welche der Gesundheit schädlich sind. Das kommt jetzt alltäglich vor. So wird Butter mit Kreide oder Gyps, mit Kartoffeln oder Mehl, auch mit allerlei gelben Farbstoffen und mit Salzen vermengt. Der Essig ist häufig durch Schwefelsäure, Salzsäure, scharfe Pflanzenstoffe, selbst mit Metallen angesetzt. Den Honig vermischen viele Händler mit Mehl, Wasser, Leim, Stärkesyrup. Käseverfälschungen bestehen in Zusätzen von Kartoffeln oder von erdigen Bestandtheilen; junger Käse wird, um ihm das Ansehen von altem zu verschaffen, öfter mit Grünspan bereckt. Selbst das Mehl entgeht nicht der betrüglichen Vermischung mit Kleie, gemahlenen Kartoffeln, Kartoffelstärke, Gersten-, Erbsen- und Bohnenmehl, Stärkemehl, Leinsamen, Welschkorn, schlechtem Reis, ja sogar mit Gyps, Sand, Kreide, Bittererde, Knochenmehl. Ebenso das Brod, in welchem sich auch manchmal Mutterkorn (erkennbar an der violett-fleckigen Beschaffenheit des Brodes) und Sommerlolchsamen (welcher sich durch schwarz-blaue Färbung anzeigt) mit vergiftender Wirkung findet. — Dem Kochsalz werden zu betrügerischer Gewichtsvermehrung erdige Bestandtheile, auch Kupfer- und Bleitheile beigegeben. Die Milch wird, außer der üblichen Verdünnung mit Wasser, vermischt mit Mehl, Stärke, Reis, Kleie und Gummiwasser. — Der Thee findet sich gefärbt durch Indigo ober Kupfer, auch vermischt mit Weißdorn- und Schlehenblättern. — Unter den zahlreichen Verfälschungen des Weines sind hervorzuheben die Vermischungen mit Alaun, Blei, Arsenik, Schwefel und verschiedenen Farbstoffen. Ebenso wird bekanntlich der Kaffee verfälscht. Das Register ließe sich noch lang fortsetzen. Die Fortschritte der Chemie haben nicht wenig dazu beigetragen, die Betrügereien dieser Art zu vermehren und die Giftstoffe, welche Speisen und Getränken beigemischt werden, zu verschärfen. Unbarmherzig stößt einer den Andern weg, um sich selbst vorzudrängen. Gleichgültig, wo nicht schadenfroh, sieht er seine Mitbürger verarmen, wenn er nur selber sich bereichern kann. Heimtückisch stellt er Fallen, worin sich Unschuld und Einfalt fangen, die er dann beraubt. Mancher wäre nie ein Schurke geworden, wenn ihm die Jagd nach dem Glück, die allgemein Mode geworden ist, wenn ihn das böse Beispiel nicht verlockt hätte.

Die legislatorische Weisheit des liberalen Despotismus und despotischen Liberalismus kümmert sich im geringsten nicht um diese Demoralisirung der Gesellschaft. Sie hält sich für berechtigt und spricht Ruhm und Dank an, obgleich die Thatsachen sie ins Gesicht schlagen. Ein wenig Vernunft und Erfahrung müßte diesen Gesetzgebern sagen, zum Wohl der Nation komme es nicht sowohl auf die Größe des Nationalvermögens, als auf eine möglichst gleichmäßige Vertheilung desselben an, wie bei jeder Aussaat und bei jeder Wiesenbewässerung. Aber es scheint sie gar nicht anzufechten, wenn sie auch sehen, daß auf dieser Seite viel zu viel Reichthum eigentlich unnütz zusammengehäuft ist, während dort im weiten Umkreis bittre Noth herrscht und es am Unentbehrlichsten fehlt.

Wiederum stoßen wir hier auf den durch das ganze Zeitbewußtseyn hindurchgehenden Widerspruch. Gleichheit aller und Freiheit aller, lautet das Programm und doch war die Ungleichheit des Besitzes außer in den letzten Zeiten des altrömischen Kaiserthums niemals größer als jetzt. Und wie sollen sich die armen Fabrikarbeiter der Freiheit rühmen können, sie, die als Sclaven des Capitals übler daran sind, als es jemals Sclaven waren, denn ehemals übten die Herrn gegenüber ihren Sclaven nicht blos ein Recht, sondern auch eine Pflicht aus, während jetzt die Capitalisten nur ihr gesetzliches Recht festhalten und keinerlei Pflicht anerkennen.

Die Gesellschaft war niemals ganz frei von Uebel, aber weder Priesterstaaten, Theokratien, noch Monarchien und Aristokratien waren so durchaus schlecht und unwürdig, für die menschliche Gesellschaft zugleich so verderblich und infamirend, als die Plutokratie der neueren Zeit. Sie ist die Regierung nicht der Besten, sondern der Schlechtesten im Volk, die eigentliche Kakokratie.

23.

Vom Staatsschuldenwesen.

Alles in der neueren Zeit des Abfalls von der christlichen Wahrheit steht in einem inneren Zusammenhange, den die Menschen nur in ihrer Verblendung nicht begreifen. Auch das moderne Staatsschuldenwesen, eine durchaus neue Erscheinung, wurzelt lediglich in dem System, welches sich von Pflichten losgesagt hat und nur noch Rechte in Anspruch nimmt. Als der Staat christianisirt wurde und in inniger Gemeinschaft mit der Kirche im Namen Gottes und nach Gottes Geboten die Völker regieren und behüten wollte, stand ihm die Pflicht oben an. Seine vollkommenste Ausbildung erhielt der christliche Staat in der Theokratie des

Mittelalters, im harmonischen Dualismus von Christenthum und Germanismus, Kirche und Reich in deren organischer Gliederung, worin alles auf Erhaltung, Forterben des sicheren Besitzes und harmonisches Zusammenwirken der willigen Organe berechnet war, in welcher freiwilligen Neben- und Unterordnung jedem Gliede des Ganzen wieder Freiheit und Recht, Wohlstand und Ehre in reichem Maaße gesichert waren.

Seitdem diese organische Gliederung der Kirche und des Reichs aufgelöst ist, haben sich weltliche Staaten mit absoluter Souveränetät ausgebildet und diese Souveränetät ist für sie die einzige Rechtsquelle. Pflichten existiren für sie nur, soweit sie ihnen die eigene Klugheit auflegt, oder ihnen eine Verfassung und die Controle durch ein Parlament aufgedrungen ist. Eine Pflicht des Conservatismus ist dem jeweiligen Inhaber der Souveränetät nicht vorgeschrieben. Wenn es ihm also Nutzen bringt und er nur sicher ist, daß ihn die Strafe nicht noch bei Lebzeiten ereilt, so kann er die Zukunft des Staats unbedenklich auf das Spiel setzen. Ja die lebende Generation der Staatsbürger oder Unterthanen wird in den meisten Fällen diesen Leichtsinn mit ihm theilen, ihm sogar danken, daß er mit einer Last, die er der Zukunft auflädt, sie selbst verschont.

So ist das Schuldenmachen der Staaten entstanden. Man befriedigt ein Bedürfniß, oder auch nur ein Gelüsten der Gegenwart, indem man Geld aufnimmt, das erst die Nachkommen wiederzubezahlen haben, und man verlangt von der lebenden Generation nur, daß sie die Zinsen bezahle. Die lebende Generation ist damit zufrieden, weil sie sonst am Ende das ganze Capital, das der Staat brauchte, ihm hätte steuern müssen. Man befriedigt ein Interesse der

Gegenwart, ohne alle Rücksicht auf die Zukunft. Man sündigt gegen diese Zukunft, gegen die nachkommenden Generationen. Man gleicht lüderlichen Eltern, die ihre Pflicht gegen die Kinder versäumen und den noch Ungeborenen die Erfüllung von Pflichten zuwälzen, welche sie sich selbst vom Halse schütteln.

Das alles liegt im modernen Zeitgeist und ist nur eine von den vielen Consequenzen, die ihm die Weltgeschichte zieht, einer von den vielen Irrwegen, auf die er nothwendig gerathen muß, nachdem er den rechten Weg verlassen hat.

Wie die Renaissance ihre Schule trotzig neben die Kirche gebaut hat, so entstand auch die Börse neben dem Palast der regierenden Häupter. Als man vom Christenthum abfiel oder es nur noch zum Schein beibehielt, mußten folgerecht Heidenthum und Judenthum wieder zur Herrschaft gelangen; jenes geschah in der Schule, dieses in der Börse. Es ist nicht zufällig, daß die Börse in den Händen der Juden ist.

Im Orient nahm zuweilen ein Sultan oder Schah den Juden, wenn sie sich durch Betrügerei, Wucher und schlaue Ueberlistung der Gläubigen bereichert hatten, den Raub wieder ab und ließ sie stranguliren. Die armen Unterthanen bekamen zwar nichts zurück, denn er allein behielt den Raub; aber es war doch natürlicher und begreiflicher, daß der Sultan sich den Beutel voll pumpte, den des Juden leer ließ und ihm auch nichts schuldig blieb, als wenn nur der Judenbeutel voll, der des Sultan leer und der Sultan noch dazu den ganzen Werth dem Juden schuldig geblieben wäre.

Das Phänomen der ungeheuern und immer noch sich mehrenden Staatsschulden, wie es vor unsern Augen vor-

geht, ist unerhört in der Weltgeschichte und ein Zeugniß der
verkehrten Denk- und Handlungsweise der heutigen gottent-
fremdeten Menschheit.

Der Staat borgt das Geld, erhält aber weniger als die
Summe, für die er sich verschreibt. Er läßt sich eine hohe
Provision abziehen und bewilligt hohe Zinsen. Er gibt dem
Gläubiger sichere Mittel, das geliehene Geld aus den Ta-
schen der Unterthanen durch wechselnde Hausse und Baisse
wieder an sich zu ziehen, und verpfändet ihm Regalien,
Domänen und geraubtes Kirchengut. Das alles sind Vortheile, die es erklären, daß sich ein ganzer Stand von Staatsgläubigern gebildet hat, welche die Staatsanleihen gewerbs-
mäßig treiben und auf nichts anderes sinnen, als die Staats-
verwaltung immer mehr in Unordnung, Leichtsinn und
Lüderlichkeit zu stürzen, damit sie sich ihnen immer mehr
verschreibe. Der Staat kommt dadurch in die nämliche
Lage, wie ein lüderlicher Student oder Lieutenant, der sich
dem Juden nach und nach um eine zehnmal so hohe Summe
verschreibt als er von ihm bekommt, die dann der Papa
zahlt, wenn er die Ehre des Sohnes retten will. Wenn
auch der Staat zuletzt bankerott macht, so thut das dem
Gläubiger nicht mehr weh, denn er hat, was er dem Staat
gegeben, im Handel von Staatspapieren an der Börse längst
wieder erhalten, oder besitzt noch die Pfänder, Eisenbahnen,
Bergwerke ꝛc. Auch der Staat kann ohne große Beschwerde
Bankerott machen, denn er wälzt ja nur eine Last ab, an
welcher der gegenwärtige Regent keine Schuld trägt, weil
schon die frühern Regierungen den Staat damit beladen
haben, und er hat am Ende ein Recht, eine solche Ueber-
bürdung von Pflichten von sich zu werfen. Wenn der Großvater den unschuldigen Enkel damit belud, ohne ihn zu

fragen, weil er noch gar nicht geboren war, wie sollte der Enkel, wenn er endlich geboren ist und die Last ihn erdrücken will, aus Respect vor dem unnatürlichen Großvater sie noch forttragen wollen?

Wenn es noch natürlich in einem Staate zugeht, so kommt der Erwerb durch die unermeßliche Volksarbeit theils dem Staate, theils dem Volke selbst zu Gute, keinem Dritten. Dank der Unnatur der modernen Denkweise und der gänzlichen Pflichtvergessenheit gegen das Volk, welches allein alles zu leisten hat, durfte sich eine Menschenclasse zwischen Volk und Staatsregierung eindrängen, um mittelbar durch die Staatsregierung das Volk auszusaugen. Dem Volke wurde damit eine doppelte Leistung zugemuthet, ohne daß sie dem Staate irgend zu Gute käme. Die zwischen Staat und Volk eingeschobenen Börsenmänner oder Staatsgläubiger entziehen dem Staat und Volk zugleich die Lebenssäfte. Sie gleichen in jeder Beziehung einem Parasiten, einem Schwamm, der den saftvollen Baum aussaugt. Einen orientalischen Despoten trifft nicht soviel Vorwurf, wenn er auch sein Volk unvernünftig besteuert und beraubt; der Raub bleibt doch im Lande, der Nachfolger giebt ihn wieder aus. Viel unnatürlicher und verderblicher ist die systematische Ausplünderung des Volks durch Staatsgläubiger, die außerhalb des Landes wohnen oder, wenn sie irgend bedroht werden, mit ihrem Raube anderswohin gehen.

Es läßt sich kein unvernünftigeres und kolossaleres Exploitiren der Völker denken, als diese Judenwirthschaft in Europa, die sich allmälig fast durch alle Staatshaushaltungen verzweigt hat. Es ist nicht einmal ein unvermeidliches Uebel, sondern völlig unnöthig. Die Staatsschulden entstehen nur zum Theil aus Noth, aus wirklichem Bedürfniß

des Staates und in einem geordneten und ehrlichen Staatshaushalt läßt sich die Mehrausgabe immer wieder ausgleichen. Das Schuldenmachen wurzelt in der Fahrlässig-
keit, Pflichtvergessenheit oder wenigstens Unwissenheit des
Staatsoberhaupts, welchem Räthe oder eine Camarilla zur
Seite stehen, die sich auf Kosten des Staats bereichern wollen
und denen sich auch in constitutionellen Staaten Parlamentsglieder als Mitschuldige beigesellen. So werden nun
auch in Friedenszeiten leichtsinnig und ohne alle Noth
Staatsanleihen gemacht, wobei Minister und Parlamente
mit den Staatsgläubigern, von denen sie im Voraus be-
stochen sind, im Complott handeln und die Beute theilen.
Früher thaten das schon einzelne allmächtige Minister oder
Günstlinge; jetzt wollen viele daran Theil nehmen und ist
die große Betrügerei in ein System gebracht. Consorteria
ist der italienische Name dieser hochgestellten, betitelten
und besternten oder in den Parlamenten durch ihren Einfluß glänzenden Bande von Staatsbetrügern, die den
Staatsgläubigern immer und immer neue Anleihen zuschie-
ben. Nur so begreift man, wie ein Staat binnen wenigen
Jahren ein paar Milliarden Staatsschulden bekommen kann.
In den Vereinigten Staaten von Nordamerika geschieht
übrigens ganz das nämliche. Die Habgier frägt nicht, ob
sie in der Monarchie oder Republik stiehlt, wenn sie nur
etwas zu stehlen findet.

Wo das Staatsschuldenmachen in Flor ist, gewinnen nur
die Staatsgläubiger und die Consorteria. Der Staat geht
unvermeidlich dem Bankerott entgegen. Den ganzen Schaden
aber hat das Volk zu tragen. Das Volk hat mit dem Ertrag seiner unermeßlichen Arbeit einzig den Beutel der
Staatsgläubiger und der Consorteria zu füllen. Mit der

Hälfte von dem, was das Volk direkt und indirekt steuert, könnte der wirkliche Bedarf des Staatshaushalts bestritten werden; das Volk muß aber doppelt steuern, um die Zinsen der Staatsschuld abzutragen. Auch das Vermögen, was den Unterthanen noch übrig geblieben, besteht größtentheils in Staatspapieren. Das sind die Schuldscheine für das vom Staat geliehene Geld und sowohl der Staat, als die Staatsgläubiger sorgen dafür, daß diese Papiere in die Hände der Unterthanen oder Staatsbürger kommen. Der Staatsgläubiger, weil er sie dann los ist und er, sollte der Staat Bankerott machen müssen, oder auch schon bei der tiefen Entwerthung der Papiere, nichts verliert. Der Staat, weil er es gern sieht, wenn seine Unterthanen durch den Besitz jener Papiere zugleich seine Gläubiger werden, denn es liegt dann in ihrem eigenen Interesse, den Staatsbankerott zu verschieben, mit äußerster Anstrengung und großen Opfern den Staatscredit aufrecht zu erhalten und mithin auch der jeweiligen Staatsgewalt gefügig zu seyn.

24.
Von dem Herabkommen der Kirche im Abendlande.

Der größte Beweis dafür, daß auch die unmittelbare Erscheinung des Messias auf Erden die Freiheit des Menschen nicht im Geringsten hat einschränken wollen, ist offen dargelegt in der Thatsache, daß des Menschen freier Wille sich auch vom Erlöser abgewandt und sein heiliges Werk selbst wieder nur zu entheiligen gesucht hat. Wäre die Kirche von Anfang an eine Zwangsanstalt gewesen, wofür sie heute noch bei vielen Leuten gilt, so würde der Stifter der Kirche ihr auch die Mittel gewährt haben, den Zwang durchzuführen. Der Messias aber verlangte von den absolut freien Menschenkindern nur eine freiwillige Anerkennung seiner heiligen Mission und eine freiwillige Unterwerfung unter Gottes Gebote.

In seinem freien Willen hatte nun der Mensch eine Festung, in der er sich gegen alle Mahnungen Gottes des Vaters, Sohnes und h. Geistes vertheidigen konnte, und das böse Princip frohlockte von diesen sichern Zinnen aus. Den Feinden Gottes mußte alles daran gelegen seyn, dem freien Willen des Menschen eine von der Kirche abgewandte Richtung zu geben, und die Kirche selbst mit Elementen zu erfüllen, die ihrem Princip entgegengesetzt und geeignet waren, sie zu schänden und ihre Macht zu schwächen. Keinen größern Triumph konnten die Feinde Gottes erleben, als wenn sie den historischen Beweis führten, die Kirche sey gar nicht heilig, es werde in ihr gefrevelt, wie außer ihr, und die Heuchelei der Heiligkeit mache den Frevel nur noch ärger.

So kam Entartung in die christliche Kirche. Die Feinde Gottes aber, die am eifrigsten mitwirkten, waren einerseits die weltlichen Machthaber, welche am liebsten allein Gütter auf Erden seyn und sich im Namen Gottes nirgends auch nur einen moralischen Zwang anthun lassen wollten, oder in deren Interesse es lag, wenn sie das äußere Ansehen der Kirche auch nicht untergruben, doch dieses Ansehen nur ihrem eigenen Nutzen dienstbar zu machen, d. h. die höchsten geistlichen Würdenträger, Päpste, Patriarchen, Bischöfe zu bestechen und gegen reichen Lohn Heuchler aus ihnen zu machen. Da nun die Kirche durch den Glaubenseifer der Christen wie an Macht, so an Gütern immer reicher wurde und man auch die Andachten absichtlich übertrieb und den Gottesdienst immer luxuriöser einrichtete, der Priesterstand die höchste Ehre genoß und bei seinem Reichthum ganz sorgenfrei lebte, so drängten sich auch immer mehr Laien, die ohne innern Beruf zum geistlichen Stande nur eine bequeme Versorgung suchten, in die Welt- und Klostergeistlichkeit ein, Müßiggänger, faule Bäuche, nicht selten Satyrn. Nun hielt es nicht schwer, zwischen solchen Karikaturen des Heiligen und der wahren Kirche, wie sie seyn sollte, zu unterscheiden, an den bescheidenen Einzug des Heilandes auf einer Eselin zu erinnern, wenn der Papst zu Rom mit stolzen Rossen und ungeheurem Pompe durch die Straßen zog, und in der Kirche, wie sie geworden war, ein der Menschheit unwürdiges Institut zu sehen.

Im Leben und in den Worten des Messias, wie auch in den Aufzeichnungen der h. Schrift, kommt nichts vor, was die Vernunft nicht billigen müßte. In der griechischen, wie in der römischen Kirche genirte man sich dagegen gar nicht, unvernünftig zu denken, zu lehren, zu handeln. Man mußte es thun, weil man sonst freiwillig den ungemessenen Vortheilen hätte entsagen müssen, welche die Machthaber und Privilegirten der Kirche grade nur durch ihre offizielle Unvernunft erlangten, indem sie die Einfalt und fromme Hingabe der Gemeinde mißbrauchten. Man denke nur an den Luxus der religiösen Feste und Andachten, der Reliquien, wunderthätigen Bilder, Ablässe ꝛc.

An die Stelle der Vernunft trat nun hier innerhalb der Kirche selbst der nur kalt berechnende Verstand, der die Gemeinde nur zu dem Behufe hütete und waidete, um sie zu scheeren. Es galt nicht mehr die evangelische Wahrheit und christliche Tugendübung, sondern nur die äußere Macht und den Reichthum der Kirchenfürsten künstlich zu erhalten und zu mehren. Dem Jesuitenorden wurde dabei die Aufgabe zugetheilt, das Interesse der Kirche mit dem des weltlichen Despotismus möglichst zu verbinden. Weil aber der weltliche Despotismus mehr reelle Macht besaß, als die entartete Kirche, wurde es Hauptziel des Jesuitismus, die moralischen Mittel der Kirche dem weltlichen Despotismus zur Verfügung zu stellen und dadurch dessen Wohlwollen zu erkaufen. Diese Stellung der alten Kirche zum Staate nahm ihren Anfang in Spanien unter König Philipp II. und fand ihren Ausdruck in einem eben so charakteristischen Bauwerk, wie in der Peterskuppel zu Rom. Diese Kuppel hatte die Renaissance bedeutet, der sich das Kreuz unterwerfen mußte. Der Palast des Escorial in Spanien, der im Innern eine Kirche einschloß, bedeutete die Gefangenschaft der Kirche in den Banden des weltlichen Königthums. Dies blieb auch die Lage der alten Kirche nach der Reformation in allen großen katholischen Reichen, unter den Bourbons wie unter den Habsburgern.

Indem die Kirche vom Staat abhängt, die Magd des Staates, eine Kriminal- und Polizeianstalt im Dienst des Staates wurde, hatte sich ihre natürliche Stellung gänzlich verkehrt und leistete sie das Gegentheil von dem, was der Stifter der Kirche ihr zur Pflicht gemacht hatte, denn er sprach: mein Reich ist nicht von dieser Welt! und von nichts war er so weit entfernt, als davon, göttliche Mittel menschlichem Unfug bereit halten zu wollen. Der Statthalter Christi auf Erden durfte niemals Despoten wie Philipp II. oder Ludwig XIV. die Schleppe tragen.

Die deutsche Reformation war durch die Verweltlichung der Kirche im vollsten Maaße berechtigt, nur hätte die junge Partei sich nicht einbilden sollen, die Wahrheit könne den bösen Willen der Menschen überwinden. Nicht die von reiner Begeisterung erfüllten Reformatoren sollten die Kirche frei machen dürfen von der Umstrickung der weltlichen Gewalt. Nur die Fürstenpolitik sollte auch hier wieder entscheiden und schmiedete den neuen Kirchen neue Ketten. Scheidungsgrund der Confessionen wurde die Staatsgrenze. Es kam nicht darauf an, welcher Glaube der bessere, evangelischere, vernünftigere war, sondern nur, was der Fürst glaubte, mußten auch seine Unterthanen glauben. So entstanden überall neue Staatskirchen mit eigenen Consistorien, die immer vom weltlichen Hofe beeinflußt waren. Wenn aber die Fürsten mit ihrem Glauben wechselten, wie das fünfmal hintereinander in der Pfalz geschah, mußten auch die Unterthanen wechseln oder wurden aus dem Lande gejagt. Heute Katholiken, morgen Lutheraner, übermorgen Calvinisten und zur Abwechselung noch einmal die Reihe herum.

Diese unnatürliche Lage der neuen Kirche führte zu einer innerlichen Zersetzung derselben. Da nun einmal doch der Staat alles bemeisterte, verlor auch die Kirche als solche ihr Ansehen und kam mit weltlicher Gesinnung auch immer mehr religiöse Gleichgültigkeit, Vernachlässigung der göttlichen Gebote und die sog. Toleranz auf, die nach dem Glauben gar nicht mehr frug. Das war die Zeit der Freimaurerei und des Josephinismus, denen begreiflicherweise ein Versuch, das Christenthum ganz abzuschütteln, auf dem Fuße folgen mußte.

Diesen Versuch machte die französische Revolution. Wenn es auch nun wahr ist, daß die damals förmliche Abschaffung des Christenthums nur ein vorübergehender Wahnsinn war, so wolle man ihre Bedeutung doch ja nicht unterschätzen. Denn dieselben Ursachen haben dieselbe Wirkung und die Ursachen bestehen immer noch fort. Von dem Augenblick an, in welchem die Renaissance der Menschheit andere Zwecke und Ziele unterschob, als die der christlichen Mission, mußte ihre große Partei auch die Vernichtung des Christenthums in Aussicht stellen und in Angriff nehmen. Das war die berühmte Parole Voltaires: écrasez l'infame!

In völliger Uebereinstimmung mit dem, was wir bisher als das der älteren christlichen Weltanschauung entgegengesetzte moderne heidnische Programm erkannt haben, decretirte der französische Convent die Abschaffung Gottes, nämlich des Gottes, den bisher die Christen und Juden angebetet hatten, und empfahl dagegen im Sinne des älteren Heidenthums wieder die Vergötterung der Natur, daneben auch die des Genius, des Vaterlandes, der republikanischen Tugenden 2c., was man neben dem Cultus der Natur in Bausch und Bogen den Cultus der Vernunft nannte. Obgleich es nicht speciell vom Convent ausgesprochen wurde, war es doch eigentlich ein Cultus der Menschheit oder des Volkes. Cloots schlug vor, nur noch le Peuple-Dieu anzubeten, d. h. das französische, zunächst Pariser Volk. Man vermied jedoch dieses Extrem von Abgeschmacktheit und blieb beim Cultus der Natur, des Genius und der sog. Vernunft stehen. Man feierte Feste der göttlichen Menschheit, doch nur nach deren Offenbarung in Natur und Civilisation, in Körper und Geist. In der ersteren Beziehung wurde die göttliche Menschheit auf der Stufe des Kindesalters in einem besonderen Jahresfeste verehrt, in einer anderen auf der Stufe des Doppelseyns als Mutter mit dem noch ungebornen Kinde, und man sah eine ungeheure Prozession hier kleiner Kinder, dort schwangerer Frauen in Paris feierlich durch die Volksmassen ziehen. Wieder ein anderes Fest feierte das Greisenalter und alte Männer und Weiber bildeten die Prozession.

Aehnliche Feste waren dem Geiste, den patriotischen und politischen Tugenden, der Wissenschaft und Kunst gewidmet. Auch die direkt feindliche Contrastirung mit dem Christenthum wurde damals nicht vermißt, denn geflissentlich hatten die Jakobiner die Heiligennamen im Kalender so verändert, daß je auf die heiligsten Tage der Christenheit die verächtlichsten Thiernamen fielen und z. B. der Tag der Geburt des Heilands mit dem Namen chien bezeichnet war. Die Kirche der heil. Genoveva, der Schutzheiligen von Paris, war damals in ein heidnisches Pantheon umgetauft und umgewandelt worden und man betete darin die Bilder des schmutzigen und blutdürstenden Marat, des Gott und alle Welt verspottenden Voltaire, des ersten antichristlichen Philosophen Descartes und anderer Koryphäen der Verneinung und Revolution an, denn nur solche wurden noch anerkannt.

Indessen kam dieser wüthende Ausbruch antichristlichen Wahnsinns dem Christenthum zu gute. Es war damals noch nicht möglich, alle Christen auszurotten. In Frankreich selbst gab es trotz der unchristlichen Regierung und höheren Gesellschaft, trotz der schon verjährten Corruption der höheren Stände, des großstädtischen Pöbels und der alles überfluthenden gottlosen Literatur noch gute Christen unter dem Landvolk, zumal in der Vendée, die ihren Glauben mit dem Märtyrertode besiegelten. In den Nachbarländern aber schauderte man vor dem Blutdurst und der Raubgier der französischen Jakobiner zurück. Somit konnte, als der ärgste Fieberparoxismus vorüber war, Bonaparte als erster Consul die christliche Kirche in Frankreich wiederherstellen.

Vom deutschen Volke ist zu rühmen, daß es in seinen niederen Schichten, zumal das Landvolk, im katholischen wie protestantischen Gebiete sich weder von der Corruption, noch

von dem Unglauben der höheren Stände anstecken ließ, mit
bewundernswürdiger Geduld die lange Mißregierung ertrug
und fromm blieb. Diese Erscheinung erklärt sich aus den
Greueln der Religionskriege. Wenn man die frommen Lieder
protestantischer Prediger aus dem dreißigjährigen Kriege liest,
denen durchgängig das Thema „aus tiefster Noth schrei ich
zu dir" zu Grunde liegt, so wird man an die Psalmen und
an den Propheten Jeremias erinnert, an das Gottvertrauen
bis in den Tod geängstigter Völker. Die Noth lehrt beten.
Keine Andacht war aufrichtiger als die in jenen Schreckens-
zeiten. Auch blieben der frommen Heerde immer gute Hirten,
weil sie die Noth des Volkes theilten. Was auch die Hof-
pfaffen in ihrem Uebermuth sündigten, wie auch unter den
Theologen auf den Universitäten die crasseste Superstition
des Hexenwahns in den eben so unvernünftigen Leichtsinn
der Freigeisterei und des Rationalismus übersprang, auf
dem Lande und in den kleinen Städten gab es immer noch
fromme Geistliche, welche die Armuth, die Geduld und den
guten Glauben des Volkes theilten und durch ihr Beispiel
aufrecht erhielten. Daraus erklärt sich, warum auf katholischem Gebiet das Volk, namentlich in Westphalen und
Tirol, aller Frivolität und Unzucht der geistlichen Höfe fern-
blieb und den alten Glauben treu bewahrte, wie andererer-
seits auf protestantischem Gebiete das arme Landvolk mit
seinen armen Pfarrern eben so wenig von der Corruption
der Höfe und von der Freigeisterei der Universitäten angesteckt wurde.

Der Corruption und Freigeisterei traten auf protestantischem Gebiete, wie in England, so in Deutschland fromme
Secten entgegen, welche sich nach und nach Duldung und
die Rechte eines bürgerlichen Gemeinwesens erkämpften. Me-

thodisten, Quäker, Mennoniten, Herrnhuter. Das Beispiel der Herrnhuter bewies, daß in der deutschen Volksnatur doch ein Grundzug des Guten liegt, der das Uebermaaß des Bösen nicht mehr erträgt. Als der sächsische Kurfürst Friedrich August, der so viele uneheliche Kinder hatte, als das Jahr Tage zählt, das ihm stets getreue Sachsen durch seine Verschwendungen auf's unerhörteste aussaugte und endlich katholisch wurde, um zum König von Polen gewählt werden zu können, und seine Mißregierung den höchsten Grad erreicht hatte, bildeten in demselben Sachsen die Herrnhuter unter schweren Verfolgungen eine christliche Republik der demüthigen Nachfolge Christi und der Bruderliebe.

Die Secten fanden volle Freiheit in den nordamerikanischen Colonien, verloren aber hier zum Theil im Genuß schrankenloser Freiheit die ursprüngliche Demuth.

In Deutschland kamen die Secten in viel geringerem Maaße auf und behaupteten sich die Staatskirchen. Der alte fromme Geist im Landvolk wirkte hier immer noch mächtig nach, so daß es allen Uebermuths der zuweilen von den Höfen allzusehr begünstigten Rationalisten und Verkuppler der Theologie an die Philosophie ungeachtet, doch nie gelang, die Gläubigen ganz in Schatten zu stellen. In den zwanziger bis vierziger Jahren des laufenden Jahrhunderts herrschten zwar auf allen Universitäten die Rationalisten dermaßen vor, daß sie ohne Scheu in ihren theologischen Vorlesungen durch Religionsspötterei sich bei den Studenten beliebt zu machen hofften. Man lese darüber die Denkwürdigkeiten von Ellers nach, die überhaupt über jene unglückselige Periode der officialen Christusverachtung unter dem preußischen Cultminister, Herrn von Altenstein, den reichsten Aufschluß gewähren. Die Sache wurde noch schlimmer, als man in Berlin von Staatswegen die Hegel'sche Philosophie protegirte, um der damaligen, noch von den Kriegen her begeisterten studirenden Jugend ihr christlich deutsches Programm abzuschwindeln und sie mit der Selbstvergötterung über den Verlust des Christengottes und über die Schmach des Vaterlandes zu trösten. Das war die Zeit, in welcher die theologischen Fakultäten auf fast allen evangelischen Universitäten förmlich wetteiferten, auch die unbedeutendsten Geister, selbst wenn sie nicht einmal Theologen waren, sondern nur sonstwie ihren Haß gegen das Christenthum bezeugt hatten, zu Doctoren der Theologie zu ernennen. Diese Ehre widerfuhr der seichtesten Mittelmäßigkeit, wie der bubenhaftesten Gotteslästerung. Als Hengstenberg im Jahr 1830 in Berlin zum erstenmal dem herrschenden System der Entchristlichung entgegen trat, umheulte ihn die officielle Wuth der begünstigten Heiden und Juden und der Cultusminister Altenstein besoldete den Oberconsistorialrath Bretschneider in Gotha, um gegen Hengstenberg zu schreiben. Wie es in jener Zeit den frommen Lutheranern in Schlesien erging, ist bekannt, Alles wurde verfolgt, was noch christlichen Glauben hatte.

Troh alledem ging dieser Glaube nicht unter. Die evangelisch Gläubigen erhielten unerwartet eine Unterstützung durch die katholischen. Der ungerechte Angriff des Staats auf die Rechte der katholischen Kirche in den Kölner Wirren 1837 mißlang. Der Thron- und Ministerwechsel in Preußen kam der einen, wie der andern Kirche zu gute. Das Recht der Lutheraner wurde geachtet, wie das der Katholiken. Die christusfeindliche Partei schäumte zwar vor Wuth und provocirte kleine Revolutionen im Kirchengebiet, des Deutsch-Katholicismus, der Lichtfreunde ꝛc., allein diese Aufregungen legten sich bald wieder. Das große Publikum vertiefte sich in der Revolution von 1848 mehr in politische, als kirchliche Fragen. Die gläubige Partei erstarkte sichtlich, auf protestantischem Gebiet in Deutschland und England, auf katholischem in Frankreich. Der Norden zeichnete sich hierin aus, während im Süden, in Spanien, Italien und Oesterreich der Liberalismus die alten kirchlichen Sympathien immer mehr abschwächte und bereits das Ende der Statthalterschaft Christi in Rom nur noch für eine Frage der Zeit erklärte.

Gegenüber diesen schwankenden Erscheinungen im Westen hat unterdeß die russische Kirche im Osten in aller Stille an kolossalem Umfang immer zugenommen. Dort wird nicht gepredigt, dort wird nicht theologisch gestritten, dort wird nur befohlen und gehorcht. Fast unbemerkt werden Millionen Andersgläubiger als russische Unterthanen auch in die russische Kirche hinein commandirt und wehe ihnen, wenn sie nicht sogleich gehorchen oder auch nur Lärm machen wollten! Diese Erscheinung bildet den stärksten Gegensatz zu dem ewigen Streiten und Reformiren im europäischen Abendlande, wie zu dem immer zunehmenden Sectenwesen in Nordamerika. Der nur allzu lebhaften Unruhe und ewigen Meinungsverschiedenheit steht hier eine auffallend todte Ruhe gegenüber. Man ist im Abendlande geneigt, das Popenthum wegen seiner Geistlosigkeit zu verachten. Man sollte sich aber auf die Brust schlagen und sich fragen, ob es auch lauter reine und vor Gott demüthige Geister sind, die sich innerhalb der abendländischen Kirchen so übermüthig laut hören lassen und ingrimmig herumschlagen, und ob der in Rußland noch heimische Gehorsam nicht eine wünschenswerthe Sache seyn würde, wenn es dem Pöbel im Abendlande wieder einmal einfallen sollte, die Abschaffung Gottes und das Niederreißen der christlichen Kirchen zu decretiren.

25.
Vom Stocken der christlichen Mission.

Das ganze Christenthum ist eine Mission, eine Sendung des ewigen Gottes vom Himmel, um es über die ganze Menschheit auszubreiten. Es ist wohl richtig, daß die Sendung nicht blos nach außen in die Welt, sondern auch nach innen in die Tiefe der Seelen bestimmt ist, allein es wäre nicht mehr christlich, sondern jüdisch, wenn man sich mit seinem Heil absondern wollte und es den übrigen Menschen nicht gönnte. Deswegen gehört die Bekehrung, die Propaganda, das Proselytenmachen und die Heidenbekehrung zu den ältesten Rechten und Pflichten der Christenheit, nach dem Gebote: gehet hin und lehret alle Heiden!

Die Menschen sind aber noch weit im Christenthum zurück. Die Christen bilden immer nur noch eine Minderheit in der großen Menschenmenge und hindern sich selber am Belehren der andern durch Mangel an christlicher Stärke und Tugend und durch ihre Uneinigkeit unter einander. Die Zeit der heiligen und wunderthätigen Apostel ist nicht mehr. Die Christen, die in fernen Welttheilen zu den Heiden kommen, sind in der Mehrheit das Gegentheil eines Apostels oder wahren Missionärs, rohe englische oder nordamerikanische Matrosen, lüderliche französische Soldaten, habgierige und unbarmherzige Kaufleute und Eroberer, spanische Conquistatores mit ewig blutigen Händen, holländische Krämer-

Seelen voll Grausamkeit,*) englische Egoisten, welche die Blätter des Evangeliums zu Etiketten des Opiumgiftes mißbrauchen. Wohin alle diese s. g. Christen kommen, schlachten sie die armen Heiden hin und rauben ihnen ihr Land (die Engländer heute noch in Neuseeland, wie einst die Spanier in S. Domingo), oder machen sie zu Sclaven (Neger und Kulis heute noch), oder bringen ihnen Laster und Krankheiten, die sie niemals vorher kannten, Trunkenheit, Spielwuth, Syphilis ꝛc. Wenn nun auch wahrhaft fromme Missionäre nachkommen und den Heiden die christliche Lehre predigen, so finden sie schwerlich Glauben, denn die Heiden sagen mit Recht: wenn ihr Weißen trotz eures Christenthums so voller Laster und Bosheit seid, kann eure Lehre auch nichts werth seyn.

Dazu kommt nun noch die Glaubensverschiedenheit unter den Christen, der Hader der Missionäre unter einander, wenn sie auf demselben Missionsfelde arbeiten. Alle wollen Christen seyn, aber jeder sagt, der andere sey ein schlechter Christ, dem man nicht glauben dürfe. Protestantische Missionäre werden von katholischen, katholische von protestantischen vertrieben, z. B. auf Tahiti. Die Missionäre sind oft durch ihre Stellung zur Colonialregierung gezwungen, Ansprüche zu machen, welche der apostolischen Armuth und Demuth widersprechen. Im englischen Ostindien z. B. ist jeder Weiße als solcher ein vornehmer Herr und kann ohne großes Gefolge nicht reisen. Der verheirathete Missionär kann nur

---

*) In Japan wurden die Christen verfolgt, die vorher durch katholische Missionäre bekehrt worden waren. Um das Monopol des Handels dort zu bekommen, traten die Holländer dort das Kreuz mit den Füßen und schwuren: wir sind keine Christen, sondern Holländer.

aufziehen wie ein Lord mit seiner Lady. Mehr Glück machen daher die katholischen Bettelmönche aus Frankreich, die in ihrer barfüßigen Armuth beim gemeinen Volk unter den Heiden leichter Vertrauen finden.

Im Ganzen haben die Missionen in früheren katholischen Zeiten einen bessern und raschern Fortgang gehabt, als in neuerer Zeit die sämmtlichen protestantischen, die der Lutheraner und Calvinisten, der Deutschen, Engländer, Scandinavier und Nordamerikaner, der Herrnhuter, Quäker, Methodisten, Baptisten ꝛc. Den glänzendsten und erfreulichsten Erfolg hatten die katholischen Missionen in Südamerika, wo fromme Patres sich des armen Indianervolks annahmen, es gegen die grausamen Conquistatores schützten, es in den Urwäldern in Colonien vereinigten und väterlich regierten, so daß sie hier zwei Jahrhunderte hindurch in einem Paradiese lebten. Ein solches Paradies war namentlich Paraguay, welches, wie alle andern Colonien des Jesuitenordens, durch die weltliche Gewalt zerstört werden sollte. In neuerer Zeit ist fast überall der Segen jener Missionen verschwunden. Aber auch die zahlreichen Missionen, die vom protestantischen Europa und von Nordamerika ausgingen, haben verhältnißmäßig nur wenig ausgerichtet, aus den oben schon angeführten Gründen.

Mit Recht hat man den Engländern in Bezug auf die christliche Religion die schwersten Vorwürfe gemacht. Sie, die mit ihren Flotten die entferntesten Ufer des Meeres beherrschen, wären vorzugsweise geeignet, das Christenthum unter den fernen Heiden auszubreiten. Sie thun es auch, aber nur, wo es ihr Handelsinteresse fördern kann. Ihre Missionäre sondiren, wo etwa englische Niederlassungen zu etabliren wären, um dieses Handelsinteresse zu fördern. Sie belehren die Heiden zu Christen, um ergebene Diener aus ihnen zu machen. Wo es ihrem Interesse aber nicht entspricht, wo sie zahlreiche Heidenvölker um des Friedens willen in ihrem Götzendienst aus Klugheitsrücksichten lieber schonen, da schränken sie die Mission geflissentlich ein, und die Ausbreitung des Christenthums ist ihnen nicht nur gleichgültig, sondern sie hemmen sie auch gradezu und schmeicheln dem Heidenthum. Hier einige Beispiele aus Indien. Der Missionar Wellbrecht erzählt in seinem Werk über die indischen Missionen (1844): „Die Kaufleute in Birmingham machten vor einigen Jahren eine gute Speculation, indem sie tausende von messingenen Götzen verfertigten und nach Calcutta versandten, wo sie gute Abnahme fanden. Ich hörte es als eine traurige Thatsache in England erzählen, daß an Bord eines und desselben Schiffes zwei Missionäre und mehrere große Kisten voll von solchen Götzen nach Calcutta abgingen. Auch hat sich die englisch-ostindische Regierung die berühmten Wallfahrtsorte zu Nutze gemacht und den Besuch derselben besteuert. Jeder Pilgrim, der Juggernauth besuchte, mußte bei seinem Eintritt 18 Batzen zahlen; das Doppelte und Dreifache, wer in Gaya die Todtenfeier seiner Vorfahren beging. Man hat berechnet, daß die ostindische Regierung jährlich über eine halbe Million Gulden Einkünfte vom Götzendienst bezog. Dafür beschenkt sie das Riesenbild des Götzen jährlich mit mehreren hundert Ellen schönem Tuch zu seiner Bekleidung." In den Erinnerungen eines ostindischen Missionärs, welche 1865 anonym in Halle erschienen sind, wird erzählt, ein reicher Engländer in Calcutta habe auf dem Grabe seiner Maitresse, eines schönen Hindumädchens, einen heidnischen Tempel erbauen lassen, und zwei Missionäre, die öffentlich einen Tadel darüber ausgesprochen hatten, seyen deßhalb verklagt und zu 300 Pfund Sterling Strafe verurtheilt worden. Der Missionsdirector Graul beklagt in seinem 1855 erschienenen Werk über Ostindien die erstaunliche Gleichgültigkeit der englischen Behörden in Sachen der Bekehrung zum Christenthum. Obgleich die Engländer schon lange auf Ceylon herrschen und noch viel länger vorher die Holländer Herrn der großen Insel waren und es hier von Missionären wimmelt, so fand Graul doch nur 1235 evangelische Christen unter den Eingebornen und sie waren noch dazu mit dem Spottnamen „Regierungschristen" gebrandmarkt, weil jedermann wußte, sie hätten sich nur bekehrt, um von der Regierung Anstellungen oder Unterstützungen zu erhalten. Anderwärts heißen solche Neubekehrte „Reischristen", weil Reis die Hauptnahrung ist und viele nur aus Armuth sich bekehren lassen.

Noch viel schwerere Vorwürfe treffen die Engländer in China. In diesem großen Reiche von 360 Millionen Einwohnern (mehr als in ganz Europa zusammengenommen), hat sich schon vor 300 Jahren und später immer wiederholt eine nicht geringe Empfänglichkeit für die christliche Wahrheit kund gegeben, denn trotz aller Wunderlichkeiten, die der chinesischen Civilisation ankleben, und trotz der Corruption, die sich überall dort in den von Menschen überfüllten Städten findet, liegt im Wesen der Chinesen ein Grundzug von Ernst und Verstand, wie bei keinem andern Volk in Asien. Wenn die europäischen Christen nun, die nach China kommen, nur wahre Christen wären, so hätte für die Bekehrung Chinas schon viel geschehen können. Aber welches Beispiel geben ihnen die Engländer? Da China mit einheimischer Industrie überfüllt ist, können die Engländer die ungeheuern Massen von Waaren, welche sie jährlich aus

China holen (besonders den kostbaren Thee), nicht gegen englische Fabrikate austauschen, sondern müssen sie baar bezahlen, wodurch England von baarem Gelde entblößt, China damit überfüllt wird. Um nun diesem Uebelstand zu steuern, hat England im Verlauf unseres Jahrhunderts in immer größeren Massen Opium, hauptsächlich in seinen Colonien in Ostindien produciren lassen und diesen berauschenden Mohnsaft in China eingeführt, wodurch es ihm endlich möglich geworden ist, den Preis des Thees mit dem des Opiums auszugleichen. Das Opium entnervt aber die Menschen, die sich an seinen Genuß gewöhnen, in schauderhafter Art, degenerirt die chinesische Bevölkerung und inficirt sie mit denselben Lastern, die in Europa die Trunksucht zu begleiten pflegen. Im Opium liegt ein viel schädlicheres Gift als im Alkohol. Da nun dieser Stoff von Jahr zu Jahr in immer kolossaleren Massen in China eingeschleppt wurde, bis 1833 zu einem jährlichen Werth von mehr als 80 Millionen, so hielt es der Kaiser von China in Uebereinstimmung mit den Großen seines Reichs für eine dringende Pflicht, diesen heillosen Gifthandel gänzlich zu verbieten. Elliot, der damals die britische Marine in den chinesischen Gewässern befehligte, erkannte, daß die chinesische Regierung hierin in ihrem vollen Rechte sey, und versprach derselben, seinerseits den schändlichen Handel nicht beschützen zu wollen. Nun ließ die chinesische Regierung alles Opium, soweit es nicht vor ihr versteckt werden konnte, mit Beschlag belegen und über 20,000 Kisten desselben vertilgen, 1838. Da nun aber der Giftverkauf für die Engländer so einträglich gewesen war und in England das Geldinteresse über alles geht, würdigte sich die englische Regierung herab, den Fortverkauf des Opium in China mit Gewalt durchzusetzen. Der humane Elliot fiel in Ungnade und statt seiner kam 1842 eine englische Dampfflotte unter Pottinger nach China, zerstörte mit ihren furchtbaren Geschützen alle Küstenstädte, die sich widersetzten, und ertrotzte die Nachgiebigkeit Chinas. Dieses Reich mußte den Opiumhandel fernerhin erlauben, fünf Häfen ausschließlich zu diesem Zweck öffnen und 21 Millionen Dollars Kriegsentschädigung zahlen. Vergebens bot der Kaiser von China England einen jährlichen Tribut von 74½ Millionen an, wenn es nur kein Opium mehr nach China schicken wolle. England schlug es aus, weil es vom Verkauf dieses verlockenden Giftes eine noch größere jährliche Summe zu gewinnen hoffte. So handelte das christliche England und so handelt es noch jetzt.

Wenn nun auch durch die englischen Missionäre Bibeln in China verbreitet worden waren und das Lesen derselben einen gewissen Xente erweckt hatte, die christliche Secte der Taiping zu stiften und diese reißende Fortschritte im Innern Chinas machte, so konnten dieselben doch von den Engländern keine Unterstützung erhalten, denn England half hier den Heiden gegen die Christen. Sobald nämlich der Kaiser von China den englischen Forderungen hatte nachgeben müssen und den Opiumhandel wieder gestattete, half ihm England gegen die Taiping, weil diese den Opiumhandel nicht duldeten. Ein Engländer erzählt selbst, mit welcher Beschämung er habe anhören müssen, wie die Taipings über die Engländer urtheilten, welche Christen zu seyn behaupteten und die Gebote christlicher Liebe, wie die der Ehrenhaftigkeit, doch mit Füßen traten.

Auf den Südseeinseln gaben sich englische Missionäre ehrlich Mühe, christliche Gesittung unter den Wilden einzuführen. Aber auf der berühmten Insel Otaheiti wirkten ihnen die Franzosen entgegen, die hier mit lachender Schadenfreude durch Soldaten und Matrosen die schändlichste Corruption verbreiteten. Die große Insel Neu-Seeland war fast ganz bekehrt und in guter Ordnung unter der Regierung der Missionäre, als die Colonisten, die in Masse aus England herbeikamen, das Werk der Missionäre wieder zerstörten und die armen Wilden yankeeartig brutalisirten. In Nordamerika haben die Yankees nie etwas gethan, um die noch zahlreichen wilden Ureinwohner zu civilisiren. Nur die Laster der Civilisation haben sie auf sie übergetragen und sie dadurch nur noch mehr verwildert, so daß in jüngster Zeit von den Vereinigten Staaten von Nordamerika aus ein förmlicher Vertilgungskrieg gegen die Indianer geführt wird.

In Afrika ist die uralte Sclaverei der schwarzen Race durch die Ankunft und Niederlassung von Christen nicht aufgehoben worden. Das Innere des Welttheils ist noch voll von uraltem blutigen, schmutzigen und kindischen Götzendienst. Heute noch herrscht im Königreich Dahomey der Gebrauch, daß wenn der neue König die Gräber seiner Väter besucht, er durch ein Spalier von Menschen geht, welche, so wie er sich nähert, vor seinen Augen geköpft werden, so daß er seinen Fuß beständig in frisches Blut setzt. In vielen Städten im Innern Afrikas wird noch Menschenfleisch gegessen und öffentlich auf dem Markte verkauft. Nur die Muhamedaner haben hin und wieder die ärgste Roheit und Bestialität der Neger gemäßigt. Dagegen ist Abessinien, ein uralter christlicher Staat, in die Bestialität zurückgefallen. Am Cap hatten die Holländer eine große Colonie gegründet, die ihnen die Engländer weggenommen haben. Allein auch von hier aus ist wenig für die schwarze Race geschehen. Die Hottentotten sind durch die christliche Berührung geknechtet, aber nicht veredelt worden, und die Kaffern werden von den Engländern als Leute behandelt, die man wie das Wild ausrotten müsse.

Also gibt es auf der Oberfläche unseres Planeten noch viele Millionen Menschen, denen das Licht der Offenbarung noch niemals geleuchtet hat, oder welche von den sog. Christen nur Böses, nur Krankheiten, nur Schändung, nur Laster oder den Tod empfangen, die von den sog. Christen nur zu Sclaven unchristlicher Begierden und Interessen gemacht, oder verächtlich in die Wüste gejagt, oder wie Urwald, welcher die Leute am Anbau hindert, niedergeschlagen werden. Das ist die Art und Weise, wie die christlichen Nationen Europas das apostolische Gebot des Menschensohnes erfüllen. Christus, der seine Arme weit ausbreitete, um alle seine Menschenbrüder zu sich heranzuziehen, hat sich unter dem Einfluß der modernen Bildung unvermerkt in das scheußliche Götzenbild der indischen Todesgöttin Kali verwandelt, die in jedem ihrer vielen Arme ein anderes Mordinstrument trägt.

Drittes Buch.

Christenthum und Vernunft im Einklang in Bezug auf den sittlichen und ewigen Beruf des Menschen.

1.

Der Unerforschliche.

Wenn wir auch unser Verhältniß zu Gott nicht mißverstehen können und unsere Vernunft deßfalls die klaren Worte der heiligen Schrift nur bestätigt, so ist doch damit nicht gemeint, daß menschliche Weisheit jemals das Wesen Gottes ganz ergründen und begreifen könnte. Nicht einmal der ganze Umfang seiner Werke ist dem Menschen bekannt, noch viel weniger die Tiefe des göttlichen Geistes. Wir können nur hoffen, sofern wir unsterblich sind, in der Erkenntniß Gottes künftig fortzuschreiten, wenn wir uns dessen würdig machen, aber wir dürfen uns niemals einbilden, mit unserm Horizont den des allmächtigen Gottes zu umspannen. Diese Resignation ist selbst der gottsuchenden Seele zu empfehlen, die nur vom Zug der Liebe getrieben wird, noch vielmehr aber jenen Denkern von Profession, die sich Philosophen nennen und die in der Hoffahrt leben, sie könnten mit dem Leiterchen ihres Verstandes die Höhe Gottes erreichen. Die moderne Philosophie hat in der That als Axiom hingestellt, es gebe nur eine Vernunft, die göttliche könne also auch keine andre seyn als die menschliche; es gebe nur ein Object des Denkens und nur eine Methode des Denkens, welche daher für den Menschen dieselbe seyn müßte, wie für Gott. Andere gehen in der Hoffahrt noch weiter und leugnen Gott überhaupt, setzen an dessen Stelle als das Ewige nur die

Materie und lassen deren sublimste Entfaltung nur den Menschen seyn. Diese lassen wir als unzurechnungsfähig bei Seite.

Wichtiger ist, wie sich die Gläubigen zum unerforschlichen Gott stellen. Man bemerkt in der neuern Zeit, namentlich seit dem 17. Jahrhundert, in den poetischen Spielereien der Jesuiten und der protestantischen Pietisten, insbesondere der Herrnhuter, eine gewisse Familiarität, welche sich Gott auf eine unerlaubte Weise zudringlich nähert und sich mit Liebe entschuldigt, indem sie die Ehrfurcht verletzt. Diese Aufdringlichkeit der Ueberfrommen ist nicht minder eine Sünde, wie das Leugnen Gottes und der Spott der Ungläubigen. Auch hat ein Extrem hier das andere hervorgerufen. Es ist eine Ueberhebung des Menschen so wie so, ob er Gott gleichgültig vorbeigehen zu können glaubt, oder ihn aus Liebe körperlich angreifen, herzen und küssen will. Gottes Größe läßt das nicht zu, ein Schauer umgibt seine Heiligkeit, ein Geheimniß bleibt zwischen ihm und seinem feurigsten und innigsten Anbeter. Die Gottesfurcht darf keinen Augenblick aus dem menschlichen Herzen weichen, oder er fühlt, denkt und handelt verkehrt, taktlos und die Vernunft in ihm ist umnebelt. Als Moses auf dem Berge Horeb dem Busche, aus welchem Gott zu ihm sprach, nahe kam, schlugen Flammen aus dem Busche, und noli me tangere sprach Christus zu der Sünderin, die ihn am meisten geliebt hatte.

Die Spötter alles Heiligen fühlen hier, was sich ziemt, richtiger heraus, als manche Ueberfrommen, und in diesem Punkte ist der Spott berechtigt und sollen wahre Christen durch die läppische Art, wie sie Gott lieben und dienen zu müssen glauben, niemals den Spott herausfordern. Wenn man einem so kindischen Volke, wie den Neapolitanern, die

Possen, die sie mit ihrem Bambino trieben, verzeihen mag, so sollte doch unter besonneneren Christen, insbesondere unter Protestanten nichts vorkommen, was diesem grobsinnlichen Anfassen des Heiligen ähnlich ist.

Vom Erhabenen zum Lächerlichen ist nur ein Schritt. Das hätte nie außer Acht gelassen werden sollen, als in der griechischen und römischen Kirche die Formen der Gottesverehrung festgestellt wurden. Die Nachfolge Christi z. B. besteht in etwas Anderem als in der Tonsur. Den Dornenkranz des Heilands durch den auf dem kahlen Haupt stehengelassenen Kranz von Haaren wiedergeben zu wollen, war ein grober Mißgriff. Man soll für das Heilige kein Sinnbild wählen, was eine widerliche Entstellung der von Gott geschaffenen Wohlgestalt des Menschen ist. Man soll kein Leiden des Sohnes Gottes, welches sich unserer Einbildungskraft nur in der erhabensten und rührendsten Schönheit darstellt, durch eine lächerliche Verunstaltung der menschlichen Kopfbildung nachbilden wollen.

Eine der Gottheit unwürdige Vorstellung ist auch diejenige, welche den Leib und das Blut des Heilands allen möglichen Zufällen der Verunreinigung oder boshafter Mißhandlung preisgibt in einer Anzahl von sog. Hostienwundern. Wenn die, welche sich Christen nennen, nur nicht fort und fort mit ihren Sünden den Heiland kreuzigen hülfen, brauchten sie um jene Hostien nicht so ängstlich besorgt zu seyn.

Die Liebe zum Heiland ist die zarteste, deren der Mensch fähig ist. Wir bewundern Dante, der in seinem unsterblichen Gedicht vom Paradiese in verschiedenen Abstufungen und Gruppen Heilige und Selige emporschweben läßt zum Throne Gottes. Der Zug nach oben, die Sehnsucht gleicht nicht der Motte, die dumm in die Flamme stürzt. In heiligem Schauer der Ehrfurcht mißt sie die Ferne von Gott nicht mit Schritten, sondern nur mit dem Blick ab. Man kann die Liebe nicht demüthiger denken und so ist es natürlich, wenn der niedere Mensch zum hohen Gott aufblickt. Wie häßlich, roh ist dagegen das Abküssen der Zehen am Krucifix (Abbeißen sagt das Volk) und das Waschen, Baden, Sichwiegen und Sichbetten in der Seitenwunde. Die jungfräuliche Mutter soll uns heilig seyn, aber niemand soll sich unterstehen dürfen, sich ihr gleich dem Jesuskinde an die Brust legen zu wollen, wie man das auf Kirchenbildern sehen kann und wie es in den Legenden von mehreren namhaften Heiligen erzählt wird.

Die christliche Poesie und Kunst hat zweierlei streng zu vermeiden, nämlich außer der frügten Aufbringlichkeit und pöbelhaften Vertraulichkeit mit den heiligen Personen hauptsächlich auch deren häßliche Darstellung. Zwischen der dummen Gier der Kinder und Wilden, die alles gleich anfassen und in den Mund stecken wollen, was sie interessirt, und dem Bedürfniß edler Seelen, im Heiligen zugleich das Ideal des Schönen zu sehen und in der bildlichen Darstellung der heiligen Personen wenigstens annähernd zu erreichen, was die Musik mit größerer Sicherheit erreicht, ist ein Unterschied, den man nicht ungestraft außer Acht lassen kann. Wir sind also nicht gegen die Bilder eingenommen, nur gegen gewisse, leider zahlreiche Bilder. Wir rechnen dahin nicht blos die fabrikmäßige Häßlichkeit, sondern auch das Studirte, wenn Künstler nicht demüthig vom heiligen Gegenstand erfüllt sind, vielmehr nur eitle Effekte machen wollen und sogar dem modernen Zeitgeist dabei huldigen. So hat man in Paris versucht, den Heiland mit auffallend jüdischen Gesichtszügen zu

malen und zugleich etwas von der Eleganz eines Pariser
Stutzers hineinzulegen.

Genug, es ist in diesem Gebiet viel und gröblich gefehlt
worden. Plumpe Hände haben das unnahbar Heilige zu
entweihen gesucht. Im Evangelium ist nichts enthalten, was
dazu berechtigte. Vielmehr ist alles, was darin vom Heiland
berichtet wird, von einer solchen wahren Heiligkeit und von
einer Feinheit der Gefühlsweise und Denkart, von so sittlicher Zartheit und zugleich so vernünftig und geschmackvoll,
daß die kirchliche Poesie und Kunst niemals hätte davon ab-
weichen sollen. Das ist ein Gegenstand, mit welchem das
bevorstehende ökumenische Concil sich zweckmäßiger beschäftigen würde, als mit manchem andern. Soll die Mißachtung
der Kirche, wie sie sich jetzt am stärksten im katholischen Süden ausspricht, einer neuen Liebe und Begeisterung für dieselbe weichen, so muß vor allen Dingen das in der Kirche
bewahrte Heilige von den geschmacklosen und unwürdigen
Zuthaten und Entstellungen gereinigt werden.

Noch eine wichtige Frage muß hier erörtert werden, die
auch die Protestanten angeht. Sie betrifft die Gnade Gottes,
die man leider eben so plump und gierig angefaßt hat, wie
anderes Heilige. Es lag ganz im Entwicklungsgange der
Zeit, daß man sich über die Gerechtigkeit Gottes zu täuschen
und seiner Gnade ein unverhältnißmäßiges Uebergewicht zu
geben suchte. Es war bequemer, an die Gnade zu appelliren,
als sich dem Richterspruch zu unterwerfen. Der allmälige
Abfall von der christlichen Wahrheit charakterisirte sich überhaupt durch Versteckenspielen der Sünde. Wie schon im Paradiese Adam und Eva, nachdem sie gesündigt hatten, sich
versteckten, so war es, indem die Kirche entartete, und ist es
heute noch ein Hauptbestreben der Namenchristen, sich vor dem

strafenden Richter zu verstecken, ihn nicht sehen zu wollen, die Gerechtigkeit zu eskamotiren und nur die Gnade als göttliches Grundwesen festzuhalten. Aber die Gnade ist etwas gar Zartes, so zart wie der Regenbogen, daß man nicht hineingreifen und sie festhalten kann. Erfreut sich der Mensch mit Recht seines freien Willens, ist er stolz darauf und mißbraucht er ihn, um sich erst recht seiner schrankenlosen Freiheit bewußt zu werden, so wird er sich wohl gefallen lassen müssen, daß auch Gott seinen freien Willen habe. Und dieser ist seine Gnade. Die leidet keinen Zwang, die läßt sich nicht, weder durch einen Ablaßbrief, noch durch einen Mißbrauch der lutherischen sola fides dekretiren, dem lieben Gott vorschreiben. Noch läßt sich von angeblich Beauftragten Gottes Bürgschaft dafür leisten. Damit ist das herrliche Institut der Beichte entweiht und ein grobes Pochen auf Seligkeit provocirt worden. Die Gnade ist Gottes allein und wenn ihr die h. Schrift kennt, sollte euch doch wohl klar geworden seyn, daß ihr keinen Maßstab habt, noch je finden werdet, um die Gnade Gottes auszumessen. Hier straft er, läßt Feuer vom Himmel regnen, scheint unbarmherzig; dort verzeiht er, sogar der Ehebrecherin, entschuldigt die, welche viel geliebt hat, und fragt mit wahrhaft göttlicher Anmuth den Verblüfften, der soviel Gnade nicht begreifen kann: Was stehst du scheel, daß ich so gütig bin? Es ist also etwas sehr Delicates um diese Gnade Gottes und sie wird ewig das Geheimniß Gottes bleiben. Der alltägliche Verstand begreift sie nicht, grade so wenig wie der Prophet Jonas, als er sich behaglich niedersetzte, um dem Untergange von Ninive zuzusehen.

Gott ist die Liebe, aber auch die Gerechtigkeit, jedenfalls die allervollkommenste Vernunft, die am besten weiß, welche feinste psychologische Grenze sie als Richterin einzuhalten hat. Wer es wagt, ihm im Urtheil vorzugreifen und über die Seelen im Jenseits verfügen zu wollen, würde sich schwer versündigen, wenn hier die Thorheit nicht als Milderungsgrund einzurechnen wäre. Wie es scheint, sollen die Christen sich begnügen, einander aus Bruderliebe zu fluchen, einander zu massakriren, zu erwürgen, lebendig zu verbrennen, aber sie sollen diese Bruderliebe wenigstens nicht noch auf das Jenseits ausdehnen wollen.

2.

Von der Eitelkeit alles Irdischen.

Wie großartig auch die Weltgeschichte sich wie ein zusammenhängendes Epos vor uns aufrollt, oder wir, da sie noch nicht vollendet ist, sie wie ein Trauerspiel sich abspielen sehen und noch schlimme Verhängnisse ahnen, die da kommen werden, sie aber auch wieder reizende Idyllen des Glückes in sich schließt und unser Interesse auf das lebhafteste an sich fesselt, so werden wir doch oft genug durch den Gedanken überrascht, jeder von uns wird aus der Menge der Mithandelnden und Zuschauer unnachsichtlich herausgerissen und kann den Ausgang des interessanten Schauspiels nicht erleben. Dadurch wird jeder von uns an den Ausspruch des Heilands gemahnt: Mein Reich ist nicht von dieser Welt! Wären wir nicht unsterblich, könnten wir uns niemals wieder besinnen, erwachten wir nicht aus dem Todesschlafe, so hätten wir umsonst gelebt. Würde nun auch die Weltgeschichte zu Ende geführt und ihr Andenken in der Erinnerung irgend eines Genius der Erde, oder in einem himmlischen Buche aufbewahrt, so wäre doch von jedem von uns nur ein Traumbild in der Erinnerung jenes Genius oder ein Wort in jenem Buche übrig, ohne daß wir es wüßten.

Das ist nicht unsere Bestimmung. Wir werden, wie die innere Stimme uns sagt und uns die Offenbarung die Versicherung gibt, in einem andern Leben fortdauern, vom Tode auferstehen. Jeder muß nun einsehen daß, wenn er in einer andern Welt fortdauert, er auch schon ursprünglich nicht für die irdische Welt, in der er sterben muß, sondern für jene höhere geschaffen war. Daraus muß er aber auch schließen, daß er sein irdisches Leben nur als Vorbereitung auf das künftige zu betrachten hat. Die Vorbereitung kann aber nichts anderes seyn, als Prüfung, inwieweit er sich eines bessern Daseyns würdig gemacht hat. Denn er nimmt in die neue Welt nichts mit hinüber, als den Werth seiner Gesinnungen und die Erinnerung an seine Handlungen. Der Werth oder Unwerth derselben hängt aber ausschließlich von dem Gebrauch ab, den er von seiner Freiheit gemacht hat, in Gedanken, Worten und Handlungen. Das ist sein eigen, das nimmt er mit hinüber in die andere Welt, wenn er diesseits alles andere und für immer zurücklassen muß.

Auch die Weltgeschichte selbst hat keine Bedeutung für sich anzusprechen. Sie ist nur das Mittel für den Zweck der Durchreise jedes einzelnen Menschen durchs zeitliche Leben zum ewigen. Nur sofern sie dient, der menschlichen Freiheit nach allen Richtungen hin einen Wirkungskreis zu eröffnen, in welchem sich ihr würdiger oder unwürdiger Gebrauch bewähren kann, erfüllt sie ihren Zweck. Alles in ihr ist vergänglich, ist eitel, wie der weise Salomo sagt, so weit es nur Mittel ist. Ihre einzige lebendige Frucht ist das, was die Menschen an sittlichem Werth oder Unwerth aus ihr in die Ewigkeit mit hinüber nehmen. Was sie an heroischen, was sie an sanften Tugenden zur Erscheinung gebracht hat, wie auch vom Gegentheil, lebt fort mit den unsterblichen Seelen, denen es zum ewigen Heil oder zum ewigen Verderben gereicht. Jeder rechte, vernünftige, gottgefällige Gebrauch der Freiheit wird dort belohnt, das Gegentheil bestraft. Wie aber diese Früchte für die andere Welt gereift sind, stirbt der Baum der Weltgeschichte sammt der Erde selber wieder ab, denn sie waren nur Mittel, nicht Zweck.

Schon innerhalb der Weltgeschichte selbst sehen wir ganze Völker dahin sterben, die prachtvollsten Werke großer Culturperioden in Ruinen und Staub zerfallen, wie einst nach der Offenbarung Johannis auch die letzten Völker mit der Erde selbst untergehen werden.

Insofern ist nun wirklich, wie Salomo sagt, in diesem irdischen Leben alles eitel. Ich kann nicht umhin hier an die geistreiche Auffassung des Irdischen in den Mysterienlehren und der Gräbersymbolik schon der alten Griechen zu erinnern. Man hatte damals schon eine Vorahnung der christlichen Unsterblichkeitslehre, mußte sie aber der profanen Menge gegenüber in Symbole verschleiern. Die salomonische Lehre, daß alles auf Erden eitel sey, wurde damals schon erkannt, aber in der Art maskirt, daß man auf die Unterwelt übertrug, was die Wissenden vom irdischen Leben verstanden. Man stellte alles vergebliche Ringen und Trachten der Menschen auf Erden als Höllenstrafen dar. Die betreffenden Mythen und Symbole haben eine große innere Wahrheit, daß sie ihre Anwendung auch heute noch auf alles unvernünftige Sinnen und Trachten der Menschen, auf jeden falschen Gebrauch ihrer Freiheit finden. In der Arbeit des Sisyphus erkennt man unschwer das Aide toi der Neuzeit wieder, den Liberalismus, der mit Verfassungsformen, allgemeiner Wahlfreiheit, Gleichberechtigung aller, Mehrheitsbeschlüssen den Staat und das Volksglück auf die Höhe der Vollendung emporheben will und immer wieder von vorn anfangen muß, oder den pädagogischen Schwindel, der durch Erziehung eine vollkommene Menschheit herausbringen will und nie herausbringt. In der Qual des Tantalus erkennt man eben so deutlich den Hunger der Armen wieder, die den Luxus der Reichen immer vor Augen haben und selber im Elend vergehen müssen. In den Danaiden die fleißigen unermüdlichen Leute, die unaufhörlich arbeiten und steuern und doch das Faß der Finanzen nicht füllen, weil alles aus demselben wegfließt. Im Oknos, der immerfort aus Schilf ein Seil flicht, was ihm unbemerkt der hinter ihm stehende Esel wieder abfrißt, den langen Zopf der falschen Wissenschaft. In Ixion, der sich auf dem Rade immer um sich selbst drehen muß, weil er als Mensch der Gottheit Gewalt anthun zu wollen sich erfrechte, die unverschämte moderne Philosophie der Selbstvergötterung. In Tityos endlich den modernen Weltschmerz.

Kein Völkerideal ist auf Erden jemals erreicht worden, oder wenn einmal ein hochgebildetes Volk eine Glanzperiode wohlverdienten Ruhmes erlebt hat, sank es von dieser Höhe bald wieder herab. Auch keine kühne Gewalt hat die träge Menschheit zu der Höhe hinauf peitschen können, auf der sie ein energischer Herrscher und Gesetzgeber haben und festhalten wollte. Die berühmtesten, die edelsten Völker gingen alle unter in Corruption. Die ältesten Weltreiche der Aegypter und Babylonier gingen durch ihre Cultur zu Grunde, weil ihr der sittliche Nerv fehlte. Die Fleischtöpfe und das goldene Kalb der Aegypter, noch mehr die große babylonische Hure charakterisiren die materialistische Richtung jener ältesten

Civilisation. Bei den Persern zuerst ermannte sich das sittliche Gefühl und kämpfte ritterlich gegen die Wollust, die vom alten Götzendienst unzertrennlich geworden war. Aber auch sie erlagen, als sie zu Macht und Reichthum gelangt waren, der Verführung. Das edle Volk der Griechen schien, indem es die Kraft und Schönheit des äußeren Menschen zur höchsten Blüte entfaltete, zugleich den feinsten Geist ausbildete und alle andern Völker physisch und psychisch an Adel übertraf, das Völkerideal erreicht zu haben. Allein es war Täuschung. Auch die Griechen entarteten und sogen aus ihrer feinen Civilisation noch feinere Gifte ein, als alle andern Völker, ja sie sanken moralisch tief unter rohe Barbaren herab. In den Römern schien der männliche ritterliche Geist der Perser sich zu verjüngen, aber auch sie, sobald sie zu Macht und Reichthum gelangt waren, entarteten gleich jenen. Verführt von der griechischen Bildung, die nur noch eine schöne Leiche war, mußten sie in deren Umarmung verwesen.

Wo immer eine kraftvolle Dynastie ein Volk unter ihrem Zeichen vereinigte, ein neues Reich, eine bessere Ordnung der Dinge gründete und weise Gesetze gab, die Söhne schlugen den Vätern nicht mehr nach, die Enkel entarteten, das Reich ging zu Grunde, früher oder später. Wo irgend ein edler Held ein Volk für die Freiheit begeisterte, das Joch der Tyrannei oder Fremdherrschaft brach und einen Freistaat gründete, der die edle Begeisterung verewigen sollte, da währte es niemals lange, die stolzen Republikaner verknöcherten in steife, greisenhafte Aristokratie, oder verwilderten in Demokratie und Anarchie. Wo ein großer Denker die Jugend begeistert, das Volk hingerissen hatte zu höhern Anschauungen der göttlichen und irdischen Dinge, wo er in

Geſetz- und Lehrbüchern, in Inſtitutionen, in einem pythagoräiſchen Bunde, in Myſterien die Weisheit niedergelegt, daß ſie das Erbe ſeines Volkes bleibe, fehlte niemals der Tyrann, der gleich einem großen Elephanten die zarte Anpflanzung niedertrat, oder der Pöbel, der wie eine Heerde Säue in dieſelbe einbrach. Wenn die wachſende Bildung eines edlen Volkes den äſthetiſchen Sinn ausbildete, Begeiſterung für die Kunſt erweckte, große Künſtler Ideale des Schönen vor die erſtaunte Welt hinzauberten und die Kunſt eine Zeit lang unter dem enthuſiaſtiſchen Beifall der Großen und des Volks ſich auf gleicher Höhe behauptete, ſank ſie doch immer und unvermeidlich allmälig wieder herab, theils durch den Zudrang anmaßender, aber unfähiger Nachahmer, theils durch die Geiſtloſigkeit akademiſcher Schablonen, die den Geiſt in eine ſtereotype Form bannen wollen, theils durch die Eitelkeit der Künſtler, die das Beſte noch beſſer machen wollen und unwillkürlich vom Ideal in die Karikatur fielen, endlich durch die Ueppigkeit und Willkür der Großen, der Mäcene, der Kunſtbeſteller, und durch die Laune und Veränderungsſucht der Menge.

So war denn niemals ein auch nur verhältnißmäßig idealer Zuſtand in der Menſchheit feſtzuhalten. Die Erſcheinung des Menſchenſohnes auf Erden ſelbſt war nicht im Stande, eine dauerhafte und ausgiebige Begeiſterung in dieſer Menſchheit zu nähren. Auch die Kirche entartete. Auch die chriſtlich-germaniſche Theokratie wurde eine falſche Hierarchie, das Kaiſerthum zerfiel in eine eigenmächtige und zwieträchtige Fürſtenoligarchie. Die organiſche Gliederung der Stände fiel auseinander. Jeder Stand verkam allmälig in ſeiner Iſolirtheit. Jetzt iſt die Auflöſung noch weiter gebiehen, denn sie bleibt nicht einmal mehr vor der Familie stehen und will auch diese decentralisiren.

Wen das immerwährende Herabsinken von schon erreichten Idealen, das Erfolglose alles irdischen Strebens mit Wehmuth erfüllt, muß sich doch mit dem Gedanken trösten, daß das irdische Daseyn überhaupt nicht sein eigener Zweck, sondern nur das Mittel, die Vorbereitung für das künftige Leben ist, und daß in ihm doch alles erreicht wird, was erreicht werden sollte. Denn alles edle Streben im irdischen Leben erreicht sein Ziel jenseits; alles Gute, was wir hier leisteten oder auch nur ehrlich wollten, es war nichts Vergebliches, nichts, was verloren oder, wenn es nicht erreicht wurde, niemals erreicht werden könnte. Im Jenseits wird alles Gute gesammelt, was hier zerstreut war, und alles vollendet und erfüllt, wonach man hier nur strebte.

3.

Vom Zufall.

Wenn wir die Ordnung der Natur bewundern und auch im Verlauf der Weltgeschichte eine Gesetzmäßigkeit wahrnehmen, die einen weisen Schöpfer und Regierer der Welt voraussetzen läßt, tritt uns doch überall auch der Zufall entgegen, der uns unwillkürlich erschreckt und unwillig macht, weil wir ihn nur zu oft als unvernünftig und ungerecht erkennen müssen. Warum sieht man sich bei unverschuldeten Leiden aufgefordert zu fragen: warum kam ich gerade auf diesem Planeten zur Welt? warum grade in diesem Lande und unter diesem Volke? warum in dieser Familie? grade mit diesen körperlichen und geistigen Anlagen oder Mängeln? Daran knüpfen sich noch viel mehr zur Wehmuth stimmende Fragen: Warum wurde dieses Kind, woraus ein Mensch hätte reifen sollen, todt geboren? warum ein anderes eine Mißgeburt? warum ist so vielen Menschen Mißgestalt, Krankheit, Neigung zum Wahnsinn angeboren? warum kommen so viele Menschen ihr Lebenlang aus den rohesten Zuständen nicht heraus? warum wird andern, die zu den schönsten Lebenshoffnungen berechtigen, die Lebensblüte frühe geknickt? warum kommt der eine blos durch äußere Umstände in die schwersten Versuchungen, während der andere in Ruhe und Sicherheit wie von unsichtbaren Schutzengeln gehütet zu werden scheint?

Natürlicherweise hat man von jeher diese leidige Thatsache auszugleichen gesucht durch die Voraussetzung, die Seele sey unsterblich und nach dem irdischen Tode werde der Mensch, der unverschuldet auf Erden gelitten, durch Gottes Gerechtigkeit und Erbarmung reichlichen Ersatz dafür finden.

Mit diesem schönen Troste ist jedoch das Warum? noch nicht beantwortet. Das Leiden, wenn auch wieder gut gemacht, ist nicht erklärt. Die jetzt noch zahlreichsten Völker Asiens erklären alle diese irdischen Leiden, die den Unschuldigen treffen, durch eine frühere Existenz des Menschen. Während derselben soll er gesündigt haben und, was er im Erdenleben zu leiden hat, soll die Strafe dafür seyn. Darauf ist die berühmte Lehre der Seelenwanderung gegründet, die von den Indern und Mongolen in ausschweifender Weise behandelt worden ist, immer aber das Gute an sich hat, daß sie den Menschen anspornt, sich in seinem irdischen Leben möglichst von jeder Sünde fern zu halten, um im künftigen Leben nicht neuen Strafen ausgesetzt zu seyn, sondern den Lohn der Tugend zu ernten. Die ganze Lehre ist inzwischen eine willkürliche Voraussetzung und führt in ihren Folgerungen zu phantastischen Vorstellungen, in denen kein richtiges Verständniß des Weltzwecks mehr gefunden wird. Nach der buddhistischen Lehre sind alle Geschöpfe, nicht nur der Mensch, sondern auch Thiere, Pflanzen, Steine der Seelenwanderung unterworfen, erheben sich durch ihre Tugend zu immer höheren Graden der Vollkommenheit, vom Thier zum Menschen, vom Menschen zum Range höherer Geister, endlich zu Gott. Alle ohne Ausnahme werden zuletzt Buddha, verschmelzen mit ihm in ein Wesen und die Welt hört auf. Diese Vorstellungsweise kann nicht befriedigen, weil sie erstens alle Wesen gleich stellt und zweitens den langen Kampf des Lebens nur mit der Ruhe des Todes enden läßt.

Wie sehr es auch den menschlichen Stolz demüthigen mag, so ist es doch gewiß, daß die große Verschiedenheit der Menschen auf Erden und alle ihre Leiden und Mängel in dem großen Gemälde der Weltgeschichte nothwendig sind. In dieser Mannigfaltigkeit erkennen wir ein harmonisches Gesetz. Der Verlauf der Menschenschicksale innerhalb der Zeit hat seine Gesetzmäßigkeit, wie die räumliche Natur mit ihren mannigfaltigen Gegensätzen, welche doch von einer innern Harmonie beherrscht sind. In jenem großen Gemälde der Weltgeschichte ist der einzelne Mensch allerdings nur eine winzige Staffage und von seiner Freiheit ist in dieser Beziehung nicht viel zu rühmen. Selbst der Held eines Volks steht in dessen Mitte und in einer gewissen Zeit, wie der Baum auf einem gewissen Felde wächst und kann nicht heraus. Die Menschheit ist nicht auf einmal entstanden. Von einem Paar abstammend, hat sie sich in vielen Generationen vermehrt, Racenunterschiede und climatische Modificationen angenommen, nicht viel anders, wie die

Thiere, langsam im Verlauf der Zeit sich entwickelt, in gewissem Sinn an Erkenntniß und Talent vorschreitend, aber auch durch sittliche Verderbniß rückschreitend. Man erkennt in dieser geschichtlichen Entwicklung bestimmte Gegensätze, die jedoch ein Gesetz der Harmonie nicht ausschließen. Wie in der räumlichen Natur, so zeigen sich auch in der geschichtlichen Entwicklung der Menschheit Gesetze, welche die Völkermassen und ihr geschichtliches Verhalten nicht viel anders erscheinen lassen, als die elementaren Massen und das in ihnen wirksame Naturgesetz. Da ist keine Freiheit, oder was man Freiheit nennt, hat nur die Bedeutung etwa wie das fressende Element des Feuers. Daher die Vergleichung der französischen Revolution mit einem Vulkan nicht blos eine poetische ist. Sie haben ganz gleiche Bedeutung, der Vulkan in der Natur, die Revolution in der Geschichte.

Ein ungeheurer Strom rollt die Weltgeschichte ihre Wellen in eine unbekannte Ferne fort und eine Generation nach der andern sinkt in diesem Strom unter, um niemals wiederzukehren. Welchen lebendigen Antheil der Mensch nun auch in dem kurzen Zeitraum, der ihm auf der Erde zu leben und zu wirken vergönnt ist, an der Weltgeschichte nimmt, wie thätig und eifrig er wenigstens an seinem Ort in ihr mitwirkt, plötzlich wird er aus der Strömung hinausgerissen, vom fortrollenden Rade des Weltschicksals abgeschleudert und kommt nie mehr wieder. Dadurch nun werden wir erinnert, daß uns nicht ausschließlich der Raum und die Zeit, in der wir auf Erden leben, zu unserm Wirkungskreise angewiesen ist, sondern daß uns noch ein zweiter und ohne Zweifel noch wichtigerer zugewiesen ist. Zur plötzlichen Abreise gezwungen, können wir nicht mehr zweifeln, daß wir auf diesem Planeten nur zum Besuche waren und daß wir wo anders zu Hause sind. Ist auch bei denen, die sich hier glücklich fühlen, das Heimathsgefühl mehr an die irdische Scholle gebunden, so doch nicht bei den zahllosen Unglücklichen, deren Heimweh nach einer andern Welt ihr einziger Trost ist. Allerdings geht ein großer Zwiespalt durch die Menschheit in Bezug auf dieses Heimathsgefühl. Die einen wenden sich ausschließlich dem Gegenwärtigen innerhalb ihrer irdischen Wohnung zu. Andere sind durch ein tiefes Gefühl in der Seele oder durch abschreckende Schicksale im irdischen Leben veranlaßt, sich mehr als Fremdlinge auf Erden, ja als Verbannte aus einer bessern Welt, gleichsam als Flüchtlinge des Himmels zu betrachten.

In einer kleinen Schrift „Geist der Geschichte," die ich vor mehr als zwanzig Jahren herausgab, machte ich darauf aufmerksam, daß die Gestalt unserer Erde und ihr Verhältniß zur Sternenwelt jener Doppelseitigkeit der Menschheit entspricht. Die Menschheit hat nämlich vermöge ihrer Sinnlichkeit vorzugsweise einen Zug zum Aequator, vermöge ihrer Geistigkeit vorzugsweise zum Nordpol hin. Auf der Erdoberfläche selbst lagert sich mehr festes Land um den Nordpol, wie auch die nördliche Himmelsfläche reicher an Sternen ist. Das deutet auf einen Zug des Irdischen zu einer höhern und fernern Welt hin. Andererseits steht die Erde unter dem übermächtigen Einfluß der uns viel näheren Sonne, die mit ihren befruchtenden Strahlen das reichste Leben im Gürtel der Tropen rings um sie her weckt, ein Parables der Thiere und der rohen Menschenracen, in denen die Sinnlichkeit überwiegt. Die edlern Menschenracen können hier nicht gedeihen, sondern nur in den kühlern, dem Nordpol zugewendeten Regionen, und von ihnen aus kämpft ein geistiges, edles, sittliches und religiöses Princip gegen das von Süden aus herrschende Princip des Materialismus und der Sinnlichkeit. Dieser Blick auf den Erdglobus ist nicht unwichtig für das Verständniß der Doppelseitigkeit des Menschen. Sein besseres Theil erscheint nicht im Besitz der Erdenmitte, der reichsten Erbenschätze, des irdischen Paradieses, sondern ist seitwärts gedrängt, der kältern und nächtlichen Zone, dem Nordpole zu. Damit ist aber angedeutet, daß die Menschheit grade in ihrem beffern Theile auf eine andere, höhere Heimath angewiesen ist, daß sie ihre wahre Bestimmung nicht hier, sondern erst anderswo erreichen kann.

Wir kommen nun auf die Klage zurück, die über so viel unverschuldetes Unglück auf Erden schon seit Jahrtausenden forttönt. Sie hat ihren Trost im religiösen Bewußtseyn einer ewigen Vergeltung und Sühne gefunden, ahnungsweise schon in den Mysterien der gebildeten Heiden, ehe noch die christliche Offenbarung deßhalb volle Sicherheit gewährte. Allein es ist dem Menschen nicht gegeben, sich in diese Sicherheit gleichsam einzubetten, und sich, selber unthätig, allein der himmlischen Gnade darzubieten. Wie schon vor der Menschwerdung Gottes edle Heiden gegen das Böse auf dieser Erde kämpften, so ist dieser Kampf auch den Christen nicht erspart. Der große spanische Dichter Calderon sagt einmal: „Man muß auch im Traume edel handeln." So thaten jene blinden Heiden, deren Augen noch nicht das Licht der Offenbarung geöffnet hatte, deren Seelen aber, wie im tiefen Schacht der Diamant, die Zukunft des Lichtes vorempfanden.

Wie sehr nun auch der Strom der Weltgeschichte, an unsern Planeten gebannt und eingeschlossen zwischen einem Anfang und Ende, völlig unabhängig erscheint von der höhern Bestimmung der Menschen, die er nur wie zufällig in einer kurzen Spanne Zeit mit seinen Wellen aufwirft und wieder untersinken macht, und wie wenig der einzelne Mensch, der aus den Wirbeln dieser Wellen herausgerissen, in einer andern Welt, in seiner wahren Heimath noch geneigt seyn mag, sich um das arge Treiben auf dieser Erde zu bekümmern, so besteht dennoch ein tiefer Zusammenhang zwischen der Weltgeschichte oder dem Schicksal der Menschen im Ganzen und der Bestimmung des Menschen im Einzelnen, durch die er aus dem irdischen Kreise hinaus und in einen höheren eintritt.

Das Bindeglied, die feste Kette ist das Sittengesetz, welches vollkommen gleiche Geltung hat für die Völker bis zum Schluß der Weltgeschichte, wie für den einzelnen Menschen im Verlaufe seines Lebens bis zu seinem Tode. Denn es sind keine andern sittlichen Motive in den großen Blättern der Geschichte zu lesen, wie im kleinen Tagebuch des unbedeutendsten Menschen. Was hier edel ist, ist es auch dort; was hier verdammlich, auch dort. Auf der gleichen Waage wird der Charakter ganzer Völker gewogen, wie der des geringsten Individuums. Und wie unabhängig auch die große Strömung der Weltgeschichte, als wäre sie nur von einer höhern Macht regiert, dem kurzen Leben des einzelnen schwachen Menschen vorüberrauscht, so ist sie dennoch die Summe alles Guten und Schlechten, was die einzelnen Menschen thun, und der in der Geschichte waltende Gott ist doch nur der nämliche, der dem Menschen die volle Freiheit gelassen, Gutes oder Böses zu thun.

4.
Vom Eifer für den irdischen Beruf.

Die meisten Menschen haben hier auf Erden Arbeit und Sorgen für sich selbst und ihre Familie, viele auch ein

Talent für Kunst, Wissenschaft, für technische Fächer, für Politik, deſſen Ausübung ſie beglückt, viele auch Ehrgeiz, den ſie befriedigen wollen, andere Wohlwollen für ihre Mitmenſchen, denen ſie ihr ganzes Leben widmen. Das iſt alles natürlich und der Eifer für den irdiſchen Beruf, wenn er den Mitmenſchen nur nicht zum Nachtheil gereicht, ganz löblich. Er ſchließt jedoch den Hinblick auf das Jenſeits, die Erinnerung an unſere Beſtimmung für ein höheres Leben nicht aus. Man kann der fleißigſte Bürger, der wärmſte Patriot, der feurigſte Held, der vielbeſchäftigſte Staatsmann, der genialſte Künſtler ſeyn und braucht ſich doch nicht ſo ganz in's Gegenwärtige zu verſenken, um nicht auch des Berufes eingedenk zu ſeyn, der unſerer nach dem Tode wartet.

Hierbei ſind folgende Punkte beſonders zu erwägen.

Einmal arbeitet und ſchafft der Menſch im irdiſchen Leben nicht blos für dieſes, ſondern auch für das künftige. Was er thut, um ſeine Mitmenſchen zu unterſtützen, zu veredeln, das Gute, Wahre und Schöne zu befördern, die Menſchen für das Hohe und Heilige zu begeiſtern, das alles gereicht ihm nicht blos zum irdiſchen Ruhm, ſondern auch zum Verdienſt für die Ewigkeit. In ſofern fällt die Scheidewand zwiſchen dem irdiſchen und ewigen Leben eigentlich hinweg. Wer auf Erden ſo handelt, daß er des Himmels werth iſt, der lebt eigentlich ſchon im Himmel, wenn auch ſeine Füße noch auf Erden ſtehen.

Zweitens wird der Menſch von dem, was gut an ihm war, auch in der andern Welt nichts verlieren. Wer mit beſonderer Liebe ein ſeltenes Kunſttalent übte und daſſelbe zu Gottes Ehre und zur Veredlung der Menſchen anwandte, fern davon, damit zum Böſen verführen und der Sünde ſchmeicheln zu wollen, der braucht auf dem Sterbebette nicht darüber zu klagen, daß er mit dem Leben auch seiner hohen Begabung entsagen müsse. Oder sollte der göttliche Sänger, aus dessen Tönen hier auf Erden der Himmel zu uns sprach, jenseits aufhören müssen zu singen? Man sagt von der Nachtigall, sie sey ein Flüchtling des Himmels und bringe Töne desselben auf die Erde herab. So glauben wir auch in der heiligen Musik der großen italienischen und deutschen Meister unmittelbar die Sprache des Himmels zu hören und drückt überhaupt die Musik die tiefsten Gefühle der Kinder Gottes aus, die nach der Wiedervereinigung mit dem Vater sich sehnen, das Heimweh nach dem Himmel. Aber auch die sichtbare Natur ist so reich an Schönheit, daß die Seele, welche der Schöpfer mit so vieler Empfänglichkeit für alles Schöne schuf, ihnen in der andern Welt ohne Zweifel noch Wunder der Schönheit zeigen wird, von denen wir hienieden noch keine Ahnung haben.

Wenn männliche Seelen ihre höchste Befriedigung nur im Kampfe fänden und ihnen die landläufige Vorstellung von einer höchst langweiligen trägen Ruhe in der andern Welt widerlich erscheint, so dürfen auch sie sich trösten, denn der in der Männer Herz den edlen Trieb gelegt, für Wahrheit, Recht, Unschuld und für das Heilige zu kämpfen, der wird in einer andern Welt die unsterbliche Seele nicht entmannen lassen.

Die Haupttugend des weiblichen Geschlechts ist Dulden. Die nun hier auf Erden dulden, sind die am höchsten von Gott begnadeten. Auf dem schwarzen Hintergrunde der Leiden malt sich die Schönheit der Seele am lichtesten aus. In dem berühmten Liede: „Ob Lieben Leiden sey, ob Leiden Lieben sey?" ist das Geheimniß der im Irdischen lei-

denken, aber zum Himmel aufblickenden Seele am zartesten
ausgedrückt. Im Leiden verbirgt sich eine Lust, welche süßer
nicht gedacht werden kann und von der uns die Legende der
heil. Lidwina das Wunderbarste berichtet. Es gibt eine
Stärke der Seele, die den körperlichen Schmerz überwindet,
ja die ihn freiwillig übernimmt und wie der Magnet nur
nach mehr Last verlangt. In diesen starken Seelen offenbart sich die unsterbliche Freiheit, schon mitten in den Banden der sterblichen Leiblichkeit. Noch im Leben befangen
sind sie schon über dasselbe erhaben. Das alles aber könnte
nicht seyn, wenn nicht Gott bei ihnen wäre. Ihre Erhebung
ist nichts Einseitiges, Gott blickt von oben auf sie herab
und die Kraft seines Blickes stählt sie wunderbar.

Seltener als diese Lust im Leiden ist der standhafte
Muth unter Beleidigungen und Kränkungen aller Art, die
edle Seelen auszustehen haben im Verkehr mit der immer
wachsenden, immer aufdringlicheren Gemeinheit der Menschen.
Körperlicher Schmerz ist leichter zu ertragen, als dieser
moralische Ekel vor einer beständigen unvermeidlichen Befleckung. Man hat sogenannte Ebenbilder der Gottheit vor
sich, die aber durch die Sünde verzerrt sind zu halbthierischen,
halbteuflischen Physiognomien. Man soll sie anerkennen als
Mitmenschen, man ist vielleicht gar von ihnen abhängig
und kann sie nicht loswerden. Man wird von ihnen roh
angepackt oder betrogen, übervortheilt, belogen und befindet
sich vielleicht in einer äußern Lage, in der man sich nicht
einmal wehren kann. Das sind die unleidlichsten Erfahrungen und Proben im irdischen Leben, wenn man die Gemeinheit nicht mitmacht. In solchen Lagen aber ist eine edle
Seele berechtigt, bei aller äußern Demuth und Resignation
sich in das Bewußtseyn der vornehmeren Natur zurückzu-

ziehen. Die edle Seele hat ihre Heimath im Himmel, ihre Verwandtschaft unter den Engeln. Was kann ihr eine rohe Umgebung, brutale Zumuthung, alberne Unterhaltung, die Affenschande der Mode anhaben, wenn sie sich rein und frei hält vom Mitmachen der Narrheit und Gemeinheit? Wenngleich gefangen und resignirt, darf sie doch wie Christus mit gebundenen Händen vor seinen unbefugten Richtern und vor dem höhnisch ihn umgrinsenden Pöbel ruhig die Augen niedersenken, als wäre sie fern von hier in schöner Einsamkeit „und sähe in den Abfall einer Quelle."

Wie Leiden ein Segen ist, so bringt allzu großes Glück und zu großer Reichthum der Seele Gefahr. Die nach dem Glück jagen und ihm Redlichkeit und Treue opfern, oder die im Glück aufgewachsen, ihr Leben nur in sinnlichen Genüssen zubringen und dabei alle wahre Freude und Erhebung der Seele entbehren, würden, wenn sie Gott vor Augen hätten und nur einmal ihre eigene Vernunft frügen, begreifen, wie sie sich an den darbenden Mitmenschen versündigen und sich selber in ewiges Verderben schlemmen und faullenzen, denn wie schon Lukian den Reichen schadenfroh vormalt, der rauhe Charon wird ihnen nicht erlauben, ihren Mammon mit in die andere Welt zu nehmen, und sie nackt und blos in seinen Kahn werfen, um sie zur ewigen Verdammniß zu steuern, in welcher sie, wie das Evangelium sagt, nach dem Tropfen lechzen werden, den der barmherzige Arme aus dem Himmelreich auf sie niederfallen läßt.

5.
Hieroglyphen der Weltgeschichte.

Wenn Bewohner anderer Sterne aus himmelweiter Ferne unsere Erde mit ihrer Weltgeschichte sich vorüberdrehen sehn könnten, wie ein Buch, dessen Seiten umgeschlagen werden, würden ihnen gewisse Zeichen besonders auffallen, in welchen das inhaltschwere Schicksal der Menschheit wie in Hieroglyphen ausgesprochen ist.

Die erste dieser Hieroglyphen ist der von der Schlange umwundene Apfelbaum im Paradiese und die zweite ist der Thurm zu Babel. Beide stehen mit einander in Verbindung, denn sie kennzeichnen in der frühesten Geschichte der Menschheit schon den Mißbrauch des freien Willens. Der Apfel und die Schlange bedeuten die erste Sünde, die aus dem Gelüsten nach Verbotenem hervorgeht, der Thurm aber bedeutet die zweite Sünde, die aus der vermeinten Eigenmacht des Menschen und aus dem kühnen Trotze gegen Gott hervorgeht. Das waren die Ursünden des Menschengeschlechts und sind es heute noch, Gelüsten nach dem, was Gottes Gebot ausdrücklich verbietet und was auch die Stimme der Vernunft, das warnende Gewissen, das Erröthen der Scham jedem natürlichen Menschen als unwürdig, als unehrenhaft, als schlecht kennzeichnet; und Trotz gegen Gott, Uebermuth im Bewußtseyn eigener Stärke und der Mitwirkung so vieler anderer Menschen. Diese Sünden sind so tief bei denen gewurzelt, die sich nicht besinnen, wozu ihnen der freie Wille gegeben ist, daß sie sich immer und immer wieder im Privatleben, wie in der Geschichte der Völker wiederholt haben. Gegen das Gelüsten und gegen die Hoffahrt haben noch alle schlimmen Erfahrungen nichts gefruchtet und die Menschen haben heute noch nicht begriffen, daß ihnen ihre Sünden nur immer selber zum Schaden und Verderben gereichen. Die Folge der ersten Sünde war der Verlust des Paradieses. Die ersten Menschen hatten alles, was sie bedurften, aber sie gelüsteten nach mehr und darum verloren sie auch das, was sie gehabt; woraus ihre Nachkommen erkennen sollen, daß auch sie alles, was ihnen Gottes reiche Natur, obgleich sie kein Paradies mehr ist, auch jetzt immer noch bietet, verlieren werden, wenn sie nach mehr und nach Verbotenem gelüsten. Niemand weiß, ob es nicht Gott gefällt, die Optimisten, die aus eigenen Mitteln, mit blos menschlichen Kräften, das Paradies auf Erden wieder aufbauen wollen, durch Erdbeben und andere Naturschrecken zu enttäuschen und anstatt des Paradieses das todte Meer finden zu lassen. Jedenfalls werden sie zur Strafe ihres Gelüstens, dort, wohin sie nach dem Tode kommen werden, weniger finden, als sie hier auf der Erde fanden, und es wird ihnen dünken, sie hätten mit dem Erdenleben soviel verloren, als Adam und Eva mit dem Paradiese.

Die zweite Sünde wurde nicht minder schwer heimgesucht an den Stolzen, welche sie begingen. Anstatt mit vereinigten Kräften den Thurmbau zu Stande zu bringen, richtete jeglicher seinen Willen wo anders hin, gingen sie alle auseinander und zerstreuten sich in kleinen Gruppen, indem sie einander gar nicht mehr verstanden, nichts mehr von einander wissen wollten, einander flohen. Die Sünde des Hochmuths und des Trotzes auf Eigenmacht wurzelt immer noch tief in den Menschen und die gleiche Ursache hat immer wieder die gleiche Wirkung. Grade in unserer Zeit hat sich der menschliche Trotz wieder höher gesteigert, als seit Jahrhunderten. Immer wieder wollen sie mit vereinten Kräften ein Ideal des Staats und der Gesellschaft verwirklichen, welches den christlichen Staat, den längst verrotteten, weit übertreffen soll. Aber sie werden nicht einig; jeder beweist dem andern sonnenklar, was er will, aber keiner versteht, keiner hört den andern. Selbst die in gleichem

Irrthum befangenen Gesinnungsgenossen laufen einander den Rang ab und verlegen einander den Weg. Die sich große Baumeister der Zukunft dünken, bringen nichts zu Stande als auf dem Papier und in einem hirnverwirrenden Durcheinander von Reden, bis die Völker sich mit ihnen im Wirbel drehen und dann allemal der schwarze Mann kommt, der sie wie böse Buben züchtigt und die Ruhe auf eine Zeitlang wieder herstellt.

Beide erste Sünden wirkten in der ältern Geschichte des Menschengeschlechts fort und was auch immer an Tugend und Weisheit sich emporrang, um die Menschen zu bessern, das böse Gelüsten, die Wollust, der Heißhunger nach verbotenem, unsittlichem Genuß auf der einen, der Troz, die rücksichtslose Gewaltthätigkeit auf der andern Seite erstickten alle edleren Bestrebungen immer wieder im Koth der Corruption oder im Blute des Krieges und der Tyrannei. Der trotzige Krieger aber fiel nach dem Siege im Genuß seiner reichen Beute derselben Wollust anheim, welche die Besiegten so sehr geschwächt und entnervt hatte, daß sie sich gegen den Stärkern nicht mehr wehren konnten. Daher die dritte Hieroglyphe der Weltgeschichte, das über den Völkerströmen thronende Weib, bedeutend die weibisch gewordene, durch und durch entehrte und sich ihrer Entehrung rühmende Menschheit, die babylonische Hure. Vergebens mahnten die Propheten des jüdischen Volkes, vergebens waffneten sich die Perser und zündeten ihr heiliges Feuer an, um alle Götzen der Sünde mit ihren Tempeln zu verbrennen; vergebens redeten die Weisen Griechenlands von Vernunft und Menschenwürde. Auch die edleren Völker versanken in dem allgemeinen Schlamm der Sünde.

Also wurde erfüllt, was die Schrift sagt, die von Gott gut geschaffene Erde wurde erst durch die Menschen verderbt, aber nur zu ihrem eigenen Verderben. Offenbarung Johannis 11, 18.

Da erbarmte sich die ewige Liebe der tief gesunkenen Menschheit und Gott sandte seinen eingebornen Sohn zu seinen andern unglücklichen Kindern auf die Erde nieder, um das fast erloschene Bild der Gottähnlichkeit in ihnen wieder aufzufrischen, sie als Brüder zu belehren, ihre befleckten Seelen zu reinigen. Und um ihre Schuld zu sühnen mußte sich der sündenlose Gottessohn zum Opfer darbringen für seine Brüder. Das ist die Bedeutung des Kreuzes, der heiligsten Hieroglyphe der Weltgeschichte. Das Kreuz, an welchem der Sohn Gottes verblutet, ist das Gegenbild zum von der Schlange umwundenen Apfelbaum im verlornen Paradiese. Dort begann die Sünde, hier die Erlösung.

Auch der babylonische Thurm hat sein Gegenbild erhalten im Aufbau der christlichen Kirche. Wie aus jenem Thurme infolge der Hoffahrtssünde und des menschlichen Trotzes gegen Gott, die Menschheit excentrisch auseinander ging und das Bewußtseyn ihres Zusammenhanges mit Gott verlor, so sollte die Kirche diese Menschheit wieder zurückführen zur Einigkeit und zum Bewußtseyn ihres Zusammenhanges mit Gott. Die deutsche Baukunst des Mittelalters drückte diesen Gedanken in ihrer Steinschrift aus. Jedes in seiner Art selbstständig und doch harmonisch verbinden sich alle Glieder des wunderbaren Baues zum einheitlichen Ganzen und führen pyramidalisch die Menschheit, gleichsam die Erde selbst dem Himmel entgegen.

Tief war die sündige Menschheit von der Erscheinung des Sohnes Gottes ergriffen und der mächtige Eindruck, den er zurückließ, hielt lange nach. Allein Gott hatte wie bei der Schöpfung des Menschen, so auch wieder bei der Sendung seines Sohnes nur die freiwillige Hingabe der Menschen an sein Gesetz und an seine Gnade gefordert, niemals aber sie hindern wollen, sich anders zu entscheiden. Denn der freie Wille, den er ihnen bei der Schöpfung zuerkannt, war und blieb ihr unantastbares Eigenthum, welches auch durch das äußerste Maaß von Mißbrauch nicht verwirkt werden konnte. Und so geschah es, daß die Menschen auch nach der Erscheinung des Messias und nach der Stiftung seiner Kirche dennoch wieder in das alte Gelüsten und in den alten Trotz zurückfielen. Wir haben im Verlauf unserer Erörterungen den Verfall der Kirche, die Desorganisation der christlichen Gesellschaft uns zur Anschauung gebracht. Gerade jetzt stehen wir an einem verhängnißvollen Wendepunkt. Wird es noch möglich seyn, die Menschheit aus der zunehmenden Verwilderung zurückzureißen, sie zur Besinnung zu bringen, sie wieder mit christlichem Geist zu erfüllen, das Ebenbild Gottes in ihr zu erneuern, ihren Willen von der Sinnlichkeit und Hoffahrt wieder dem Edlen, Würdigen und Heiligen zuzuwenden?

Alles kommt auf die Lösung der christlichen und der socialen Frage an.

Das Christenthum ist nicht mehr in seiner Glanzperiode. Einst ein herrlicher Baum, der ganz Europa überschattete und über alle Welttheile sich ausbreiten zu wollen schien, ist es jetzt in seinem äußeren Wachsthum gehemmt und innerlich kernfaul geworden. Die einige allgemeine Kirche kam niemals zu Stande. Doch in der aufsteigenden Bewegung der Christenheit blühete auf einer Seite immer wieder alles frisch und kräftig empor, wenn auch die andere

Seite weilte. So wurde durch die römische Kirche reichlich ersetzt, was der griechischen abging. Als endlich beide Kirchen wieder vereinigt werden sollten, endeten die Verhandlungen darüber mit Fixirung ihrer Trennung und Feindschaft für alle Zeiten. Es war im Jahre 1439, vierzehn Jahre vor der Eroberung Constantinopels durch die Türken. Eigentliche Todesnoth trieb die griechischen Christen in die Arme der römischen und doch zogen sie die Trennung und die Unterjochung unter die Sultane, den stummen Gehorsam unter dem Czaaren vor. Das Florentinische Concilium lieferte den traurigen Beweis, daß wo die Gemeinde ohne den Geist Christi tagt und sich nur von politischen Rücksichten und Vortheilen bestimmen läßt, sie kein einiges Werk zu Stande bringt, sondern nur die Zwietracht steigert, wie beim Thurmbau zu Babel. Das nämliche wiederholte sich auf dem Concilium zu Trident. Anstatt daß durch dasselbe eine Wiedervereinigung des reformirten Nordens mit dem katholisch gebliebenen Süden erzielt worden wäre, wurde die Kluft zwischen beiden nur noch tiefer aufgerissen und der Haß verewigt.

Das blumenische Concil von 1869 soll zunächst die unbotmäßigen Katholiken des europäischen Südens dem Papstthum wieder fügsam und unterthänig machen und hofft sogar, die päpstliche Autorität auch den Protestanten des Nordens wieder annehmlich zu machen. Aber heute sind die Umstände noch ungünstiger, als sie es zur Zeit der Florentiner und Tridenter Kirchenversammlungen waren, und das Ergebniß wird wieder nur das des Thurmbaues zu Babel, nämlich statt der Wiedervereinigung ein desto trotzigeres Auseinandergehen seyn. Das Programm vom 13. September fordert die Protestanten zur Rückkehr in die alte

Kirche auf, ohne ihnen die geringste Concession zu machen. Was soll dabei herauskommen? Hat die gegenwärtige Zeit noch nicht so viel Sinn für Wahrheit, um aufzugeben, was doch für die Folgezeit unhaltbar ist, so wird sie die Gemüther nicht versöhnen und der Kampf wird fortdauern und sich nur noch mehr verbittern. Nichts läge näher und wäre vernünftiger, als ein endlicher Ausgleich unter den wahrhaft frommen Christen katholischer und evangelischer Confession. Aber den Vorurtheilen und politischen Rücksichten gegenüber ist die Hoffnungslosigkeit so groß, daß man es noch nicht einmal gewagt hat, eine Basis für die Friedenspräliminarien zu suchen und die Punkte klar zu bezeichnen, die von dieser und von jener Seite nothwendig aufgegeben werden müssen, wenn Friede werden soll. Das Festhalten an allen allen Ansprüchen, ja an offenbaren Ungerechtigkeiten gegen die Gegenpartei und an manchem, was sogar unvernünftig an sich ist, kann die Christenheit nicht stärken, sondern unter dem Hohnlachen der Heiden und Juden nur immer tiefer ins Verderben führen. Bei so geringem Triebe der Christen, sich aneinander zu schließen, müssen sie zuletzt unterliegen. Der erste Sturm, der wieder wie im Jahr 1793 losbrechen kann, wird die Mehrheit derer, die sich jetzt noch Christen nennen, feig finden.

Würde das sociale Bedürfniß zugleich als das christliche aufgefaßt, so würde die Menschheit sich auf dem rechten Wege befinden und beide würden zu einer befriedigenden Lösung gelangen. Aber der rechte Weg ist längst verfehlt. Die Socialisten haben sich in ungeheurer Mehrheit von den Altären fern gehalten und sind in das tiefste Fahrwasser der antichristlichen Strömung hineingerathen. In Frankreich, in der Schweiz, in Deutschland haben sie die Parole ausgegeben: Ehe man dem Christenthum nicht den Garaus macht, kann die Gesellschaft nicht gerettet werden.

Im weiten Rußland ist die Kirche unerschüttert geblieben, aber im Dienst der Staatsgewalt muß sie alles dem Kaiser geben und hat keine Freiheit, auch Gott zu geben, was Gottes ist. Sie hat keine Wahl, zwischen beiden einen Unterschied zu machen. Dennoch könnte die Christenheit im Westen in solche Nothstände kommen, daß sie lieber nach Sibirien verbannt seyn möchte, als auf den zertrümmerten Altären der demokratischen Freiheit zum Opfer geschlachtet zu werden. Aber die Russen, selbst wenn sie einmal als Retter aus der Anarchie des Westens erscheinen könnten, sind doch nicht geeignet, die Menschheit zu verjüngen und ihren sittlichen Adel wieder herzustellen, wie es einst die Germanen in der Völkerwanderung vermocht haben. Slaven fehlt der germanische Nerv.

Auf die Deutschen in der Mitte Europas ließe sich noch immer einige Hoffnung gründen. Trotz ihrer staatlichen und confessionellen Spaltung, trotz ihres liberalen Schwindels haben sie noch mehr Kraft bewahrt, als ihre romanischen und slavischen Nachbarn. Mit jedem deutschen Kinde wird in der Regel wieder ein gesunder und für Wahrheit, rechten Gebrauch der Vernunft, Scham und Ehrenhaftigkeit empfänglicher Mensch geboren. Würde man ihn besser anleiten, oder würde er durch ein Nationalunglück zu einer außerordentlichen Kraftanstrengung begeistert wie 1813, so ließe sich noch Großes von ihm erwarten. Auch die Lage Deutschlands in der Mitte Europas ist eine günstige. Wenn das so schön begonnene Werk der Wiedervereinigung der deutschen Stämme zu einem großen und einigen Reich unter dem begabten und seiner Aufgabe gewachsenen Hause Zollern

vollendet werden kann und nicht durch die Unvernunft des
Particularismus und durch verrätherische Verbindung mit
dem Ausland gestört wird, so ließe sich denken, daß hier
ein Grund gelegt würde zu einem soliden und dauernden
Bau, in welchem wie in einem gothischen Dome selbstständige Glieder doch wieder harmonisch dem Ganzen sich fügten.
Aus der Einheit der Deutschen würde zunächst die Sehnsucht auch nach kirchlicher Einheit hervorwachsen und man
würde mit Ernst auch dieses Werk angreifen und durchzuführen suchen. Wäre durch das deutsche Reich Europa wieder in seiner Mitte consolidirt, so würden sich ihm auch
die Stammverwandten in Scandinavien und England, ja
selbst in Frankreich in dem Maaße antristallisiren, wie sie
bedroht seyn würden von den Großmächten der Zukunft in
Asien und Amerika. Alle gebildeten und das Christenthum
in seiner edelsten Form conservirenden Europäer würden sich
solidarisch verbunden erachten und durch ihr Zusammenhalten stark genug werden, die Unabhängigkeit und den
alten Ruhm des Welttheils zu bewahren.

Sollte aber die kirchliche und sociale Reconstruction
Europas aus Mangel an sittlichem Ernste nicht mehr möglich seyn, vermöchten die nächstfolgenden Generationen den
großen Gedanken der Wiedergeburt nicht zu fassen, sondern
würden sie sich fort und fort in kleinlicher Zwietracht,
dynastischer Eifersucht, in immer neuen, nichtswürdigen
Kriegen um das sog. europäische Gleichgewicht und in immer
wachsender Irreligiosität, Unsittlichkeit und Entnervung abschwächen, dann wird unfehlbar die ungeheure Welle der
socialen Revolution über sie daherrauschen.

6.
Das rothe Gespenst.

Wir sind bei einer Hieroglyphe der neueren Geschichte angelangt.

In der Schreckenszeit des französischen Convents wurde die Revolution auf ihrer Höhe durch einen genialen Zeichner in England (in der illustrirten Zeitung London und Paris) als rasend gewordener Tod, als ein alles niedermähendes blutrothes Gerippe aufgefaßt. Das ist das rothe Gespenst, welches schon wieder seit einigen Jahrzehnten aus dem Dunkel der Zukunft lauernd hervorblickt, wie Samiel im Freischützen.

Und es ist kein Kinderschrecken, der sich in Lachen auflöst. Was vor achtzig Jahren möglich gewesen ist, kann auch wiederkommen. Ja, unser Jahrhundert ist von den destructiven Tendenzen noch tiefer unterwühlt, als es das vorige war. Vor der französischen Revolution war das Christenthum noch nicht in so ausgedehntem Maaße seiner Autorität beraubt wie jetzt und auch die politische s. g. Fortschrittspartei war im Anfang jener Revolution nicht so vorbereitet und gut organisirt, als sie es heute ist. Die Throne wanken. Wir zählen schon zwanzig gekrönte Häupter, die depossedirt sind und noch leben. Das letzte Beispiel, welches die Vertreibung der bourbonischen Familie aus Spanien gab, war das lehrreichste. Der Mißbrauch der Legitimität war zu arg und dauerte zu lange. Das Maaß war voll. Ein Königsgeschlecht, das nicht einen einzigen großen oder guten Fürsten hervorgebracht, wie das der spanischen Bourbons, war überreif zum Untergang. Kronen von Gottes Gnaden, wie sie der fromme Volksglaube noch mit einem Heiligenscheine umgibt, sollen nicht mehr Sünder und Sünderinnen zieren,

die unter dem Schutz der ihnen zugestandenen unverletzlichen
Würde, unwürdig dahinlebten und die gemeinste Scham ver-
letzten. In diesem Ereigniß liegt eine unschätzbare Lehre
und Warnung für alle lüderlichen Prinzen, die da wähnen,
nichts lernen und sich in keiner Tugend üben zu dürfen, weil
sie ja doch schon im unverlierbaren Besitz der höchsten Würde
seyen. Alle republikanischen Parteien in Europa müssen durch
diesen Vorgang ermuthigt werden und obgleich in ihnen
selbst Keime des tiefsten Völkerverderbens schlummern, erscheint doch die in Spanien jetzt auf der Lichtseite, die pro-
stituirte Monarchie auf der Schattenseite. Die Republik hat
mehr Zukunft, als man ihr bisheran zugestehen wollte. Aber
die Erfahrung hat gelehrt, daß ihre Laster wie in einer
Treibhaushitze wachsen, während die der Monarchie längere
Zeit brauchen. Die Gewalt, mit der sie alle Hindernisse
niederbricht, und der Freiheitstaumel, der sich des republikanischen Pöbels jedesmal bemächtigt und die feigen Philister nach sich reißt, geben den neuen Republiken etwas
Schreckliches, etwas vom Schlangenschütteln am Medusen-
haupt. Sahen wir nicht die Monarchien starr vor Schrecken,
als die Februarrevolution in Paris nur auf kurze Zeit
das rothe Gespenst wieder am westlichen Horizont empor-
steigen ließ?

Damals wurden sehnsüchtige Blicke nach Rußland geworfen und der russische Kaiser wirklich in den Stand gesetzt, indem ihn der österreichische um Hülfe anflehte, sich
Ungarn zu Füßen legen zu lassen. Wenn die Revolution
noch einmal Europa überzieht — und warum sollte sie
nicht? — wird der Schrecken noch größer seyn. Es wird
dann mehr Blut vergossen werden. Die so oft geschlagene
und verspottete Demokratie wird sich rächen. Die armen
Arbeiter, denen niemand helfen wollte, werden sich selber

helfen. Man wird schonungslos aufräumen wie nach dem Tode Ludwigs XVI. in Frankreich. Als damals Prinzen und Prinzessinnen, Bischöfe, Grafen und Herrn, die vornehmsten Damen, Minister, Parlamentsglieder unter der Guillotine bluteten, sah man in London ein Bild, welches den schlafenden König von England darstellte, rings umgeben von den vornehmen Herren und Damen Frankreichs, die alle ohne Kopf mit blutendem Halse vor ihm knieten und ihn stumm um Hülfe anzuflehen schienen. Solche nächtliche Träume warten vielleicht auch auf den Czaaren.

Die Weltgeschichte übereilt sich nicht und die Revolution braucht auch noch Zeit, um erst noch besser vorbereitet zu werden. Es muß erst noch mehr im Kleinen mit republikanischen Versuchen experimentirt werden wie jetzt in Spanien. Das Nivellement der Stände muß noch fortschreiten. Aus deutschen Bürgern und Bauern müssen immer mehr Yankees und Rowdies werden. Die Arbeiterfrage muß sich erst noch mehr erhitzen, die in England begonnene Organisation der geheimen Arbeitergesellschaften sich vollenden. Dann muß auch erst die Stunde der Staatsbankerotte schlagen.

Metternich sagte bekanntlich: „Après nous le déluge." Eine doppelt merkwürdige Rede, einmal, weil der berühmte Staatsmann eine schreckliche Zukunft vorher sah, und zweitens, weil er nichts gethan hat, um ihr vorzubeugen. Ein lüderlicher Lebemann, that er sich gütlich und verschlemmte das ihm anvertraute Erbe in der Ueberzeugung, so lange er lebe, breche der Tag der Rache nicht an. Wenn er einmal todt sey, könne die Welt immerhin zu Grunde gehen, das sey ihm dann gleichgültig. So schwarz in die Zukunft zu sehen und doch so fahrlässig und lustig fortzuregieren, war nur einem Metternich möglich. Eine gleichzeitige und noch größere Autorität für den Glauben, daß Europa noch schwere Verhängnisse bevorstehen, war Napoleon, welcher prophezeihete, Europa werde republikanisch oder kosackisch werden. Ein klarer welthistorischer Blick ist darin nicht zu verkennen. Napoleon faßte den großen Gegensatz zwischen der westlichen und östlichen Erdhälfte überhaupt auf. Wie Asien das stabile Princip oder den Absolutismus, so vertritt Amerika das mobile Princip und die Republik. Beide begegnen sich auf dem europäischen Kampfplatz.

Nun ist aber der Absolutismus trotz Rußlands Umsichgreifen doch nur die träge Materie, die Republik aber Bewegung und diese letztere hat von Westen her immer mehr Terrain gewonnen und der Absolutismus ist Schritt vor Schritt nach Osten zurückgewichen. Der Beweis liegt im Vordringen des Verfassungswesens. Hier vertreten die Parlamente den republikanischen Factor und wie äußerlich die constitutionellen Verfassungen von den Cortes von Cadix an bis zur russischen Grenze fortgerückt sind, so wurden auch innerhalb der constitutionellen Monarchien die Parlamente immer mächtiger, zwangen die Dynastien nach ihrem Willen und haben schon mehr als eine gestürzt. Rußland selbst hat, man möchte sagen unwillkürlich, dem Impulse von Westen her nachgegeben, indem es eine Sclavenbevölkerung von 30 Millionen, die ohne Murren ihr Loos ertrug und sich bei ihrer patriarchalischen Gütergemeinschaft wohlbefand, plötzlich frei machte, so daß sie nach dem natürlichen Laufe der Dinge früher oder später grade solche Staatsbürger und Wähler werden müssen, wie die Völker des Westens.

Diese Wechsel, welche das früher Stabile mobil, den festen Boden flüssig machen und in Dampf auflösen, charakterisiren den Zeitgeist, wie wir das schon in unserer Betrachtung der Volkswirthschaft, des Flüssigwerdens alles festen Besitzes erkannt haben, und wie es auch der außerordentliche Wechsel, das ewige Aendern und Erneuern der Verfassungsurkunden und Gesetze durch die Beschlüsse der immerwährend wechselnden parlamentarischen Mehrheiten beurkundet.

Jede Reaction, die der flüssigen und flüchtigen Strömung wieder einen festen Damm entgegensetzen wollte, ist gescheitert. Wir haben erkannt, daß es hauptsächlich die Renaissance gewesen ist, durch deren Heranwogen der theokratische Bau des christlich germanischen Mittelalters erschüttert und in Trümmer gelegt worden ist. Zwei Dynastien bemeisterten sich damals der Situation und suchten auf neuer Grundlage die absolute weltliche Monarchie des altrömischen Kaiserthums herzustellen. Die christliche Kirche wurde von ihnen zwar noch anerkannt, aber zum Werkzeug ihrer dynastischen Politik erniedrigt, wobei sie sich beide des Jesuitenordens bedienten, welcher keine andere Aufgabe hatte, als durch die unterwürfigste Dienstfertigkeit gegen die großen katholischen Höfe dem Papstthum sein Scheinleben zu fristen. Zugleich verstanden es diese Jesuiten, die mit wahrer christlicher Gesinnung absolut unvereinbare Renaissance mit dem von der weltlichen Macht noch geduldeten und privilegirten Scheinchristenthum in Geist und Geschmack auf das innigste zu verschmelzen. Jene beiden Dynastien waren die von Valois-Bourbon und von Habsburg. Beide absolutistisch durch und durch, Zerstörer aller germanischen Gliederungen, Stände, Volksrechte und Volksfreiheiten, Unterdrücker aller Nationen, die in ihren Bereich kamen, ganz so, wie im altrömischen Kaiserreich. Aber wie mächtig auch diese Herrscherfamilien waren, weder die von ihnen gehätschelte Renaissance, noch das von ihnen zum Eunuchendienst erniedrigte Christenthum konnte sie auf die Dauer stützen. Die ungeheure Corruption am französischen Hofe machte den imperatorischen Charakter

der heidnischen Renaissance verhaßt und verächtlich und rief
den republikanischen Charakter derselben Renaissance, den
Geist des ältern römischen Freiheitsstaats und der griechischen
Freistaaten in die Waffen und die christliche Kirche konnte
der Monarchie, von der sie so lange geschändet worden war,
keine Hülfe mehr bringen. Eine Zeit lang schwankten die
Bourbons noch, vom Ausland geschützt, auf wieder zusammen-
geflickten Thronen, taumelten aber unreitbar wieder herunter.
Jetzt sind sie alle thronlos, alle vertrieben.

Das Haus Habsburg klammert sich noch an seinen schönen
alten Thron fest, aber mit den Mitteln, die ihm die Revolution in die Hand gibt. Der kirchenfeindliche Liberalismus soll den jetzt schützen, der einst die Kirche schützte.
Dasselbe Beil, mit welchem die Kirchenthore in Spanien
eingeschlagen werden, wird jetzt dem erlauchten Erben
der deutschen Kaiserkrone aufgedrungen. Wo bleibt denn
der arme Oberhirt der Christenheit, wenn man ihm die
Verträge zerrissen vor die Füße wirft? Sein Wort muß gelten bis in den letzten Winkel der katholischen Welt hinein,
oder er kann nicht mehr Oberhirt der Kirche genannt werden.
Noch ist ihm Rom geblieben und doch kann man nicht sagen,
es seyen Römer, die ihn hier beschützen.

Die großen Reactionen, die im Hause Habsburg zur
Zeit Philipps II. und Ferdinands II. und im Hause Bour-
bon zur Zeit Ludwigs XIV. culminirten, lassen sich nicht
mehr wiederholen. So oft sie versucht wurden, nach Napoleons Sturz, unter Ferdinand VII., unter Karl X., unter
Ferdinand IV. von Neapel, sind sie mißlungen. Wie ätzendes
Scheidewasser hat der Zeitgeist mit der kirchlichen zugleich
die monarchische und aristokratische Autorität, wenn sie noch
so fest zu stehen schien, aufgeweicht und zerfressen.

Die Nationalitäten sind in neuerer Zeit, hauptsächlich durch die Klugheit Napoleons III., als dasjenige Princip empfohlen worden, was die Menschen in Begeisterung versetzen und die ausschließliche Schwärmerei für die Freiheit ein wenig in den Hintergrund drängen könnte. Aber mit geringem Erfolge. Weder in Mexiko, noch auf der pyrenäischen Halbinsel, noch in Rumänien ist es ihm gelungen, die Bevölkerungen für eine Solidarität des Romanismus zu gewinnen. In Italien gelang es besser, aber auch hier diente die Nationalitätenfrage der Fortschrittspartei nur zum Vorwande, um die politische Freiheit zu erobern. Die allgemeine Freiheitsschwärmerei hat die Massen in ganz Europa ergriffen und neben ihr kann sich innerhalb der einzelnen Nationen die patriotische Ausschließlichkeit nicht mehr, oder doch nur schwach geltend machen. Die Freiheitsschwärmerei nivellirt alle Racen und Nationen. Die edle germanische und romanische Race, früher stolz auf sich selbst und jede Vermischung oder auch nur Gleichberechtigung mit niedern und fremden Racen vermeidend, hat sich jetzt in Europa mit den Juden, die wenigstens weiß sind, in Amerika sogar mit den schwarzen Negern gemischt und denselben die gleichen Rechte zugestanden, die bisher ihr Monopol waren. Dieses Nivellement hat erst begonnen. Wenn es sich binnen einem Jahrhundert durchführen läßt, so bekommen wir einen Mischmasch der Bevölkerungen, der ohne Zweifel auch den alten ausgeprägten Charakter der Nationen verwischen wird. Und schwerlich zu ihrem Vortheil. Wenigstens sagt man von den Mulatten, in ihnen vereinigen sich nur die Laster der weißen und schwarzen Race, die Tugenden aber gehen verloren.

Die schwarze Race wird gewiß der Menschheit noch viele Sorge machen. War ihre Mißhandlung in der Sclaverei verwerflich, inhuman und unchristlich, so ist doch ihr Loos nicht verbessert worden durch politische Freiheit und Wahlrechte. Sie werden auf dem Festland von Amerika wie auf Haytl und Jamaika verwildern. Denn sie wissen sich nicht zu helfen. Es sind Kinder, die eines Vormunds bedürfen, für die man väterlich sorgen und die man, ohne grausam gegen sie zu seyn, doch in Zucht halten sollte. Die politischen Rechte, mit denen man sie beschenkt hat, werden ihnen zum Verderben gereichen.

Wenn man als einzige Rechtsquelle Mehrheitsbeschlüsse der Volksvertreter oder des Volks übrig läßt, das Voll aber doppelt corrumpirt, physisch durch das Fabrikshstem, künstliche Massenarmuth und zuletzt noch durch unebenbürtige Racenvermischung, psychisch durch systematische Entchristlichung und Demoralisirung, so wird es immer weniger möglich werden, noch irgend eine Autorität ausfindig zu machen, um der allgemeinen Verwilderung nur einigermaßen noch eine Grenze zu ziehen. Nun wird man wohl auf den Trümmern der Kirche irgend etwas neues Tempelartiges zu bauen versuchen. Man hat da einen Vorgang an den Logen, die schon von Anfang an auf das Nivellement aller Nationen, Confessionen, Stände ec. berechnet waren. Man findet in den Logen Feierlichkeiten, ein Ceremoniell, Symbole, Mysterien. Das reizt auch den Ungläubigen. Darin bleiben auch die allerverständigsten Leute immer Kinder. Die in der katholischen und griechischen Kirche an der Messe, am Niederknien, am Altardienst, an den Bildern, an Lichtern und Weihrauch ec. Aergerniß nehmen, laufen doch ganz andächtig mit der blauen Schürze, mit dem geheimnißvollen Winkelmaaß ec. herum, klopfen auf verschiedene Art mit den Fingern, schließen die Kette ec. Die französische Revolution liefert den Beweis, daß man das Christenthum nicht ab-

schaffen kann, ohne sich nach einem Surrogat des feierlichen
Ernstes und des mysteriösen Ceremoniells umzusehen. Wäre
es auch noch so ärmlich und komödienhaft, wie in Mozarts
Zauberflöte, man wird doch feierlich gestimmt und bildet sich
ein, über das Gemeine erhaben zu seyn.

In der aufsteigenden Bewegung der Weltgeschichte war-
teten die Juden immer auf den Messias und als er kam,
wollten sie nichts von ihm wissen und die unter ihnen,
welche überhaupt noch etwas glauben, glauben immer noch,
er sey noch nicht dagewesen, und warten noch auf ihn. In
der absteigenden Bewegung vom Christenthum niederwärts
wiederholen die Freimaurer den alten Wahn in neuer Fassung. Sie erwarten nämlich als Maurer, die am Bau der
Menschheit arbeiten, den verloren gegangenen Meister, der
einst wieder aufleben soll, um den Bau zu vollenden, und
über dessen Sarg sie daher, wenn sie zum Meistergrade gelangen, den Dreischritt zu machen pflegen. Was in ihrem
Treiben Wohlwollendes liegt, was Humanitätseifer und sogar Opferfähigkeit für die Mitmenschen ist, muß man achten,
aber um den Mitmenschen in dieser Weise zu dienen, braucht
es kein Geheimniß, noch einer andern Doctrin, als der
christlichen. Die Maurerei gemahnt uns wie ein verschämter
babylonischer Thurmbau. Die Anmaßung, den Bau der
Menschheit ohne Gott zu vollenden, ist die nämliche, wie
die der babylonischen Thurmbauer. Das Geheimniß hat
freilich darin seinen Grund, daß die Loge sich der öffentlichen Kritik nicht aussetzen will. Die Erfahrung, die man
damit in Frankreich gemacht hat, war belehrend genug. Als
man in der Revolution das Christenthum abgeschafft hatte,
fühlte man das Bedürfniß, es durch irgend einen neuen,
den damals herrschenden Ideen angemessenen Cultus zu ersetzen. Die Menschen können einmal die Aeußerlichkeiten

nicht entbehren und müssen immer etwas zum Anbeten haben. So wurde damals der Natur- und Vernunftcultus der Schreckenszeit in den Theophilanthropismus der Thermidorpartei umgewandelt, der hauptsächlich vom Cultus der Logen entlehnt war. Anfangs war die Neugierde der Pariser durch das neue Schauspiel angeregt, bald aber langweilten sie sich an dem falschen Pathos der Moralpredigten und an den sentimentalen Hymnen. Die Tempel entleerten sich und die ganze Komödie hatte nach wenigen Jahren ein Ende. Um das Volk durch einen neuen Gottesdienst ernstlich zu packen und festzuhalten, bedarf es drastischerer Mittel. Hat man es gelehrt, die christlichen Sakramente verachten, so wird es nur befriedigt, wenn man es in den Wirbel des Hexensabbaths hineinzieht und mit dem Sakrament des Teufels sättigt.

Das Phantom des Humanismus und Theophilanthropismus erbleicht und verschwindet vor dem rothen Gerippe, dessen brennende Farbe in immer neuem Blutvergießen auf Erden aufgefrischt wird. Ein Poseidon im Blutmeer, peitscht es die wilden Rosse des Todes über die Leichen der Völker.

7.
Der Antichrist.

Ist es nicht genug? sollen wir uns in so trübe Vorstellungen von der Zukunft noch tiefer versenken? Unsere Visionen sind nicht maßgebend, es kann durch Gottes gnädige Fügung alles anders kommen und sich besser gestalten. Aber aus den Prämissen der Gegenwart lassen sich keine hoffnungsreichen Schlüsse ziehen und wenn wir die Bibel zur Hand nehmen, um in ihren Blättern Trost zu suchen, so finden wir auf ihren letzten Blättern die Offenbarung Johannis.

Wenn die Völker nach dem jetzt herrschend gewordenen Nivellirungssystem sich alle werden vermischt haben, so daß der klare Geist oben mit dem trüben Satz unten durcheinander gerührt und zum Wein der Gebildeten das Bier der Philister, der Schnaps der Wühler und der Essig des Fabrikesendes hinzugekommen seyn werden, dann wird nach einer starken Erhitzung die Masse in die sauligte Gährung übergehen.

Das Christenthum wird dann ein Ende nehmen. Seine Sonne, wie sie aus den Wolken der Verfolgung, die immer dünner und lichter wurden, siegreich emporgestiegen ist, wird wieder in Wolken der Verfolgung, die immer dichter und schwärzer werden, untergehen und nicht mehr gesehn werden. Es wird noch Märtyrer geben und Heilige, aber sie werden nicht gerühmt, nicht mehr auf Altäre gestellt, sie werden vergessen werden. Ihr Name wird nur im Himmel aufgeschrieben seyn. Heiden und Juden werden um den Besitz der Erde streiten. Die Juden, unter denen jetzt schon einige öffentlich haben drucken lassen, sie werden zuletzt die Welt allein regieren, werden sich gröblich getäuscht sehen, denn die Heiden haben die Ueberzahl und werden ihnen ihren Mammon, ehe sie sich's versehen, mit Gewalt wegnehmen.

Die Heiden werden von da an ohne alle Rücksicht und Scham nur noch das vergöttern, was ihren Begierden schmeichelt. Sie werden die Rücksichten, welche bisher die nackte Befriedigung der Begierden einschränkten oder auch nur verschleierten, als Heuchelei und Lüge früherer Zeit gründlich und alles Ernstes verachten und stolz seyn nicht nur auf ihre Freiheit, ihr Recht, sondern auch auf die Wahrheit und die Natürlichkeit, mit der sie sich dieser Freiheit bedienen, dieses Recht ausüben. Nur das werden sie nicht überlegen, daß die Begierde mit ihrer Freiheit davon rennen wird, denn die Begierde macht jeden zum Sclaven, der sie hegt, und je freier sie sich äußern darf, um so gewisser wird sie gleich einem wild gewordenen Rosse den Reiter dahinreißen. Die Begierde ist ein fressendes Feuer, eine nie zu sättigende Wollust und Habgier. Ein uraltes Naturgesetz straft den von Gott abgefallenen Geist immer durch das Fleisch. Jede Hoffahrt des Geistes muß in grober Sinnlichkeit enden.

Wenn nun infolge des großen Nivellements der menschlichen Gesellschaft alles, was darin früher untergeordnet, niedrig, unmündig und dienstbar war, emancipirt seyn wird, läßt sich denken, in welches Gedränge die vornehmen Geister mit ihrem Epicuräismus kommen werden. Wenn sie die Moral über Bord werfen, wollen sie mit ihren Sinnen wenigstens fein und geschmackvoll genießen, und nun lappen die demokratischen Kentauren herein und zerstampfen ihnen die Blumenbeete. Wenn der Pöbel Herr wird, entstehen sociale Ungeheuerlichkeiten. Der Uebermuth der ungewohnten Macht und die unsäte Begier, die, kaum halb gesättigt, schon wieder einen andern Gegenstand anpackt, erzeugen einen Wahnsinn, wie der des Heliogabal war. Das Volk rast dann mit seinen ehemaligen Tyrannen um die Wette. So lesen wir, daß die äußerste Fortschrittspartei unter den Husiten sich aller Kleider entledigte, weshalb man sie Adamiten nannte. Auf den Wiener Barrikaden sah man im Jahr 1848 am hellen Tage nackte Besudlenneß unsinnige Possen treiben. Vielweiberei haben die christlichen Mormonen eingeführt. Gemeinschaft der Weiber haben die Communisten verlangt, Emancipation der Weiber wird wiederholt in England und Deutschland reclamirt. Mit der Civilehe und der leichten Ehescheidung nimmt es einen raschen Fortgang. Wahlverwandtschaften empfahl schon der große Göthe statt der christlichen und gesetzlichen Ehe. Bald im Namen der

lieben Natur und des guten Herzens, bald im Namen der
Freiheit wetteiferten die französischen und deutschen Dichter,
beide Geschlechter vom sechsten Gebot zu dispensiren und die
Ehe als einen unerträglichen Zwang zu verwünschen. Die
Heine'sche Judenschule schrieb die Emancipation des Fleisches auf ihre Fahne und der moderne Materialismus verdammt das Christenthum, weil es der Natur Zwang an-
thue, die Befriedigung des natürlichsten Triebes verbiete und
die nackte Schönheit des Leibes zu verhüllen vorschreibe.
Das sind Symptome eines neuen Venuscultus, der für viele
Leute wahrscheinlich einen außerordentlichen Reiz haben wird.
Es würde an Dichtern und Künstlern nicht fehlen, die, wenn
einmal die öffentliche Scham im Namen der Freiheit überwunden wäre, diesem Cultus einen gar anmuthigen und
verlockenden Anstrich geben würden. Die Nachtfeier der
Venus in Paphos von Bürger ist schon sehr einladend. Wie
viel schöner müßten solche Nächte seyn, als die noch von
der Polizei überwachten Nächte in Paris und Wien. Die
liebe Natur müßte nicht nur ganz ungehindert seyn, sondern
die Lüderlichkeit könnte sich auch noch für Gottesdienst aus-
geben. Und sind die Mormonen nicht jetzt schon glücklich
zu preisen, bei denen Bälle, thés dansants und Theater
wirklich zum Gottesdienst gehören und deren Oberpriester
seine eigene Tochter feierlich zur Priesterin Thaliens ein-
segnet?

Die Spiritualisten in den Vereinigten Staaten von
Nordamerika, deren man bereits vier Millionen zählt, geben
einen Vorgeschmack von dem, was kommen soll. Sie huldigen nämlich theils dem Communismus, der Güter- und
Weibergemeinschaft, theils der „freien Liebe", theils aber
auch dem ungeheuerlichsten Aberglauben des Tischrückens,
der Klopfgeister, der Visionen, wie denn immer die zwei

Extreme der Freigeisterei und der Dämonomanie sich berühren. Brisbane gründete zu Red Bank eine communistische Gemeinde nach Fouriers System mit Güter- und Weibergemeinschaft. Der zwanzigjährige Schuster Davis gründete eine Gemeinschaft von Liebenden ohne Ehe, was man die „große Harmonie" nannte. Aehnliche Gemeinden, deren Mitglieder sämmtlich in freier Liebe lebten, entstanden zu Berlin Heights und Modern Times. Beide Namen sind sehr charakteristisch, weil sich an den ersten die Erinnerungen an die Lüderlichkeit in Berlin knüpfen, im zweiten aber der Untergang der alten Zeit mit ihren Vorurtheilen und Freiheitsbeschränkungen und der Beginn einer ganz neuen Zeit proclamirt wird. Eine ganz ähnliche Genossenschaft gründete Ripley unter dem Namen eines poetischen Pitnits mit ästhetischem Anstrich nach dem Muster der Goethe'schen Wahlverwandtschaften. Endlich etablirte sich mitten unter den Yankees auch ein „Orden der Ritter und Nymphen," der sich einen Tempel der Liebe baute mit den Statuen der Venus und des Amor, und sich amüsirte, wie einst die Griechen zu Paphos. Das ist der erste reelle Anfang eines Cultus, der vielleicht die Welt noch einmal erobern wird, wie er es schon früher gethan hat. Gleichzeitig bauen die Chinesen in der altkatholischen Spanierstadt San Franzisko, die jetzt den Yankees gehört, ihrem Buddha einen großen Tempel. Wenn erst einige Prozente der 360 Mill. Chinesen herüber gekommen seyn werden, wird die Mischung der alten und neuen Helden noch bunter werden.

Und war es nicht höchst charakteristisch, daß die Franzosen während ihrer großen Revolution, um die Vernunft als eine sichtbare Gottheit darzustellen, zu der Rolle solcher s. g. Vernunftgöttinnen die schönsten Frauen oder Mädchen auswählten und zwar halb oder ganz entkleidet? So führte man sie im Triumph durch die Straßen, stellte sie sogar in den Kirchen zur Anbetung aus und sang ihnen Hymnen. Der Präsident des Conventes gab einmal in offener Sitzung einer solchen Göttin den Bruderkuß, um dadurch die Vermählung der Republik mit der Vernunft auszudrücken. Die Logik der Republikaner, wonach die Vernunft durch das „Meisterstück der Natur" personificirt werden sollte, war freilich etwas seltsam, entsprach aber ganz den Gesinnungen. Vernunft hieß eben weiter nichts als: Befriedige deine Sinne ohne Scheu und Scham!

Auch eine Art von heidnischem Bachusdienst trat damals wieder ins Leben, hervorgegangen aus derselben Sinnlichkeit, aber mit einer frechen Verhöhnung des christlichen Sakramentes verbunden. Als die Franzosen im Jahr 1796 unter Jourdan und Moreau in Deutschland einbrachen, pflegten sie in den Quartieren eine große Schüssel mit Branntwein zu füllen, Zucker hineinzuwerfen und dann anzuzünden. Alle Lichter wurden ausgelöscht und beim fahlen Schein der blauen Spiritusflamme sangen sie Hymnen auf das être suprême, welches die Flamme darstellen sollte, feierten im Dunkel umher scheußliche Orgien und theilten dann, wenn die Flamme erloschen war, das süße Getränk unter sich und ihre Dirnen wie ein Sakrament aus.

In neuerer Zeit hat der berühmte Proudhon von den heidnischen Göttern Umgang genommen und einen Cultus empfohlen, der unmittelbar aus dem Christenthum hervorwachse und doch sein Gegentheil seyn soll. Er lehrt nämlich, Christus habe es eigentlich gut mit der Menschheit gemeint und habe sie wirklich vom Uebel erlösen, aber unbegreiflicher und unverantwortlicher Weise dabei an Gott festhalten wollen, der grade die Quelle des Uebels für die Menschen sey. Er sey also auf halbem Wege umgekehrt und ein anderer müsse nun das Werk der Erlösung übernehmen. Aber wer? — Der Teufel. Proudhon sagt in seinem Werke la révolution p. 290: „Vor mehr als achtzehn Jahrhunderten versuchte ein Mann, was wir heute versuchen: die Regeneration der menschlichen Gesellschaft. An der Untadelhaftigkeit seines Lebens, an seiner erstaunlichen Intelligenz, an den erhabenen Ausbrüchen seines Zornes glaubte der Genius der Revolutionen, der Feind des Ewigen, einen Sohn zu erkennen. Er tritt vor ihn und zeigt ihm die Königreiche der Erde mit den Worten: Alle will ich dir geben, wenn du mich für deinen Meister anerkennst und anbetest. Nein, erwiederte der Nazarener, ich bete Gott an und diene nur ihm allein. Der inconsequente Reformator wurde gekreuzigt. Nach ihm waren die Pharisäer, die Priester und die Könige größere Unterdrücker, raubgieriger und infamer als je, und die Aufgabe der Revolution, zwanzigmal fallen gelassen, ist ein Problem geblieben. Zu mir, Satan, wer du auch bist, Geist, den der Glaube meiner Väter Gott und der Kirche gegenüberstellt! Ich will das Wort für dich führen und Nichts von dir verlangen. Ich weiß, diejenigen, welche fragen, was wir an die Stelle der Regierung zu setzen gesonnen sind, werden auch wissen wollen, womit wir die Stelle Gottes ausfüllen. Ich weiche vor keiner Schwierigkeit zurück. Ich erkläre in der Aufrichtigkeit meiner Ueberzeugung, abweichend von den alten Atheisten, daß es mir in der That die Aufgabe der Philosophie zu seyn scheint, diese Lücke auszufüllen. Wir werden, ich gestehe es, wie es nicht genügt die Regierung aufzuheben, ohne Anderes an die Stelle zu setzen, so auch die Elimination Gottes nicht zu Stande bringen, wenn wir nicht die unbekannte Größe mit in die Rechnung ziehen, welche in der Reihe der menschlichen Einfälle und der socialen Entwickelungen auf denselben folgt. Komm' du von den Priestern und den Königen verletzterer Satan! komm' daß ich dich umarme und an meine Brust drücke. Schon längst kennen wir uns, ich dich und du mich. Deine Werke, du Gesegneter meines Herzens, sind nicht immer schön, nicht immer gut; sie allein aber bringen Sinn in's Universum; ohne dich wäre es eine Albernheit. Was wäre ohne dich die Gerechtigkeit? ein Instinct; die Vernunft? eine bloße Routine; der Mensch? ein Stück Vieh. Du allein gibst der Arbeit Reiz und machst sie fruchtbar; du veredelst den Reichthum, du dienst der Autorität zur Entschuldigung, du gibst der Tugend die Krone. Laß' den Muth nicht sinken, armer Geächteter! Ich habe nichts als meine Feder, sie deinem Dienste zu weihen; aber sie ist mehr werth als Millionen von Bulletins."

In diesem Cultus des Satans liegt nicht blos ein persönlicher Wahnsinn oder eine lokale Bizarrerie Proudhons, sondern der Anfang einer Zusammenschmelzung aller Negationen zu einer einzigen, letzten und allgemeinen Negation, in der Anbetung des Widersachers von Anfang, des verneinenden Geistes schlechthin.

Da hätten wir den Antichrist, den uns die Offenbarung Johannis verkündet hat. Ohne Zweifel liegt Methode in dem Wahnsinn Proudhons. Immer weiter vom Princip alles Guten hinwegflüchtend, muß sich die Menschheit zuletzt auf der grade entgegengesetzten Seite an das böse Princip anklammern und an ihm hängen bleiben.

Eine andere sinnreiche Sage faßt den Antichrist nicht als den von der Menschheit unabhängigen Dämon, sondern als ein Product der Menschen selbst, als eingeborenen Sohn der sündigen Menschheit auf, als den vereinigten bösen Willen aller Menschen in einer Personification, welche vollkommen folgerecht dem Christ als Antichrist gegenüber steht. Es ist eine alte Sage, von den Juden des Talmud aufbewahrt oder der Offenbarung Johannis nur nachgebildet, jedenfalls entstanden unter den Eindrücken der tiefsten heidnischen Corruption im römischen Kaiserthum. In den letzten Zeiten, so berichtet die Sage, wird man eine weibliche Statue von weißem Marmor finden, so schön, daß alle Männer auf Erden von ihr werden bezaubert seyn, nicht von ihr lassen können und mit ihr buhlen werden. Dadurch wird Leben in den Marmor kommen, die Statue wird wachsen und endlich einen ungeheuern Riesen gebären, genannt Armillus, den die Menschen für ihren Herrn erkennen werden und der sie alle beherrschen und durch den das Maaß der Sünden auf Erden erfüllt werden wird, bis Gott Feuer vom Himmel wird regnen lassen, um die Bösen alle zu vertilgen. Diese sagenhafte Variante der Apokalypse ist insofern bedeutsam, als sie die verführerische Leibesschönheit als Hauptmotiv der Sünde und des Verderbens betont. So faßten schon die alten Griechen das erste Weib, die Pandora mit dem Gefäß, worin alle Uebel enthalten sind, und die schöne Helena, das reizvollste aller Weiber auf. Dieselbe Helena war es wieder, die in der geistvollen Faustsage am Schluß des Mittelalters die aus dem Grabe geweckte antike Schönheit, den Zauber der Renaissance bedeutete. Denselben Sinn hatte die wunderschöne weiße Marmorstatue auf dem Bilde des Spagnoletto, dessen wir früher gedacht haben. Und dieses schöne Bild verfolgt die Menschheit bis zum Ende der Erde, es wird die Mutter des Antichrist.

Mit dieser letzten Hieroglyphe der Weltgeschichte sey auch dieses Buch beschlossen.

www.ingramcontent.com/pod-product-compliance
Lightning Source LLC
Chambersburg PA
CBHW030745250426
43672CB00028B/754